ENZYKLOPÄDIE
DEUTSCHER
GESCHICHTE
BAND 73

ENZYKLOPÄDIE
DEUTSCHER
GESCHICHTE
BAND 73

HERAUSGEGEBEN VON
LOTHAR GALL

AGRARWIRTSCHAFT UND LÄNDLICHE GESELLSCHAFT IM 20. JAHRHUNDERT

VON

ULRICH KLUGE

R. OLDENBOURG VERLAG
MÜNCHEN 2005

Bibliografische Information der Deutschen Bibliothek

Die Deutsche Bibliothek verzeichnet diese Publikation in der Deutschen Nationalbibliografie; detaillierte bibliografische Daten sind im Internet über <http://dnb.ddb.de> abrufbar.

Rosenheimer Straße 145, D-81671 München
Internet: http://www.oldenbourg.de

Umschlaggestaltung: Dieter Vollendorf
Umschlagabbildung: Bauerndemonstration in Altötting, 29. 7. 1971; Foto-Studio Strauß, Altötting

Gedruckt auf säurefreiem, alterungsbeständigem Papier (chlorfrei gebleicht)
Gesamtherstellung: R. Oldenbourg Graphische Betriebe Druckerei GmbH, München

ISBN 3-486-56605-9 (brosch.)
ISBN 3-486-56606-7 (geb.)

Vorwort

Die „Enzyklopädie deutscher Geschichte" soll für die Benutzer – Fachhistoriker, Studenten, Geschichtslehrer, Vertreter benachbarter Disziplinen und interessierte Laien – ein Arbeitsinstrument sein, mit dessen Hilfe sie sich rasch und zuverlässig über den gegenwärtigen Stand unserer Kenntnisse und der Forschung in den verschiedenen Bereichen der deutschen Geschichte informieren können.

Geschichte wird dabei in einem umfassenden Sinne verstanden: Der Geschichte der Gesellschaft, der Wirtschaft, des Staates in seinen inneren und äußeren Verhältnissen wird ebenso ein großes Gewicht beigemessen wie der Geschichte der Religion und der Kirche, der Kultur, der Lebenswelten und der Mentalitäten.

Dieses umfassende Verständnis von Geschichte muss immer wieder Prozesse und Tendenzen einbeziehen, die säkularer Natur sind, nationale und einzelstaatliche Grenzen übergreifen. Ihm entspricht eine eher pragmatische Bestimmung des Begriffs „deutsche Geschichte". Sie orientiert sich sehr bewusst an der jeweiligen zeitgenössischen Auffassung und Definition des Begriffs und sucht ihn von daher zugleich von programmatischen Rückprojektionen zu entlasten, die seine Verwendung in den letzten anderthalb Jahrhunderten immer wieder begleiteten. Was damit an Unschärfen und Problemen, vor allem hinsichtlich des diachronen Vergleichs, verbunden ist, steht in keinem Verhältnis zu den Schwierigkeiten, die sich bei dem Versuch einer zeitübergreifenden Festlegung ergäben, die stets nur mehr oder weniger willkürlicher Art sein könnte. Das heißt freilich nicht, dass der Begriff „deutsche Geschichte" unreflektiert gebraucht werden kann. Eine der Aufgaben der einzelnen Bände ist es vielmehr, den Bereich der Darstellung auch geographisch jeweils genau zu bestimmen.

Das Gesamtwerk wird am Ende rund hundert Bände umfassen. Sie folgen alle einem gleichen Gliederungsschema und sind mit Blick auf die Konzeption der Reihe und die Bedürfnisse des Benutzers in ihrem Umfang jeweils streng begrenzt. Das zwingt vor allem im darstellenden Teil, der den heutigen Stand unserer Kenntnisse auf knappstem Raum zusammenfasst – ihm schließen sich die Darlegung und Erörterung der Forschungssituation und eine entsprechend gegliederte Auswahlbibliographie an –, zu starker Konzentration und zur Beschränkung auf die zentralen Vorgänge und Entwicklungen. Besonderes Gewicht ist daneben, unter Betonung des systematischen Zusammenhangs, auf die Abstimmung der einzelnen Bände untereinander, in sachlicher Hinsicht, aber auch im Hinblick auf die übergreifenden Fragestellungen, gelegt worden. Aus dem Gesamtwerk lassen sich so auch immer einzelne, den jeweiligen Benutzer besonders interessierende Serien zusammenstellen. Ungeachtet dessen aber bildet jeder Band eine in sich abgeschlossene Einheit – unter der persönlichen Verantwortung des Autors und in völliger Eigenständigkeit gegenüber den benachbarten und verwandten Bänden, auch was den Zeitpunkt des Erscheinens angeht.

Lothar Gall

Inhalt

Constantin von Dietze (1891–1973)
und dem oppositionellen
„Freiburger Kreis" zum Gedächtnis

Vorwort des Verfassers

Die Entwicklung der Landwirtschaft und ländlichen Gesellschaft ist nach langjähriger Unterbrechung wieder ein zentrales Thema zeitgeschichtlicher Wirtschaftsforschung und öffentlicher Diskussion. Die erste Manuskriptfassung dieses Buches war bereits vor Ausbruch der BSE-Krise und Lebensmittelskandale in den 1990er Jahren abgeschlossen. Die aktuellen Erfahrungen und breite Betroffenheit durch die Agrar- und Ernährungsrealität bedingten eine erneute geistige und wissenschaftliche Umorientierung in Richtung auf eine kritische Auseinandersetzung mit allen historischen Fortschrittsphänomenen der Agrarwirtschaft, -gesellschaft und -politik. Die Produktionserfolge zwischen Kaiserreich und Bundesrepublik Deutschland/DDR ließen einen Fortschrittsmythos entstehen, der bis in die Gegenwart das Bild der deutschen Landwirtschaft ganz wesentlich bestimmt. Mit der Frage nach der Entstehung dieses Mythos' wird zugleich jene nach seiner Bedeutung und Funktion aufgeworfen.

Die Grundlinien der Forschung auf knappem Raum zusammenzufassen und sie zugleich angemessen zu würdigen, wird in der aktuellen Situation immer schwieriger. Es mussten 130 Jahre ländlicher Entwicklung in den Blick genommen werden, was zwangsläufig dort zu Verallgemeinerungen in Darstellung, Kommentierung und Literaturauswahl führte, wo eine detaillierte Betrachtung angebracht erschien. Der Übergang vom 19. zum 20. Jahrhundert, das vergangene Jahrhundert und die ereignisreichen Jahre des 21. Jahrhunderts bilden in ihrer Gesamtheit einen langen Zeitraum mit sehr unterschiedlichen wirtschaftshistorischen Entwicklungsabschnitten. Sie stellten die Aufgabe, die grundlegenden Entwicklungsprozesse unter unterschiedlichen politischen und wirtschaftlichen Rahmenbedingungen zu skizzieren, auf eine harte Probe. Ob sie bestanden wurde, müsste der unvoreingenommene Umgang mit den Ausführungen in Forschung und Lehre beweisen.

Die Darstellung ist keine Agrargeschichte im traditionellen Sinne. Viel eher versucht sie, chronologisch strukturiert, einzelne Querschnitte in die komplizierte Agrarwelt zu legen und sie mit Informationen aus den wichtigsten Teilbereichen der agrarischen Gesamtheit anzureichern. Die mehr oder weniger betonten Kontinuitäten von Strukturen, Ideologien und Personen verstärken den Eindruck, dass sich bereits angesprochene Situationen wiederholen. Diese Art des Vorgehens erscheint aber immer durch eine jeweils neue Blickrichtung auf die Ereignisse gerechtfertigt.

Durch die Orientierung an den Fortschrittsfolgen unter dem Eindruck der aktuellen Probleme, auch durch die eigene landwirtschaftliche Berufspraxis und Betroffenheit, trägt die Darstellung notwendigerweise auch subjektive Züge. Das muss, wie aus der Lektüre hervorgeht, kein Nachteil sein. Alle Autoren vermochten sich nicht den zentralen Ereignissen und Eindrücken ihrer Zeit zu entziehen. Der eigene Versuch, sich ihnen zu entziehen, war von vornherein illusorisch. Die Agrarfrage polarisiert seit eh und je. Ihre Darstellung bildete die unterschiedlichen Lager der Optimisten, Glorifizierer, der Dämonisierer und der Kritiker. Allen Richtungen ist nicht immer bewusst, dass sie sich, wenn sie nur einen Teilbereich aus der vielfältigen Gesamtheit thematisieren, auf einem blickverengenden Terrain bewegen. Mehr Objektivität als in den über 400 eingehend geprüften und sorgfältig ausgewählten Monographien und Artikeln war nicht zu gewinnen.

Viele der direkt genannten und indirekt aus der aufgeführten Literatur abzuleitenden Autoren durchschauten ihre erfolgsverwöhnte Zeit nicht, sowenig wie die meisten, die zu stark in ihr verwickelt waren oder es noch sind. Die Ausnahme bildeten der Freiburger Agrarökonom Constantin von Dietze und seine akademischen Kollegen, die sich nicht von Statistiken und Propaganda verführen ließen und eine Ordnung entwarfen, die für eine bestimmte Zeitspanne die landwirtschaftliche Entwicklung in eine für Mensch und Natur gleichermaßen verträgliche Richtung lenkte. Dass sie verlassen wurde, was in prekäre Zusammenhänge führte, ist den Erben, nicht den Vätern anzulasten.

Am Ende der hier behandelten Entwicklung steht die Erweiterung der Europäischen Union am 1. Mai 2004. Damit beginnt ein völlig neuer Abschnitt in der Geschichte der deutschen Landwirtschaft, dessen Vor- und Nachteile für Gesellschaft und Wirtschaft mit dem nötigen zeitlichen Abstand zur Debatte stehen werden. Die agrarpolitischen Entscheidungen bis zur Integration der osteuropäischen Staaten in die Gemeinschaft sind damit nicht ungültig, sondern sie werden die Entwicklung für die nächste Zeit entscheidend prägen. Insofern erweist sich der Abschluss des Bandes durch die Verantwortlichen im Herausgebergremium und im Verlag zum jetzigen Zeitpunkt als richtig.

Als Autor bin ich dem Hauptherausgeber der Schriftenreihe, Prof. Dr. Lothar Gall, dankbar für das hohe Maß an Kollegialität und Verständnis für meine Arbeit sowie für die wichtigen inhaltlichen Anregungen. Sollte es dem Band gelungen sein, einen weiterführenden Überblick über die wechselvolle Geschichte der deutschen Agrargesellschaft und -wirtschaft im 20. Jahrhundert zu vermitteln, ist das vor allem der wissenschaftlichen Unterstützung, der fachlichen Kompetenz und dem zwischenmenschlichen Einvernehmen von Prof. Dr. Klaus Tenfelde, dem Betreuer dieses Bandes im Rahmen der EdG, zu danken. Schließlich danke ich sehr „meiner" Lektorin aus dem Hause Oldenbourg, Frau Gabriele Jaroschka, für die ungemein sorgfältige Schlusslektorierung des Manuskripts.

Freiburg, im Herbst 2004

I. Enzyklopädischer Überblick

1. Einleitung: Das Wesen der modernen Landwirtschaft

Begriffliches

Die Landwirtschaft gehört zu den Wirtschaftsbereichen, über die in der Öffentlichkeit am meisten gestritten wird. Der Grund für die hohe politische Emotionalität des innergesellschaftlichen Meinungskonflikts liegt neben ungelösten Subventions-, Ernährungs- und Seuchenproblemen vor allem im Begriff Landwirtschaft. In der landläufigen Vorstellung bedeutet landwirtschaftliche Tätigkeit die Erzeugung von Pflanzen und Tieren, die als Ausgangsbasis für die Herstellung von Nahrungsmitteln (z.B. Getreide und Fleisch), Viehfutter (z.B. Heu) und Rohstoffen (z.B. Flachs und Wolle) dienen. Die Besonderheit der landwirtschaftlichen Produktion liegt in der Umwandlung und Veredlung von Rohstoffen für Haushalt und Fabrik; somit ist Landwirtschaft sowohl ein Teil des Gesellschaftlichen als auch des Ökonomischen. In diesem Sinne zählt die Landwirtschaft neben dem Bergbau und der Fischerei im dreigeteilten Strukturierungssystem des allgemeinen Wirtschaftsprozesses als Urproduktion.

Aspekte des Landbaus

Der nationale Landbau tritt unterschiedlich strukturiert auf, und zwar verschiedenartig nach Entstehungs- und Entwicklungszeit, Raum, Eigentums- und Verfügungsrecht, Arbeitsverfassung, Rechts- und Erwerbsform, Betriebsgröße, Produktionsweise und -schwerpunkte in mehr oder weniger starker Bodenabhängigkeit, schließlich nach dem Grad seiner Marktverflechtung und seiner Umweltbelastung. Somit ist der Landbau nicht als ein einheitliches Wirtschaftssystem aufzufassen, sondern als Mischung von variationsreichen Wirtschaftsweisen in Abhängigkeit von Natur (Boden, Klima), von Markt, Technik und Wissenschaft, vom politischen System und von den jeweiligen Machtverhältnissen. Die ökonomischen Prozesse, die auf dem engeren Agrarsektor (Acker, Weide, Wald) und im ländlichen Raum ablaufen, lassen sich unter verschiedenen Aspekten beschreiben und voneinander abgrenzen. Um der Übersichtlichkeit willen sind die vier wichtigsten hervorzuheben: der ökonomische Aspekt (Produktion, Verarbeitung, Handel), der soziale Aspekt (landwirtschaftliche Berufs- und Tätigkeitsgruppen), der ökologische Aspekt (Agrar-Umwelt-Beziehung) und der politische Aspekt (Agrarpolitik).

Agrarsektor im volkswirtschaftlichen System

Der Agrarsektor büßte durch die Entwicklung von Zulieferindustrien und nationalen sowie internationalen Märkten seine ursprüngliche Vielfalt an Eigenprodukten für Haushalt und Hof (Hauptnahrungsmittel und Geräte) ein. Immer weniger wurden pflanzliche und tierische Produkte im Landwirtschaftsbetrieb auf eigener Ressourcenbasis erzeugt. Unter dem Einfluss der fortschreitenden Industrialisierung kam es zum schrittweisen Funktionsverlust zugunsten der industriell-gewerblichen Wirtschaft, die der Agrarproduktion vorgelagert (Agrartechnik, Mineraldünger, Saat- und Pflanzgut) und nachgelagert ist (Transport, Verarbeitung, Handel). Die Landwirtschaft wurde Teil eines Geflechts von gesamtwirtschaftlichen Kräften.

Bedeutungsverlust

Mit sinkender Nachfrage der sich sozial und wirtschaftlich stabilisierenden Industriegesellschaft nach einheimischen Nahrungsgütern verlor die Landwirtschaft vor dem Hintergrund fortschreitender Marktintegration ihren einst hohen Anteil am Sozialprodukt. Dieser Entwicklung parallel liefen die Hofaufgabe (Höfesterben) und die Abwanderung aus der Landwirtschaft (Landflucht). Die Landwirtschaft durchlief einen fundamentalen Wandlungsprozess und büßte nach und nach ihre hohe ökonomische, politische und gesellschaftliche Bedeutung ein. Dessen ungeachtet behauptet sich die Landwirtschaft seit der zweiten Hälfte des 20. Jahrhunderts als Primärkraft im Zentrum eines agrarisch-industriellen Komplexes („Agribusiness"). Dieser setzt sich aus wirtschaftlichen Teilbereichen (u. a. Landhandel, Nahrungsindustrie und -gewerbe wie Molkereien und Schlachthöfe, technische Einrichtungen) mit dem Ziel zusammen, nationale und internationale Märkte in Normalzeiten und in Hungerkatastrophen mit Grundnahrungsgütern und hochwertigen Lebensmitteln zu versorgen. Die Landwirtschaft kämpft innerhalb der industriellen Volkswirtschaft gegen weiteren Bedeutungsverlust und passt sich der industrialisierten, wettbewerbsorientierten Marktwirtschaft auf Kosten traditioneller Bäuerlichkeit an.

Bäuerliche Familienbetriebe

Mehrheitlich werden die deutschen ebenso wie die westeuropäischen Höfe in ihrer kleinen bis mittelgroßen Form von jeher durch Familienarbeitskräfte in funktionaler Kombination von Unternehmen und Haushalt geleitet und bewirtschaftet, oft seit zahlreichen Generationen und häufig trotz sinkender Einkommen. Die Zahl der Unternehmen im Haupterwerb (reine Familienbetriebe, d. h. ohne familienfremde Lohnarbeitskräfte) sinkt zugunsten der Teilerwerbsbetriebe seit langem, insbesondere durch das außerbetriebliche Lohnarbeitsverhältnis des Betriebsinhabers und der mithelfenden Familienangehörigen. Dieser

Wandel der Erwerbsform setzte sich im gesamten 20. Jahrhundert (außerhalb der Kriegsjahre) fort und erhöhte die Bedeutung der Nebenerwerbstätigkeit in der deutschen Landwirtschaft nach dem Zweiten Weltkrieg. Am Ende des Jahrhunderts nahm in der deutschen Landwirtschaft der Nebenerwerb den führenden Platz ein. Die Industrialisierung hatte einen tief greifenden Strukturwandel ausgelöst und beeinflusste beständig den Wandel von der überwiegenden Agrar- zur überwiegenden Industriegesellschaft. Dass die Agrargesellschaft sich zögernd und oft auch widerwillig den veränderten Bedingungen unter dem Druck der Industriewirtschaft aussetzte, belastete die Modernisierung der Landwirtschaft im vergangenen Jahrhundert, nicht nur in Deutschland, sondern in weiten Teilen Europas.

Verhältnis Staat – Landwirtschaft

Die Selbstständigkeit landwirtschaftlicher Arbeit besteht in der privaten Entscheidungsfreiheit des Betriebsleiters innerhalb seines engsten Wirkungskreises. Aber im Vergleich zu industriell-gewerblicher Arbeit läuft die agrarische Tätigkeit immer stärker in einem staatlich vorgegebenen Handlungsspielraum ab. Die Tätigkeit des landwirtschaftlichen Einzelbetriebes richtet sich nach staatlich fixierten Angeboten (Preise, Subventionen); sie verläuft in einer öffentlich umstrittenen Schutzzone. Die Darstellung dieses Verhältnisses erstreckt sich über unterschiedliche Herrschaftsverhältnisse von der Monarchie und Republik über die Diktatur bis zur parlamentarischen Demokratie. Gebietsveränderungen und territoriale Teilung gestatten nicht, von einer jahrhundertelangen Einheit der deutschen Landwirtschaft zu sprechen. Ihre Strukturverhältnisse werden dementsprechend in enger Abhängigkeit von den jeweiligen Herrschaftsverhältnissen gesehen. Während des 20. Jahrhunderts wuchs im Agrarsektor die staatliche Tätigkeit, so dass aktuell alle Bereiche landwirtschaftlicher Tätigkeit von der Aussaat und Aufzucht bis zur Vermarktung strikter Reglementierung und Planung unterliegen. Hierfür entstanden zahlreiche Steuerungsinstrumente wie Preis, Subvention, Steuer, Versicherung, Kredit, Werbung, Ausbildung und Beratung in verschiedenartiger Intensität und mit wechselndem Erfolg. Am Beginn des 21. Jahrhunderts existiert die Landwirtschaft als Ergebnis staatlicher Reglementierung und Förderung in Form von großflächig und spezialisiert wirtschaftenden, technisch hochgerüsteten und kapitalintensiven Betrieben; die ursprüngliche Einheit von Besitz, Arbeit und Familie befindet sich im Zustand der Auflösung. Folkloristische Bäuerlichkeit, der Ort stadtgesellschaftlicher Sehnsucht, gehört seit langem der Vergangenheit an und wird in landläufiger Auffassung mit „Entbäuerlichung“ oder mit „Verlust des Agrarischen“ gleichgesetzt. Die volkswirtschaftliche Marginalisierung bäuerlicher Tätigkeit kommt seit der Diskreditierung der industrialisierten Großproduktion mit ihren gesundheitlichen Gefahren für Mensch und Tier zum Stillstand. Mit dem 21. Jahrhundert begann eine neue Phase in der Geschichte der Bäuerlichkeit, die nicht mehr in engen nationalstaatlichen, sondern in europäischen Bahnen verläuft.

2. Der Agrarsektor im Übergang zum 20. Jahrhundert

Wettlauf zwischen Produktion und Bedarf

Die deutsche Landwirtschaft befand sich seit den späten 1880er Jahren bis zum Kriegsausbruch 1914 in einer Phase rapider Produktionsentwicklung. Zwischen einheimischem Nahrungsgüterangebot und steigender Nachfrage der wachsenden Industriegesellschaft bestand zunächst ein Gleichgewicht. Dass Deutschland in absehbarer Zeit Nettoimporteur für Nahrungsgüter verschiedenster Art (außer Getreide und Kartoffeln) werden würde, war bereits im Übergang zum 20. Jahrhundert absehbar.

Die geteilte Agrarlandschaft

Seit der Jahrhundertmitte blieb bis in die 1920er Jahre der Anteil der einzelnen Betriebsgrößenklassen an der Gesamtzahl der Betriebe nahezu unverändert. Die meisten Betriebe waren Parzellenbetriebe (bis

Abb. 1: Erwerbstätige in den Hauptwirtschaftsbereichen 1913 (in Prozent)

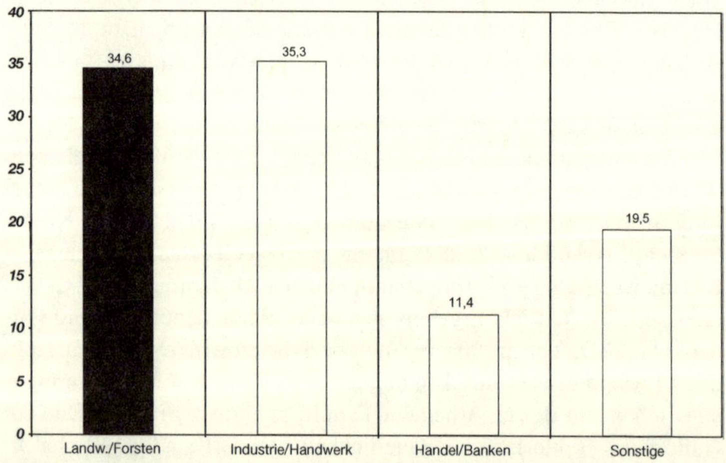

Quelle: 5: W. G. Hoffmann, Das Wachstum der deutschen Wirtschaft seit der Mitte des 19. Jahrhunderts, Berlin 1965, 205. (Sonstige: Bergbau/Salinen, Verkehr, Häusliche Dienste, verschiedene Dienstleistungen, Militär).

zu 2 ha landwirtschaftlicher Nutzfläche (LF) = 58%), dann folgten Klein- und Mittelbetriebe (2–20 ha = 36,1%) in den bäuerlichen Realteilungsgebieten Badens, Württembergs und Hessens, daran schlossen sich die bäuerlichen Großbetriebe (20–100 ha = 4,6%) in Regionen mit ungeteilter Hofübergabe (Anerbensitte) wie Hannover, Westfalen, Oldenburg und Schleswig-Holstein an. Großbetriebe (über 100 ha LF) waren nur mit 0,4% in den Gebieten der ehemaligen Gutsherrschaft wie Ost- und Westpreußen, Brandenburg, Pommern, Posen, Schlesien und den beiden Mecklenburg vertreten. Die unterschiedlichen Betriebsgrößen teilten die deutsche Agrarlandschaft in zweifacher Weise: zwischen Ost und West und zwischen Nord und Süd.

Betriebstypen in Gemengelage

Die Gesamtheit der landwirtschaftlichen Betriebe zerfiel nach Größe, Arbeitsweise, Produktionsorientierung und Marktlage in einzelne Konkurrenzgruppen, obwohl sich fast drei Viertel der landwirtschaftlichen Nutzflächen in bäuerlicher, nicht in unternehmerischer Bewirtschaftung befanden. Die Größe allein entschied nicht über die Wirtschaftskraft eines Betriebes, sondern die naturgebundenen Ertragschancen und der Marktzugang. Die meisten Gutsbetriebe arbeiteten als vieharme, agrartechnisch gut ausgerüstete, exportorientierte Marktfruchtbetriebe (Getreide, Hackfrüchte) vollkommen auf Lohnarbeitsbasis, im östlichen Preußen teilweise mit Verarbeitungsbetrieben (Brennereien, Stärke- und Zuckerfabrikation) verkoppelt. Die groß- und mittelbäuerlichen Betriebe, die sowohl auf lohnloser Familienarbeit als auch auf Lohnarbeit beruhten, legten in der Produktion das Schwergewicht auf die Viehwirtschaft (Veredlungswirtschaft). Sie ähnelten darin den Kleinbetrieben mit relativ starker Viehmast, jedoch mit dem Unterschied, dass diese ihre Existenz zusätzlich mit Obst- (insbesondere Wein-) und Gemüsebau und anderen flächenproduktiven Sonderkulturen festigten. Kleinbetriebe befanden sich häufig in Realteilungsgebieten mit Industrieansiedlung und wurden zunehmend im Nebenerwerb bewirtschaftet (z.B. in Teilen Württembergs, im Bergischen und im Siegerland, im Saargebiet, im sächsisch-thüringischen Raum sowie in Teilen Schlesiens).

Strukturelle Grenzen der Autarkie

Trotz zunehmender Naturalerträge je Flächeneinheit auf insgesamt 26 Mio. ha Acker- und Wiesenflächen blieb das von Staat und Interessenverbänden propagierte Ziel, die ernährungswirtschaftliche Autarkie, unerreicht. Strukturverändernde Eingriffe dienten dem zentralen Ziel der nationalen Selbstversorgung, beispielsweise die Neulandgewinnung, die Nutzung ehemaliger Brach- und Ackerweideflächen, die Parzellierung von verschuldeten Landgütern über 100 ha in den östlichen Provinzen Preußens. Alle diese Mittel reichten nicht aus, um das gesteckte Autarkieziel zu erreichen. Der eigentliche Nutzen lag in der Stärkung der bäuerlichen Familienwirtschaften durch die Schaffung von ungefähr 40000 Neusiedlerstellen (1886–1914) und die Flächenerweiterung mittels Moor- und Heidekultivierung zugunsten der mittel- und großbäuerlichen Betriebe, beispielsweise im oldenburgischen Münsterland.

Einsatz moderner Betriebsmittel

Die allgemeine Preisentwicklung auf dem Markt für technische, biologische und chemische Betriebsmittel wirkte der ungünstigen Preisentwicklung vor allem für pflanzliche Agrarerzeugnisse entgegen. Die Landmaschinenindustrie bot im ausgehenden 19. Jahrhundert Maschinen und Geräte (Pflüge, Häckselmaschinen, Schrotmühlen, Dreschmaschinen) an, die in großer Serie produziert wurden. Sie fanden Abnehmer nicht nur in der Großlandwirtschaft, sondern zunehmend auch in den Klein- und Mittelbetrieben, die in steigendem Maße mit dem Markt für moderne Betriebsmittel verflochten wurden. Der wissenschaftlichen Pflanzenzüchtung gelangen beachtliche Erfolge. Sie ermöglichten den systematischen Saat- und Pflanzgutwechsel im Getreide- und Hackfruchtbau auch in den kleinstrukturierten Agrarlandschaften Deutschlands und führten zu höheren Erträgen. Hinzu kam der leistungssteigernde Einfluss des wissenschaftlichen Pflanzenschutzes. Der Einsatz moderner Betriebsmittel geschah nicht programmgemäß und auch nicht auf breiter Front, sondern, wie der Verbrauch betriebsfremder in- und ausländischer Düngestoffe (Phosphate, Kalisalze, Ammoniak, Chilesalpeter) zeigt, eher gemächlich als rasant.

Modernisierung unter Zwang

Die Einführung moderner Betriebsmittel und neuer Produktionsmethoden geschah nicht freiwillig, sondern unter dem Druck des Preisverfalls, insbesondere auf dem Getreidemarkt. Der Aufschwung des internationalen Agrarhandels zwang die deutsche Landwirtschaft, der ausländischen Konkurrenz mit erhöhter Wirtschaftlichkeit durch den Einsatz moderner Betriebsmittel zu begegnen. Im Gegensatz zur britischen, niederländischen und dänischen Landwirtschaft, wo es zu strukturellen Anpassungsprozessen zugunsten der Veredlungswirtschaft kam, hielt der meist guts- und großbetriebliche Getreidebau bei marginaler Modernisierung am traditionellen Produktionziel fest. Er geriet als Anbieter zunehmend in die Abhängigkeit von der profitablen Veredlungswirtschaft in den bäuerlichen Familienbetrieben. Deutsches Getreide floss nicht mehr ausschließlich auf den Weltmarkt, sondern in die einheimischen Futtertröge der speziellen Rinder- und Schweinemastbetriebe, zumal in denjenigen Agrarregionen, die sich in unmittelbarer Nähe zu den Industriestandorten befanden.

Ernährungswirtschaftlicher Epochenwechsel

Mit der neuen Arbeitsteilung zwischen Landwirtschaft und industriell-gewerblichen Zulieferern des In- und Auslands anstelle der traditionellen Selbstversorgung mit Produktionsgütern kündigte sich in der Volksernährung der Vorkriegszeit ein Epochenwechsel an. Das überproportionale Wachstum außerlandwirtschaftlicher Arbeitsplätze führte zu erheblicher Zunahme von marktabhängigen Nahrungsmittelkonsumenten. Zwischen landwirtschaftlichen Produktionszielen und städtischer Nachfrage entstand ein reges Wechselverhältnis. Es kam zu Veränderungen der traditionellen Ernährungsgewohnheiten, als mehr eiweißhaltige Nahrungsmittel (Fleisch, Fleischwaren, Milch) sowie Fette, Öle und Zucker nachgefragt wurden, während der Verzehr von Getreideprodukten und Kartoffeln in quantitativer Hinsicht vorerst stabil blieb. Unter den Genussmitteln sank die Nachfrage nach Trinkbranntwein und im Bereich der Kleidung traten an die Stelle von Leinen und Wolle Produkte aus Baumwolle.

„Neue" Produktionsbereiche

Die traditionelle Viehwirtschaft veränderte sich durch die Trennung von Zucht und Mast und löste sich bei steigendem Einsatz von Fremdfuttermitteln aus der engen Bindung an das Dauergrünland. Die Milchmengen schnellten von 11 Mio. t (1873) auf 23 Mio. t (1913) empor. Neue Verarbeitungs- und Transporttechniken (Zentrifuge, Kühlung) und neue Organisationsformen (Genossenschaftsmolkereien) eröffneten auch den marktfern gelegenen Landwirtschaftsbetrieben größere Absatzchancen. Verbesserte Züchtungs-, Haltungs- und Fütterungsmethoden verkürzten zudem die Mastdauer. Offizielle Milchleistungsprüfungen und die Systematisierung der Tierzucht durch Herdbuchgesellschaften verschafften der Viehwirtschaft zusätzlichen Aufschwung. Vor Kriegsausbruch lag der Schweinebestand – vor allem in bäuerlichen Familienbetrieben – bei 25,5 Mio. Tieren (1913), fünfzig Jahre zuvor noch bei 6,5 Mio. Tieren. Viehwirtschaft und moderner Hackfruchtanbau begannen dem dominierenden Getreidebau den Rang abzulaufen. Die beiden „neuen" Produktionsbereiche ergänzten sich gegenseitig: Fortschritte im Pflanzenbau begünstigen die Viehwirtschaft beispielsweise durch die Nebenprodukte aus der Kartoffelbrennerei für die Rindermast, während der ausgedehnte Kartoffelanbau zu erhöhter Fleischproduktion führte. Neue Züchtungs-, Anbau- und Verarbeitungsmethoden förderten in geeigneten Vegetationslagen (Lößböden) den Anbau von Zuckerrüben, so dass bei steigendem Zuckergehalt und höherem Rübenertrag pro Flächeneinheit Zucker zu einem Exportartikel wurde. Die industriellen Produktionsabfälle dienten der Viehwirtschaft als leistungssteigernde Futterquelle.

Nach der Arbeitsverfassung setzte sich die deutsche Landwirt-

Arbeitsmarkt im Umbruch

schaft aus zwei variationsreichen Großgruppen zusammen: aus Lohnarbeitsbetrieben und Betrieben auf der Basis lohnloser Familienarbeit. Der hohe Bedarf an Arbeitskräften in beiden Bereichen erklärt sich vor allem aus dem anfänglichen Mangel an technischen Hilfsmitteln und aus der Notwendigkeit, Agrarprodukte für den Eigenbedarf und die Selbstvermarktung herzustellen. Die gutsbetriebliche Produktion beruhte vollkommen auf der Lohnarbeit, während im großbäuerlichen Wirtschaftsmilieu Landarbeiter („Jahreslöhner" im Allgemeinen oder „Heuerlinge" in Nordwestdeutschland genannt) überwiegend in regelmäßigen Beschäftigungsverhältnissen standen. Dagegen wurden sie als „Höfegänger" und „Freiarbeiter" in der mittelbäuerlichen Landwirtschaft (10–20 ha) nur in Spitzenzeiten (Aussaat und Ernte) zur Entlastung der Familienarbeit eingestellt. Das kleinbäuerliche Wirtschaftsmilieu (unter 10 ha) beruhte ausschließlich auf Familienarbeit. Lediges Gesinde (Knechte und Mägde mit Verpflegung und Unterkunft im bäuerlichen Betrieb), das in der Regel billiger zu haben war als Landarbeiter mit ihren Familien, arbeitete vor allem in den mittel- und großbäuerlichen Betrieben, die nicht über genügend familieneigene Arbeitskräfte verfügten. Insgesamt betrug der bäuerliche Anteil der hauptberuflich Erwerbstätigen über 60% (1907) mit steigender Beteiligung von weiblichen Familienangehörigen am Arbeitsprozess. Die rückläufige Zahl von Landarbeitern durch Abwanderung junger Arbeitskräfte aus der Landwirtschaft, insbesondere in den östlichen Teilen Deutschlands, führte nicht wie in Großbritannien, Dänemark, den Niederlanden und Belgien zum sofortigen Ersatz menschlicher Arbeitskraft durch moderne Agrartechnik. Die verlassenen Arbeitsplätze füllten bis Kriegsbeginn 1914 immer mehr Wanderarbeiter (über 400 000 Personen pro Jahr) zumeist aus den polnischen Landesteilen Preußens, aber auch aus nichtpreußischen, aus Russisch-Polen, Italien und den Niederlanden. Der ländliche Arbeitsmarkt geriet in Bewegung, als der Hackfruchtanbau die Landwirtschaft intensivierte und die Technisierung des Getreidedruschs den traditionellen Handdrusch in den Wintermonaten aufhob und den Saisoncharakter landwirtschaftlicher Tätigkeit mit ihren über das ganze Jahr verteilten Arbeitsspitzen förderte.

Verspätete Rentabilität

Trotz wachsender Arbeits- und Flächenproduktivität blieb der Agrarsektor gegenüber den anderen Wirtschaftsbereichen, insbesondere gegenüber der Industrie, zurück. Bis zur Jahrhundertwende verminderten sinkende Erzeugerpreise und steigende Löhne (Barlohn anstelle von Naturallohn) landwirtschaftliche Gewinnchancen; nicht einmal die verbilligten Betriebsmittel bewirkten bis dahin eine Umkehr des langfristig ungünstigen Preis-Kosten-Verhältnisses.

Unterschiedliche Gewinnchancen

Seit Anfang des 20. Jahrhunderts zeichnete sich eine wachsende Auffächerung der Geldroherträge hauptsächlich zugunsten der bäuerlichen Familienwirtschaften in der mittleren und oberen Größenklasse ab, während die hohe Verschuldung der großlandwirtschaftlichen Unternehmen mit überwiegendem Getreidebau infolge anhaltend niedriger Agrarpreise (nach dem Tiefstand des Getreidepreises von 1893/97) bedrohliche Züge annahm. Der Adelsanteil an den mittel- und ostdeutschen Gutsbetrieben betrug zu dieser Zeit nur noch 25–30%. Bereits seit Ende des 19. Jahrhunderts herrschte in den Großbetrieben akuter Arbeitermangel. Die unrentablen Gutsbetriebe standen vor einer unlösbaren Alternative: entweder höhere Löhne zahlen oder Arbeit durch Kapital ersetzen.

Zollpolitik

Bis zur Jahrhundertwende stand der Schutzzoll als staatliches Interventionsinstrument im Mittelpunkt eines öffentlichen Meinungskonflikts, der um die Sonderrolle der Landwirtschaft im volkswirtschaftlichen Gesamtsystem stritt. Die Getreidezölle (1879) zogen andere Zölle nach sich und schirmten am Ende den deutschen Agrarmarkt fast vollständig gegen die ausländische Konkurrenz ab. Das Staatsziel, die Landwirtschaft generell und langfristig zu stabilisieren, blieb unerreicht. Außerdem blieb der Grundkonflikt zwischen Leistungsgerechtigkeit und Bedarfsgerechtigkeit, zwischen den Interessen der Produzenten und denen der Konsumenten, ungelöst. Die staatliche Zollpolitik unter Reichskanzler Bernhard von Bülow (1902) knüpfte wieder an die Getreidehöchstsätze der 80er Jahre an und gab einer Erneuerung der moderaten Interventionspolitik unter Georg Leo von Caprivi (1890–1894) keine Chance. Mit den neuen Zolltarifen unternahm die Reichsregierung einen illusionären Balanceakt zwischen agrarischen und industriellen Schutzinteressen gegenüber der ausländischen Konkurrenz. Die Rechnung konnte wegen der fortschreitenden Integration der deutschen Volkswirtschaft in den arbeitsteiligen Weltmarkt nicht aufgehen. Die Quittung kam mit dem nur kurzzeitig unterbrochenen Fall der Getreidepreise. Der zumeist gutsbetriebliche Getreidebau befand sich kurz vor Kriegsausbruch 1914 am Beginn einer neuen Preiskrise, nicht jedoch die überwiegend in bäuerlicher Hand befindliche Veredlungswirtschaft. Der Bülow-Tarif hatte die Zollsätze für Futtermittel gesenkt, wodurch sich die Preis-Kosten-Relation für die Zucht- und Mastbetriebe deutlich verbesserte. In langfristiger Perspektive erscheint die letzte zollpolitische Etappe des Kaiserreichs als Beitrag zur Stärkung des bäuerlichen Familienbetriebs mit seiner diversifizierten Produktion zu Lasten der Gutswirtschaft mit ihrem spezialisierten, fast monokulturartig betriebenen Getreidebau.

Innere Kolonisation

In den ländlichen Gemeinden im Osten Deutschlands zeichneten sich zu Beginn des 20. Jahrhunderts die bevölkerungspolitischen Folgen der Abwanderung von Teilen der jüngeren Generation in die außerlandwirtschaftlichen Wirtschaftsbereiche des westlichen Deutschland deutlich ab. Auch wenn es sich um einen schleichenden und unspektakulären Bevölkerungsverlust handelte, sahen sich staatliche und private Instanzen nicht in der Lage, die weitere Auszehrung des ländlichen Arbeitsmarktes zu stoppen. Die Siedlungspolitik des Kaiserreichs („Innere Kolonisation") nahm in ihrer Bedeutung einen ebenso hohen Platz ein wie die Zollpolitik. Sie war nicht weniger umstritten als diese und in ihren Methoden widersprüchlich. Es ging nicht allein um die reine örtliche Fixierung der einheimischen Bevölkerung, sondern auch um eine gesellschaftliche Re-Kultivierung ländlicher Gebiete durch die Schaffung von Wohn- und Arbeitsplätzen. Hinzu kam die Absicht, gegen den landwirtschaftlichen Großbetrieb, wie er sich im frühen 19. Jahrhundert in Nord- und Nordostdeutschland entwickelt hatte, ein bäuerliches Gegengewicht zu schaffen. Platz für derartige Projekte bot sich in den preußischen Ostprovinzen, wo Gutsbetriebe (oft in Adelsbesitz) hoch verschuldet waren und zwangsversteigert werden mussten. Siedlungsmaßnahmen vor dem Hintergrund des deutsch-polnischen Gegensatzes besaßen auch eine außenpolitische und ethnozentrische Dimension. So diente das Ansiedlungsgesetz von 1886 ausdrücklich der „Stärkung des deutschen Elements", so dass bei der Auswahl der Siedler deutschsprachige Bewerber den Zuschlag erhielten. Diese Aufgabe erledigten Sonderbürokratien wie die 1898 gegründete Deutsche Ansiedlungsgesellschaft. Mit dem „Rentengutgesetz" von 1890, das für ganz Preußen galt, sicherte sich der Staat als Kapitalgeber das Wiederverkaufsrecht einer Neugründung aus wirtschaftlichen, aber auch aus nationalpolitischen Gründen.

Relativierung der Großlandwirtschaft

Besitzfestigung

Seit 1902 flossen erhöht Staatsmittel für den Aufbau „leistungsfähiger Dorfgemeinden". Die Finanzmittel für „Besitzfestigungsverfahren" durch Umschuldung vor allem in Westpreußen und Posen (1904) kamen ebenfalls aus der Staatskasse. Die Aufbaubilanz in absoluten Zahlen weist imponierende Werte aus: Bis 1914 wurden 240000 ha mit rund 22000 neuen Stellen aufgesiedelt. Aber die gesteckten Wirtschaftsziele wurden nicht erreicht, denn die Siedlungsobjekte stärkten das bäuerliche Element in den Bereichen der ehemaligen Gutsherrschaft nicht entscheidend. Die mit Kleinstflächen (rund 5 ha) ausgestatteten Siedler produzierten marktfern für ihren Eigenbedarf. Sie waren Bauern auf Widerruf. Schließlich bedeutete die Einführung des Rentengutes eine Abkehr vom freien bäuerlichen Eigentum und eine

Hinwendung zu obrigkeitlichen Eigentumsverhältnissen früherer Zeiten. Die Transformierung ehemaliger Adelsgüter durch Ansiedlungsverfahren endete mit der „Verstaatlichung" der neuen Hofstellen.

Von der „alten" zur „neuen" Landwirtschaft

Um die Jahrhundertwende verschob sich innerhalb des deutschen Agrarsystems das ökonomische Schwergewicht zugunsten der überwiegend klein- bis mittelbäuerlichen Veredlungswirtschaft. Etwa 21 000 Genossenschaften der landwirtschaftlichen Dienstleistungs- und Verarbeitungswirtschaft (Kredit- und Molkereigenossenschaften) erschienen als tragende Elemente einer sich stetig entwickelnden Symbiose von Landwirtschaft und Ernährungsindustrie (tierischer Bereich). Staatliche Versuche, mit zollpolitischen Mitteln den vorwiegend gutsbetrieblichen Getreidebau, die Verkörperung der „alten" Landwirtschaft, in seiner ehemaligen Führungsposition zu festigen, schlugen fehl. Mit dem raschen Aufstieg der Veredlungswirtschaft begann eine neue Stufe der landwirtschaftlichen Entwicklung. Die „neue" Landwirtschaft entstand im Zusammenhang mit vermehrtem Konsum hochwertiger Nahrungsmittel, vor allem Fleisch und Milch; sie profitierte von dem breiten Umbruch des kollektiven Ernährungsverhaltens städtischer Konsumenten und zog außerdem wirtschaftlichen Nutzen aus den Schwächen der „alten" Landwirtschaft. Hierzu zählten vor allem die nicht zu bremsende Abwanderung aus der Landwirtschaft, die begrenzten Möglichkeiten eines schnellen Übergangs vom Getreidebau zur Viehwirtschaft und die immer stärkere Konkurrenz auf den Weltmärkten für Getreide.

Die Negativliste schloss mit der Zweischneidigkeit des Zollschutzes: Einerseits konservierte er den großlandwirtschaftlichen Getreidebau und verhinderte seine Intensivierung, andererseits gestattete er den Billigimport von Futtermitteln zugunsten der bäuerlichen Viehwirtschaft. Die agrarpolitischen Konstellationen zu Beginn des 20. Jahrhunderts boten der bäuerlichen Familienwirtschaft kleiner und mittlerer Größenordnung große Entwicklungschancen. Hierzu gehörten die Öffnung der Rentenbank auch für den Kleingrundbesitz, der doppelte Arbeitsplatz in der Landwirtschaft (im Nebenerwerb) und in der Industrie, der expandierende Binnenmarkt für Nahrungsgüter des gehobenen Standards, die Verbreitung wissenschaftlicher Kenntnisse in den „Winterschulen" und durch Wanderlehrer. Der interessenpolitische Gewinn der bäuerlichen Landwirtschaft lag in der wachsenden Bedeutung der mitgliederstarken Bauernvereine begründet. Sie hoben den großagrarisch orientierten Bund der Landwirte aus der engen Interessenführung des ostdeutschen Getreidebaus hinaus und stellten die Verbindung zwischen der preußischen Großlandwirtschaft und der bäuerlichen Landwirtschaft im Süden und Westen des Reichsgebietes her, ohne sich dabei mit der Rolle des Juniorpartners zu begnügen.

3. Kriegswirtschaft (1914–1918)

Isolierter Handelsstaat

Deutschland, das bis zu 20% auf Zufuhren an Nahrungsgütern und Futtermitteln angewiesen war, wurde durch die britische Blockade und den Krieg mit Russland von Importen abgeschnitten. Die Probleme des deutschen Importverlustes, die durchaus vorhersehbar gewesen waren, versuchte die Politik mit untauglichen Mitteln erst nach Kriegsausbruch (August 1914) zu lösen. Die Vorstellung von einem kurzen und erfolgreichen Krieg erwies sich alsbald als illusionär.

Mangel an Produktionsmitteln

Die Lücken im landwirtschaftlichen Produktionsprozess wurden sehr schnell sichtbar. Bis Kriegsende 1918 verminderte sich der Pferdebestand um mehr als eine Mio. Tiere, vor allem in der Großlandwirtschaft; nicht einmal der verbliebene Bestand konnte ausreichend mit qualitativ hochwertigem Futter versorgt werden. Die Zugkraftleistungen ließen spürbar nach. Die Umstellung in der deutschen Industrieproduktion auf kriegswirtschaftliche Güter und die Importsperre beschleunigten den Mangel an landwirtschaftlichen Betriebsmitteln aller Art, insbesondere Düngemittel. Er betrug bei Stickstoff fast die Hälfte, bei Phosphorsäure fast ein Drittel der Menge von 1913. Für ertragreiche Ernten fehlte hochwertiges Saatgut, für zügige Erntearbeiten mangelte es an intakten Maschinen und Geräten; die motorisierte Agrartechnik lag wegen Treibstoffmangels brach.

Sinkende Produktion

Kein Glied in der landwirtschaftlichen Produktionskette besaß ausreichende Kapazität. Ein Mangel führte zu neuen Mängeln: Durch fehlende Betriebsmittel sanken die Hektarerträge hauptsächlich bei Getreide und Hackfrüchten beträchtlich; bereits 1916 betrug das Ertragsdefizit bei Kartoffeln rund 17%, bei Zuckerrüben fast 7%. Bei Kriegsende 1918 lag die landwirtschaftliche Produktion fast am Boden. Schließlich blieb kein Produktionsbereich vom drastischen Ertragsrückgang verschont; er betrug bei Weizen fast 60%, bei Kartoffeln 65%, bei Zuckerrüben fast 71%, bei Rindern 78% und bei Schweinen fast 66%. Hinzu kamen nachlassende Milchleistung und geringeres Schlachtgewicht.

Desolater Arbeitsmarkt

Mit Ausbruch des Krieges im August 1914 trat sofort spürbarer Arbeitskräftemangel ein. Zwei Mio. von insgesamt 3,4 Mio. männlichen Arbeitskräften in der Landwirtschaft wurden im Laufe des Krieges zum Militärdienst einberufen. Mit den in Deutschland verbliebenen Wanderarbeitern und dem Einsatz von bis zu 900000 Kriegsgefangenen konnte der Arbeitskräftemangel nicht behoben werden. Dazu kam die ungleiche Verteilung der ausländischen Arbeitskräfte meist zugunsten der Großlandwirtschaft. Die verbliebenen Arbeitskräfte in der bäuerlichen Landwirtschaft, überwiegend Frauen, Kinder und „Altenteiler“, vermochten nicht, die Produktionslücken durch erzwungene Mehrarbeit auszufüllen. Verschärfend hinzu kamen die schlechte Ernte von 1916 insgesamt und die rückläufigen Ernteergebnisse durch Pflanzenkrankheiten bei Hackfrüchten. Für zahlreiche Zivilpersonen, die sich nicht in der Landwirtschaft auskannten, wurde nach dem „Gesetz über den vaterländischen Hilfsdienst“ (1916) Landarbeit zur staatlich kontrollierten Pflichterfüllung.

Mangelverwaltung

Die rückläufige Erzeugung landwirtschaftlicher Rohstoffe und der mangelhafte Ausgleich heimischer Produktionslücken durch Importe gefährdeten die öffentliche Versorgung. Die staatlichen Agrar- und Ernährungsbehörden gingen 1914 konzeptionslos in die Mangelverwaltung. Lediglich ein Gesetz über Höchstpreise für Getreide und Kartoffeln sollte die zu erwartende Spekulation vermeiden helfen. Staatliche Land- und Ernährungspolitik hieß seit 1914 in erster Linie, die geringen Vorräte auch mit Ersatzstoffen zu strecken, sie planmäßig zu verteilen und entbehrliche Güter aus dem Verkehr zu ziehen. Der Warenstrom vom Dorf in die Stadt drohte zu versiegen. Der akute Futtermittelmangel machte sich vor allem in der Schweinehaltung bemerkbar. Mensch und Tier begannen um die geringen Reserven an Getreide und Kartoffeln zu konkurrieren. Vergeblich versuchte der Staat, die Katastrophe abzuwenden. Die Verfütterung von Brotgetreide wurde verboten, andere Beschränkungen seiner Verwendung kamen laufend hinzu. Der Erfolg blieb aus.

Wirkungslose Gesetze

Die Gesetze gegen hohe Preissteigerung und Kettenhandel erwiesen sich als stumpfe Waffen im Kampf um die Vorräte an Betriebs- und Nahrungsmitteln. Der Preis als regelndes Instrument der Verteilung knapper Güter verlor seine ursprüngliche Funktion. Höchstpreise strapazierten die ohnehin schwache Produktionskraft zusätzlich. Behördlich angeordnete Massenschlachtungen dezimierten die Schweinebestände erheblich (1913: 25,5 Mio. Tiere, 1915: 17,3 Mio., 1917: 11 Mio.). Ein radikaler Schnitt („Schweinemord“) beendete 1915 das Konkurrenzverhältnis von Mensch und Tier in „wenig planvoller Art“ (M. Rolfes), ohne allerdings eine durchgreifende Entspannung der Versorgungslage zu erreichen.

Rationenwirtschaft

Der Lebensmittelkonsum wurde drastisch eingeschränkt, die Verteilung streng durch ein differenziertes Zuteilungssystem mit hohem bürokratischen Aufwand 1915 und 1916 reglementiert, insbesondere durch die Brot- und Fleischrationierung. Staatliche Agrarintervention als ursprüngliche Produzentenpolitik entwickelte sich durch die Mangellage zur Konsumentenpolitik mit dem Ziel, die geringen Vorräte kontrolliert zu verteilen und weiteren Unruhen in der Bevölkerung, nach den Erfahrungen vom Herbst 1915, vorzubeugen. Es entstand 1916 das reichsweit auf allen Verwaltungsebenen operierende Kriegsernährungsamt mit einer Fülle von Unterinstanzen und kleinlichen Vorschriften für Anbau, Erfassung und Vermarktung, ohne dass dadurch die Ernährungslage stabilisiert und der Schleichhandel unterbunden wurden. Die staatlich garantierten Rationen an Grundnahrungsmitteln lösten sich in der zweiten Kriegshälfte in kümmerliche Zuteilungsmengen auf. Die durchschnittliche Zuteilung an Nahrungsmitteln entsprach einem Tagesverbrauch pro Kopf von 1000 bis 1200 Kalorien. Verteilungskämpfe zwischen Produktion und Versorgung waren an der Tagesordnung. Massenerkrankungen von Kindern und älteren Menschen, insbesondere an Grippe, schließlich der Massentod von deutschen Zivilpersonen (über 750000), durch Mangel an Eiweiß und Fett spätestens seit dem „Kohlrübenwinter" 1916/17 mitverursacht, zählten zu den folgenreichsten Begleiterscheinungen des Nahrungsmangels. Vier Kriegsjahre richteten in der Land- und Ernährungswirtschaft mehr Schäden an, als in den ersten vier Friedensjahren (1918/19 bis 1923) beseitigt werden konnten.

4. Der lange Weg zur Friedenswirtschaft (1918–1923)

Keine Agrarrevolution

Die Mehrheit der deutschen Bauern beteiligte sich nicht am Sturz der Monarchie und an der Errichtung demokratischer Verhältnisse. Von der Republik erwarteten sie die umgehende Stabilisierung der wirtschaftlichen Verhältnisse. An den Gutsbetrieben und ihren Besitzern ging die Revolutionsbewegung vorbei; die politischen und wirtschaftlichen Verhältnisse in den ländlichen Gemeinden blieben bestehen. In der deutschen Agrargesellschaft gab es keine landlosen Bauern, die – wie in einigen Teilen Nachkriegseuropas – traditionelle Besitzstände mit Gewalt zu ändern versuchten. Dementsprechend stand keine Boden- und Besitzreform auf dem Programm der Arbeiter-, Soldaten- und Bauernräte. Das Problem der ungestörten Versorgung der städtischen Bevölkerung besaß absoluten Vorrang. Die Weimarer Reichsverfassung (1919) garantierte das gültige Eigentum an Grund und Boden (Artikel 153); der Gesetzgeber behielt sich lediglich das Recht der Enteignung (gegen Entschädigung) aus sozialpolitischen Gründen vor (z.B. Bauland für kommunale Einrichtungen).

Landbau unter Friedensbedingungen

Kriegswirtschaft und Friedensbedingungen veränderten die Produktions- und Arbeitsverhältnisse in einigen Agrarzonen Deutschlands, insbesondere in den Grenzregionen. Bedeutende Produktionsareale in Posen, Westpreußen, Elsass-Lothringen, im östlichen Oberschlesien und in der Saarregion, insgesamt 13% des ehemaligen Reichsgebiets, gehörten bei gleich bleibender Bevölkerungszahl nicht mehr zum deutschen Wirtschaftsraum. Hierzu zählten agrarische Überschussgebiete, insbesondere für Getreide, mit einem rund 15%igen Anteil an der landwirtschaftlichen Nutzfläche des ehemaligen Reichsgebietes. Die agrarwirtschaftliche Grundstruktur des industriellen 19. Jahrhunderts blieb indessen erhalten. Die Landwirtschaft Deutschlands in den Grenzen von 1919 setzte sich aus drei unterschiedlichen Betriebstypen zusammen: 1) die Landwirtschaft des Mittel- und Oberrheins (einschließlich der Nebenflüsse) sowie in Teilen Bayerns bis zur Nordgrenze Thüringens als kleinbäuerliches Kerngebiet; 2) Mittel- und Großbauernbetriebe (10–100 ha) vor allem in Nord- und Nordostdeutschland; 3) Großbetriebe im ostelbischen Raum (Ostpreußen, Pommern, Brandenburg, Grenzmark, Schlesien und Mecklenburg). Nach Größenklassen der landwirtschaftlichen Nutzfläche geordnet, lag das Schwergewicht der Agrarproduktion in der klein- bis mittelbäuerlichen Kategorie (5–20 ha) mit einem Anteil von fast 35% an der gesamten Betriebsfläche und rund 36% der landwirtschaftlich genutzten Fläche Deutschlands. Auch die zweitgrößte Kategorie mit Betriebsgrößen zwischen 20 und 100 ha bestand aus bäuerlichen Familienbetrieben.

Produktionsziel und Arbeitsmarkt

Die demokratischen Kräfte behielten die kriegswirtschaftlichen Methoden der Agrarpolitik zunächst bei. Im Mittelpunkt stand die Produktionsförderung unter Anwendung staatlicher Zwangsmittel (z.B. Ablieferungspflicht). Schnelle Erfolge blieben aus. Erst nach zehn Jahren erreichte die gesamte Agrarproduktion wieder den Vorkriegsstand. Die Gründe hierfür lagen vor allem im Wandel des ländlichen Arbeitsmarktes. Der Zuzug von in- und ausländischen Wanderarbeitern sank nach 1918 rapide, während das Angebot von deutschen Arbeitskräften nach der Demobilisierung des Heeres und bei schwacher Industriekonjunktur zwar zunahm, aber nicht auf Dauer wegen unzulänglicher Wohn- und Lebensbedingungen in den ländlichen Gemeinden zu halten war.

Produktions- und Preisprobleme

Der landwirtschaftliche Wiederaufbau kam nur zögernd voran. Vor allem aus Mangel an Düngemitteln, menschlicher Arbeitskraft und tierischer Zugkraft fiel die agrarische Produktionsleistung weit hinter das Vorkriegsniveau zurück: in der Pflanzenproduktion um rund 30% und in der Viehproduktion um 25%, was dem Leistungsstand der 1880/90er Jahre entsprach. Auf Vorkriegsstand befand sich die Viehproduktion 1924, die Erträge an Kartoffeln und Rüben 1927, dagegen an Getreide erst nach 1930. Schulden, Pachtzinsen und Steuern blieben erhalten, was der Landwirtschaft während der Inflation bis 1923 Vorteile verschaffte. Auch die Kaufkraft landwirtschaftlicher Produkte stieg trotz höherer Löhne für Landarbeiter und Preise für Maschinen, Futtermittel, Saatgut und Mineraldünger. Landwirtschaftliche Inflationsgewinne lagen bis 1921/22 über den -verlusten. Die Entschuldung der deutschen Landwirtschaft belief sich in der Inflationszeit auf rund 13,3 Mrd. Mark bei insgesamt 16 Mrd. Mark Hypothekenschulden aus der Vorkriegszeit. Aber nach 1922 öffnete sich die Preisschere zwischen landwirtschaftlichen und industriellen Erzeugnissen auf Kosten der Naturalprodukte. Die Bauern hielten sich mit Neu- und Ersatzinvestitionen, vor allem aber mit ihrem Warenangebot zurück und gefährdeten automatisch die öffentliche Versorgung. Innenpolitische Wirren wie der Kapp-Putsch, der Ruhrkampf und die Unruhen in Sachsen, Thüringen und Bayern dienten als Vorwand für die schleppende Versorgung des städtischen Marktes.

Ernährungsverwaltung alten Stils

Aus dem Kriegsernährungsamt ging im November 1918 das Reichsernährungsamt, später (1919) das Reichsernährungsministerium hervor; es behauptete sich als eigenständiges Ressort gegenüber dem Reichswirtschaftsministerium bis zum Ende der Weimarer Republik unter wechselnder, meist parteiunabhängiger Leitung. Die Lockerung der kriegswirtschaftlichen Zwänge und der Abbau der aufgeblähten Verwaltung (z.B. Reichsgetreidestelle) geschahen nicht unmittelbar, obwohl „Betrug, Schwindel und Korruption durch dieselbe geradezu gezüchtet worden waren" (F. Aereboe). Die Bauern erhielten nur schrittweise ihre wirtschaftliche Freiheit zurück; sie blieben jedoch zur Produktion auf Festpreisbasis für die öffentliche Versorgung verpflichtet, wenngleich auf neuer vertraglicher Basis (u.a. durch Lieferungsverträge).

Stadt-Land-Spannungen

Rapider Geldwertverfall und steigende Nahrungsgüterpreise verursachten in der arbeitslosen Industriearbeiterschaft und im verarmten Mittelstand eine hoch explosive Lage. Das Warenangebot nahm mit der Währungsstabilisierung gegen Ende 1923 nicht sofort zu, solange der Durchbruch der Massenkaufkraft auf sich warten ließ. Das Bauerndorf wurde allgemein zur Zielscheibe wachsender Konsumentenproteste und „regelrecht organisierter Raubzüge“ städtischer Bewohner (K. Tenfelde). Die durch kriegswirtschaftliche Zwänge verursachten Stadt-Land-Spannungen erhielten nach 1918 neue Nahrung durch die fortlaufende Erfahrung der Bauern mit staatlichen Preiskontrollen; sie förderte die Militanz der ländlichen Bevölkerung, die sich in Lieferstreiks und in einem „regelrechten Kleinkrieg“ (M. H. Geyer) gegen Konsumenten und kommunale Behörden niederschlugen. Erst seit 1922 wuchs in den landwirtschaftlichen Interessenorganisationen die Einsicht in die Notwendigkeit, sich mit den städtischen Marktparteien wieder zu verständigen.

Ländliche Sozialpolitik

Neben der staatlichen Hauptaufgabe, die landwirtschaftliche Produktion unverzüglich auf den Vorkriegsstand zu bringen, standen andere wichtige Probleme seit längerem zur Lösung an: die soziale Lage der Landarbeiter und die Innere Kolonisation. Beide Probleme waren ursprünglich nicht kriegsbedingt, sondern erlangten erst durch die Zwangswirtschaft hohe Aktualität. Bereits in den Kriegsjahren hatte die Umgestaltung der Lohn- und Arbeitsverhältnisse in der Landwirtschaft begonnen. Nach dem Krieg wertete der große Mangel an landwirtschaftlichen Fachkräften in Dauerstellung die unterprivilegierte Position der Landarbeiter erheblich auf. Eine durchgreifende Reform der letzten Reste patriarchalischer Existenzverhältnisse kam jedoch erst mit dem Untergang des Kaiserreichs. Eine neue Landarbeitsordnung (1919) löste die diskriminierende Gesindeordnung ab und unterstellte die Arbeitsverträge den Bestimmungen des Bürgerlichen Gesetzbuches. Sie wog Rechte und Pflichten von Arbeitgebern und Arbeitnehmern ab, definierte tägliche Höchstarbeitszeiten, sah zwischen Gewerkschaften und Arbeitgebern ausgehandelte Tarifverträge vor, regelte das Verhältnis zwischen Natural- und Barlohn, begrenzte die Zahl der ausländischen Saisonarbeiter, garantierte die unbeschränkte Koalitionsfreiheit und führte Arbeiterausschüsse (in Großbetrieben) ein. Jedoch verhinderte die gesetzliche Gleichstellung von Land- und Industriearbeitern die Landflucht langfristig nicht.

Siedlungspolitik

Alte Siedlungspläne lebten durch den Zwang zur deutschen Selbstversorgung mit Nahrungsgütern wieder auf. Auch das Siedlungsversprechen der Obersten Heeresleitung an die Soldaten hatte große Erwartungen geweckt und musste nun eingelöst werden. Die Revolutionsregierung unter Friedrich Ebert erließ Anfang 1919 die „Verordnung über die Beschaffung von ländlichem Siedlungsland“, die in das „Reichssiedlungsgesetz“ als Rechtsbasis für ein umfassendes Aufbauprogramm überging. „Der Nationalitätenkampf als Motiv der Inneren

Kolonisation kam nicht mehr in Frage“ (Constantin von Dietze). Die Siedlungspolitik richtete sich gegen die Anhäufung von Großbetrieben, insbesondere in Ostdeutschland, und bevorzugte die Gründung von klein- und mittelbäuerlichen Betrieben. Dabei blieb das Institut des Rentenguts in staatlichem Obereigentum erhalten. Die bundesstaatlich eingerichteten Siedlungsgesellschaften bezogen Flächen auch mit dem Recht der Enteignung aus Staatsdomänen und Landlieferverbänden zu angemessenen Preisen. Bis 1923 kamen die Siedlungsprojekte aus Mangel an solventen Bewerbern aus dem Reichsgebiet kaum voran, so dass schließlich deutsche Flüchtlinge aus Polen berücksichtigt werden mussten.

Neues Bodenrecht

Der Staat überwachte die gesetzlich legitimierte Verteilung und Nutzung des Bodens. Er besaß das Recht der Enteignung nur zur Erfüllung öffentlicher Aufgaben (z. B. Wohnungsbau). Der kriegswirtschaftliche Produktionszwang blieb als Drohgebärde im Bodenrecht gültig, jedoch in weitgehend abgeschwächter Form. Der Staat betonte die Pflicht der Bodeneigentümer zur optimalen Wirtschaftlichkeit unter allen Bedingungen. Neue Pachtgesetze entstanden, worin der Pächterschutz hauptsächlich für Klein- und Arbeiterpächter nach wirtschaftlichen und sozialen Gesichtspunkten neu definiert wurde. Sie schufen für die Stabilisierung der Kleinstlandwirtschaft neue Voraussetzungen. Das Bodenrecht der jungen Republik richtete sich vor allem gegen den unteilbaren und nicht verschuldbaren Großgrundbesitz, der zu einem knappen Drittel aller Gutsbetriebe durch Fideikommissgründungen gegen Veräußerungen gesichert war. Er musste ungeschmälert und schuldenfrei auf den Fideikommisserben übergehen und gab seit langem Anlass zur Klage über die mangelnden Investitionen der Besitzer, vor allem im Bereich des Wohnungsbaus für Landarbeiter. Fideikommissbesitz, der in den wenigsten Fällen rationell bewirtschaftet wurde, stellte ein unzeitgemäßes Relikt dar. Er wurde in einem langen Prozess, der weit über die Weimarer Republik hinausreichte, endgültig aufgelöst. Alles in allem zählt der Übergang von der Kriegs- zur Friedenswirtschaft 1918–1923 zu den unspektakulären Zeitabschnitten der modernen Landwirtschaftsentwicklung. Die Politik blieb den Beweis ihrer Fähigkeit für eine rasche Überwindung der kriegsbedingten Produktions- und Konsumprobleme weitgehend schuldig. Das agrarpolitische Schwergewicht lag auf der zaghaften Fortführung von Reformansätzen aus der Zeit des Kaiserreichs, wofür es weder ein umfassendes Programm noch ausreichende Mittel gab.

5. Unvollendeter Wiederaufbau (1924–1929)

Erfolgversprechende Ausgangslage

Die natürlichen Ressourcen des deutschen Agrarsektors in der Wiederaufbauphase befanden sich in solidem Zustand. Kulturland stand ausreichend zu Verfügung. Der Strukturwandel verlief in regionaler Unterschiedlichkeit der Betriebsgrößen langsam und zugunsten der bäuerlichen Familienwirtschaften, nicht der Großbetriebe auf Lohnarbeitsbasis. Der ländliche Arbeitsmarkt büßte seine personellen Zugewinne aus der Inflationszeit durch die wieder auflebende Landflucht ein, ohne die Lücken durch ausländische Wanderarbeiter füllen zu können (1919: 138000, 1929: 115000). Die Produktionssteigerung hing von der Düngerfrage ab, die innerhalb weniger Jahre erfolgreich gelöst wurde. Der zunehmende Düngerverbrauch mobilisierte in den extensiv bewirtschafteten Agrarlandschaften Süd- und Westdeutschlands ungenutzte Erzeugungsreserven. In den wichtigsten Teilbereichen des landwirtschaftlichen Produktionssektors stiegen die Erträge. Sie prägten Deutschland bei expandierender Viehwirtschaft „in sehr starkem Maße als Roggen-, Hafer- und Kartoffelland" (M. Sering).

Inflationsschäden und neue Währung

Die Inflation belastete den landwirtschaftlichen Zahlungsverkehr erheblich. Leistung und Bezahlung befanden sich in so starker Schieflage, dass spezielle Geschäftskonditionen entwickelt werden mussten. Pachtzinsen wurden in Getreide, meistens in Roggenwerten, festgelegt, um sie dem Geldwertverfall zu entziehen. Der Roggenwert galt schon seit Inflationsbeginn als praktikabler Maßstab und diente kurzfristig sogar als Basis für eine Zwischenwährung (1922) bis zur Einführung der Rentenmark. Um störende Marktschwankungen auszugleichen, wurde mit der Gründung der Deutschen Rentenbank (Oktober 1923) der Wert des gesamten deutschen Grund und Bodens einschließlich der Immobilien als Sicherheit für die neue Währung eingeführt. Die Sicherheit verbürgte eine gesetzliche Zwangshypothek („Rentenbankgrundschuld"). Das „Wunder der Rentenmark" nutzten organisierte Agrarier, um einmal mehr nach Überwindung der Versorgungsnöte ohne Importe die Bedeutung der heimischen Agrarwirtschaft für die Industriegesellschaft hervorzuheben.

Zollpolitik

Deutschland erlangte mit der Einführung der Rentenmark seine frühere Bedeutung als Absatzgebiet für hochwertige und preisgünstige Weltagrarprodukte zurück. Im Gegenzug blieben deutsche Überschüsse seit der Sanierungskrise 1924 auf den internationalen Märkten unverkäuflich. Nach Wiedergewinnung der deutschen Handelsfreiheit (1925) lebte die Zolldebatte der 1870/90er Jahre mit den bekannten Argumenten pro und contra Schutzzölle wieder auf. Die „Kleine Zollnovelle" setzte den Bülow-Tarif von 1902 mit einigen Veränderungen zugunsten eines „ausreichenden Industrieschutzes mit gleichgewichtigen Agrarzöllen" (H. Haushofer) wieder in Kraft. Er verschaffte als allgemein tolerierter „Erziehungszoll" der deutschen Landwirtschaft in allen ihren Sparten jedoch nur eine begrenzte Zeit der internationalen Abkoppelung zum Wiederaufbau einer konkurrenzfähigen Produktion.

Steuergerechtigkeit

Das staatliche Besteuerungsprogramm zur Bekämpfung des enormen Haushaltsdefizits schuf unter gesamtwirtschaftlichem Aspekt zu Beginn der neuen Währungsperiode 1923/24 für den Agrarsektor mehr Steuergerechtigkeit. Nach dem reichseinheitlichen Bewertungsgesetz von 1925 wurden landwirtschaftliche Grundstücke zu Objekten zentralistischer Steuerpolitik. Jede Parzelle wurde nach ihrem Ertragswert (Einheitswert) kategorisiert: Die Rahmensätze für die einzelnen Betriebe bewegten sich in einem Punktesystem zwischen 0 und 100, wobei als Maßstab für den Höchstwert die landwirtschaftliche Betrieblichkeit in der ertragreichen Magdeburger Börde galt. Das Projekt einer Reichsbodenschätzung als Generalinventur landwirtschaftlicher Nutzflächen unter klimatischen, topographischen und betriebswirtschaftlichen Gesichtspunkten für noch mehr Steuergerechtigkeit scheiterte indessen vorerst. Die Gesamtsteuerlast der deutschen Landwirtschaft zwischen 1924 und 1929/30 betrug rund das Vierfache des Vorkriegsstandes.

Einseitige Kreditpolitik

Die deutsche Landwirtschaft besaß am einheimischen Kapitalbestand wachsenden Anteil. Die staatliche Kreditpolitik bediente einseitig die Getreide produzierende Großlandwirtschaft des Ostens, weit weniger das Gros der bäuerlichen Familienwirtschaften des Südens und Westens. Sie begann mit Zinssubventionen zur Entschuldung in den Grenzregionen bereits 1922 und führte über Spezialkredite der Reichsbank für Düngemittel und subventionierte Auslandskredite 1928 bis hin zu speziellen Mitteln für das staatliche Umschuldungsprogramm zugunsten des Notstandsgebiets Ostpreußen 1929. Alles in allem handelte es sich um Kreditaktionen, die den konjunkturellen Aufschwung voraussetzten, von dem die deutsche Landwirtschaft sich jedoch immer weiter entfernte.

Strukturwandel

Die fortschreitende Technisierung der landwirtschaftlichen Arbeitsprozesse setzte die Aufhebung der Gemengelage kleiner Nutzflächen voraus. In den bäuerlichen Gegenden einiger deutscher Länder, insbesondere im Rheinland, in Baden und Bayern, behinderten erhebliche Rückstände aus der verschleppten Flurbereinigung des 19. Jahrhunderts den Einsatz moderner Agrartechnik. Auf gesetzlichem Wege sicherte sich der Staat ein stärkeres Interventionsrecht mit dem Ziel, die Zusammenlegung zersplitterter Nutzflächen zu forcieren. Dabei verfolgte er die arbeitsmarktpolitische Absicht, die ländliche Bevölkerung an Region und Ort zu binden und ihre Abwanderung in die Industriestandorte zu verhindern. Aber der Strukturwandel kam nicht so sehr durch diese staatlichen Mittel zustande als vielmehr durch Impulse aus Wissenschaft, Industrie und Bildung. Hierzu zählten die erfolgreiche Bekämpfung von Tier- und Pflanzenkrankheiten, die Erschließung umbruchfähigen Grünlands für den Anbau von Futtermitteln, Neuerungen in der Fütterungstechnik und betriebliche Rationalisierung wie Meliorationen, Absatzförderung und der Ausbau des landwirtschaftlichen Schulwesens.

Intensivlandwirtschaft im Aufschwung

Die gutsbetriebliche Getreidewirtschaft erreichte die Vorkriegserträge erst in den frühen 30er Jahren, während die bäuerlichen Familienbetriebe in dieser Zeit den Ackerbau einschließlich des Feldfutter- und Zwischenfruchtanbaus zugunsten ihrer Viehwirtschaft intensivierten. Das Grünland als Umtriebs- und Mähweide gewann immer mehr an Bedeutung. Die öffentliche Kreditpolitik folgte weniger diesem Trend als den Interessen der marktschwachen Getreidewirtschaft, insbesondere des Roggenanbaus, trotz sinkender Absatzchancen.

Technische Modernisierung

Das typenreiche Angebot an moderner Agrartechnik wurde erschwinglicher; es hob auch die bäuerlichen Mittel- und Kleinwirtschaften auf ein höheres Wirtschaftlichkeitsniveau. Die fortschreitende Motorisierung beeinflusste die Haltung von Zugtieren, vor allem Pferden. Das Jahr 1927 gilt als „Umkehrpunkt der Pferdehaltung". Schlepper ersetzten immer mehr das traditionelle Zugtier (1925 fast 7000, 1929: rund 15 000), zuerst in den Guts- und großbäuerlichen Betrieben, ab den 30er Jahren auch in der Mittel- und Kleinlandwirtschaft. Dagegen markierte der Einsatz der ersten Mähdrescher seit 1927 in den ostdeutschen Gutsbetrieben die arbeitstechnische Grenze zwischen Groß- und Kleingrundbesitz bis in die ersten Jahre nach 1945.

Schuldenberg und Preisschere

Der landwirtschaftliche Wiederaufbau, z. B. des Maschinenparks, basierte hauptsächlich auf kurzfristigen, meist amerikanischen Krediten. Die Reinerträge blieben zunächst unsicher. Die Gesamtverschuldung lag 1928 bei 11,5 Mrd. RM und damit unter Friedensniveau, die Zinslasten (in Prozent der Verkaufserlöse) stiegen von 5,6 (1924/25) auf rund zehn und überstiegen damit die Vorkriegshöhe. Die Landwirtschaft nahm die Verschuldung in der Wiederaufbauphase nicht ernst, zumal die staatliche Agrarpolitik zu vermehrter Kreditaufnahme riet, um die Produktionsrückstände aufzuholen. Erste Kreditrestriktionen der Banken 1924/25 blieben wirkungslos. Das Missverhältnis von

Schulden zum steuerlichen Wert eines Betriebes wuchs im Allgemeinen durch die Verwendung des geliehenen Geldes als unproduktiver Konsumtivkredit zur Finanzierung betrieblicher Verluste. Der staatlichen Agrarpolitik gelang es nicht, die Schere zwischen Agrar- und Industriepreisen, insbesondere für Bauten und Technik, zu schließen. Steuern und Sozialabgaben erhöhten die landwirtschaftlichen Betriebskosten vor allem für die großen Ackerbaubetriebe in Ostdeutschland beträchtlich. Trotz der deutschen Zollpolitik (1925) häuften sich bereits 1927/28 ernste Krisenzeichen durch den tiefen Fall der Weizenpreise auf dem Weltmarkt. Auch die Viehpreise sanken, obwohl sich durch den Wandel kollektiver Verbrauchsgewohnheiten Erzeugnisse der tierischen Veredlungswirtschaft zunächst besser behaupteten als Ackerbauerzeugnisse (Getreide und Kartoffeln). Durch sinkende Viehpreise gerieten letztlich auch die bäuerlichen Familienwirtschaften in Liquiditätsschwierigkeiten.

Erfolglose Krisenbekämpfung

Schulden- und Preisprobleme überschatteten bald nach 1925 zunehmend die agrarpolitischen Debatten der Weimarer Republik. Umstritten blieb der Weg zum Ausgleich von Agrar- und Industriepreisen: Es ging um die Senkung der Industriepreise oder die Anhebung der landwirtschaftlichen Erzeugerpreise. Die Landwirtschaft unterlag in diesem Konflikt. Der Schutzzoll erwies sich als untaugliches Mittel zur Preisstabilisierung. Er verdrängte die ausländische Konkurrenz nur kurzzeitig vom deutschen Markt und regte zur inländischen Überproduktion an, die mit hohen Kosten auf die Weltmärkte gebracht wurde. Laufende Zollerhöhungen lösten zahlreiche Handelskonflikte Deutschlands mit europäischen Staaten aus (u. a. mit Schweden und Polen). Der landwirtschaftliche Außenschutz wurde durch Zollentscheidungen 1929 schrittweise zu einem Marktordnungssystem ausgebaut. Für „grundsätzliche Handlungsalternativen" gab es keine Realisierungschancen (H. Becker).

Agrarradikalismus

Die Bauern in Norddeutschland opponierten zuerst gegen die staatliche Agrarpolitik; es ergab sich 1928 eine breite Zustimmung zum Steuerstreik. Radikale Kräfte gewannen die Oberhand. Die Unruhen flauten trotz eines Teilmoratoriums nicht ab. In den Reichstagswahlen 1928 gewannen die kleinen Bauernparteien (u. a. Landbund und Deutsche Bauernpartei) zehn Mandate als Grundstock für die „Grüne Front" gegen die Demokratie. Die SPD-Stimmengewinne in ländlichen Gebieten seit dem Kieler Agrarprogramm von 1927 reichten für eine Solidarität der Arbeiter mit den „selbst arbeitenden Bauern" nicht aus. Auch KPD, Zentrum, BVP und DDP erzielten 1928 Stimmengewinne. Als die Große Koalition ab 1928 die anstehenden Agrarprobleme nicht lösen konnte, kam es zu einer abermaligen Umorientierung der Bauern in der Parteienlandschaft auf Kosten der demokratischen Kräfte. In Schleswig-Holstein entstand die radikale Landvolkbewegung, die sich gegen jede Besteuerung und agrarpolitischen Zentralismus richtete. Sie organisierte staatsfeindliche „Selbsthilfeaktionen" auch mit terroristischem Vandalismus.

6. Deutsche Landwirtschaft in der Weltagrarkrise (1929–1933)

Krisenursachen und -schäden

Die internationalen Agrarmärkte befanden sich bereits drei Jahre vor dem New Yorker Börsenkrach 1929 in einer hauptsächlich durch Überproduktion verursachten Preis- und Absatzkrise. Mehr Land unter dem Pflug, verbesserte Technik, erfolgreiche Rationalisierung des Getreidebaus und Preisdumping auf dem europäischen Getreidemarkt durch eine sowjetrussische Exportoffensive führten zu überquellenden Silos. Unter der Last der enormen Vorräte brach der Käufermarkt zusammen, die Weizenpreise befanden sich im freien Fall und zogen weitere Agrarpreise in Mitleidenschaft. Der Wiederaufbau der deutschen Landwirtschaft war noch nicht abgeschlossen und die Kredite noch nicht bezahlt, als der Preisverfall eintrat. Die Zinslast beanspruchte 14% der Verkaufserlöse, während die Massenarbeitslosigkeit die Marktlage für Agrarprodukte verschlechterte. Die Krise traf die deutschen Agrarlandschaften und die Betriebe in unterschiedlicher Weise. Am stärksten betroffen waren in den ostdeutschen Provinzen die marktnahen Großbetriebe, in anderen Regionen waren es die marktfernen bäuerlichen Grenzexistenzen. Zunehmend wurde auch die Veredlungswirtschaft von den Absatzschwierigkeiten betroffen, weil verarmte Verbraucher wieder zu mehr Grundnahrungsmitteln (Kartoffeln, Getreideprodukte) anstelle hochwertiger Nahrungsgüter griffen. Betriebszusammenbrüche und Zwangsversteigerungen von Betrieben mit mehr als zwei ha häuften sich: 828 (1927), 1971 (1929), 2051 (1930) und 4766 (1931); zwischen 1924 und 1931 kamen rund 800000 ha unter den Hammer, darunter ein Großteil aus Familienbesitz.

Liquiditäts- und Kreditprobleme

Die Entwicklung der deutschen Landwirtschaft in den 20er Jahren beruhte auf krisenanfälligen Krediten. Mit dem versiegenden Kapitaltransfer aus den USA seit 1929/30 gerieten die landwirtschaftlichen Debitoren in Zahlungsschwierigkeiten. Das betraf auch die beiden großen Landwirtschaftsgenossenschaften. Ihre Fusion zum Reichsverband

Abb. 2: Preisindexziffern landwirtschaftlicher Erzeugnisse 1924/25–1932/33 (1909/10 bis 1913/14 = 100)

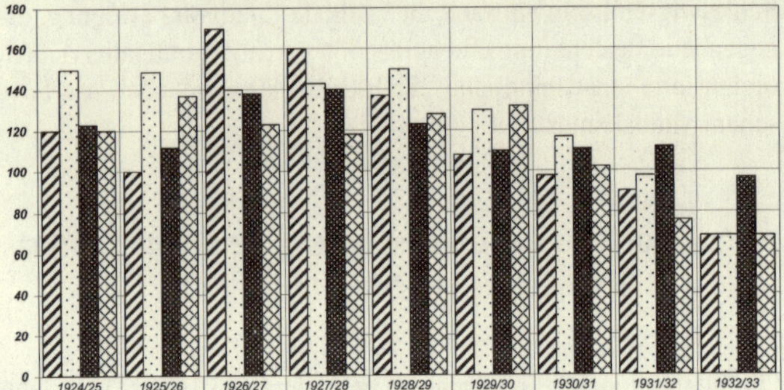

	1924/25	1925/26	1926/27	1927/28	1928/29	1929/30	1930/31	1931/32	1932/33
Kartoffeln	120	100	170	160	137	108	98	90	68
Tier. Produkte	150	149	140	143	150	130	117	98	68
Getreide	123	112	138	140	123	110	111	112	97
Schlachtvieh	120	137	123	118	128	132	102	76	68

Quelle: Deutscher Landwirtschaftsatlas, bearb. v. Statistischen Reichsamt, Berlin 1934, 23.

der deutschen landwirtschaftlichen Genossenschaften – Raiffeisen löste die Liquidationsprobleme nicht, so dass die Reichsregierung einspringen musste, um den drohenden Zusammenbruch abzuwenden, der den Ruin vieler kleiner Landwirte bedeutet hätte.

Staatliche Krisenpolitik

Die Reichsregierung versuchte mit Deflation, strukturellen Sanierungsmaßnahmen, schließlich mit massiver Preisstützung die Agrarkrise in den Griff zu bekommen. Dabei stützte sich die Regierung Brüning „auf eine lange Tradition aus der Vorkriegszeit" (D. Petzina). Der Gesetzgeber geriet zunehmend in einen politischen Aktionismus und vergab von 1925–1927 insgesamt 700 Mio. RM an Reichsdarlehen, wovon der größte Teil (20%) an die meistbegünstigte Landwirtschaft fiel. Das „Reichsnotprogramm zur Behebung dringender Notstände in der Landwirtschaft" wurde 1928 aufgelegt; 60 Mio. RM flossen trotz der großen Nachfrageschwäche infolge der Massenarbeitslosigkeit in die Absatzförderung: ein falscher Ansatzpunkt eines kostspieligen Krisenmanagements. Seit 1930 wurden die Stützungsmaßnahmen zugunsten der Landwirtschaft ständig erweitert. Sie führten zu einer umstrittenen Umverteilung im Staatshaushalt sowie zu einem innenpolitisch belastenden Zielkonflikt zwischen agrarischen und industriellen Fördermaßnahmen.

Zollpolitik und Marktordnung

Mit zoll- und handelspolitischen Methoden wurde das inländische Agrarpreisniveau Schritt für Schritt vom Weltmarkt gelöst. Von 121

Gesetzen und Verordnungen betraf rund die Hälfte Zolländerungen und andere Maßnahmen der außenwirtschaftlichen Intervention. Der Staat griff immer tiefer in den Wirtschaftsprozess ein und beseitigte die letzten Reste unternehmerischer Freiheit durch Kontingentierungen und Einfuhrverbote. Zahlreiche Maßnahmen erwiesen sich wegen des Rückgangs im inländischen Nahrungsmittelkonsum jedoch als ineffektiv. Die erfolglose Zollpolitik leistete der Entstehung von Marktordnungen als Gegenargument zur liberalen Wirtschaftsordnung Vorschub. Mit der Errichtung des Reichsmaismonopols standen Futtermittel seit 1930 unter Staatskontrolle, hinzu kamen Grundnahrungsmittel durch das Brot- und das Milchgesetz (1930). Diese legitimierten staatliche Qualitätsvorschriften sowie die Möglichkeit der Zwangskartellierung von Milcherzeugern und -verwertern. Es kam 1931 zu Zusammenschlüssen in der Kartoffel- und Rübenzuckerindustrie sowie durch ein international vereinbartes Anbauverbot zur Kontingentierung der Zuckerproduktion. Das Zollermächtigungsgesetz (Frühjahr 1931) verpflichtete die Regierung erstmals in der Geschichte staatlicher Agrarpolitik zur Parität von agrar- und gesamtwirtschaftlichen Preisen, was unter den aktuellen Bedingungen freilich illusorisch blieb. Realistischer dagegen war das Zahlungsmoratorium „zur Erleichterung der Erntebewegung“ und ein bis Herbst 1932 gültiger Vollstreckungsschutz für landwirtschaftliche Schuldner.

„Osthilfe“

Massive Unterstützung erhielt die ostelbische Großlandwirtschaft mit einem Stützungprogramm für das Notstandsgebiet Ostpreußen (1929), später für das gesamte Reichsgebiet. Die Hilfsaktion galt überwiegend den Roggenanbaugebieten, wo die Verschuldung im Durchschnitt 61% des Einheitswertes bei einem Reichsdurchschnitt von 39% betrug. Von insgesamt 600 Mio. RM floss die Hälfte in marode Großbetriebe über 100 ha ungeachtet ihrer Sanierungschancen. In offen antidemokratischer Haltung hielten die großagrarischen Nutznießer der Hilfsaktion die Mittel für unzureichend und beurteilten den staatlichen Aufkauf von parzelliertem Siedlungsland aus ehemaligem Gutsbesitz als „Ausnützung ihrer Notlage“ (E. Klein).

Brünings Scheitern

Zum Schluss blieb kein Teilbereich des landwirtschaftlichen Produktions- und Verwertungsprozesses frei von staatlicher Intervention: Aussaat, Pflege, Ernte und Vermarktung verliefen unter staatlicher Zwangsaufsicht bei massivem Einsatz außerordentlicher Finanzmittel. Der ursprüngliche Sonderfall der ostdeutschen Landwirtschaft wurde zum Gesamtkrisenfall. Als Heinrich Brüning versuchte, nicht mehr zu sanierende Gutsbetriebe einer schnellen Liquidation zuzuführen, um die Staatskosten zu entlasten, kreideten ihm das agrarpolitische Gegner als „Agrarbolschewismus" an. Dieser brisante Vorwurf sollte bei seinem späteren Sturz eine wesentliche Rolle spielen. Der agrarpolitische Aktionismus dämpfte die eskalierende Krise nicht. Die Regierung griff zu immer mehr außergewöhnlichen Mitteln, die keine voll gültige parlamentarische Legitimation besaßen. Staatliche Agrarpolitik wurde zum Sondervotum zugunsten eines Wirtschaftszweiges, dessen Krise nur noch partiell im Zusammenhang mit dem Weltmarktgeschehen stand. Die Hauptursachen lagen im Zusammentreffen von externen Faktoren und alten, nicht behobenen Strukturdefekten der deutschen Landwirtschaft. Brüning musste früher oder später an seiner eigenen Politik scheitern, weil er die offene Frage des agrarisch-industriellen Interessenausgleichs mit seiner einseitigen Subventionspolitik zugunsten der maroden Teile des Agrarsektors nicht löste. Sein Nachfolger Franz von Papen setzte noch willfähriger als er den eingeschlagenen Agrarkurs fort. Die fortbestehenden Gegensätze in der Handelspolitik zwischen Industrie und Landwirtschaft lähmten die staatliche Entscheidungskraft immer mehr. Die kostspielige Sanierung der schwer angeschlagenen Gutsbetriebe und die finanziellen Folgen der Zollpolitik belasteten schließlich mehr und mehr die nichtagrarische Bevölkerung.

Bäuerliche Radikalisierung

Die Tumulte von Neumünster im August 1929, die sich den Winzerunruhen an der Mosel anschlossen, mündeten in direkte antistaatliche Aktionen. Sie blieben jedoch ohne Erfolg für die Bewegung. Es kam zu keiner „Bauerneinigung", währenddessen blieb der agrarpolitische Einfluss der „Grünen Front" auf Regierungsentscheidungen zwar marginal, aber nicht ohne Schädigung des Ansehens der Demokratie in der deutschen Bevölkerung. Es ging den Bauern in erster Linie um die Rettung ihrer wirtschaftlichen und familiären Existenz. Sie erhofften sich die Problemlösung aber von einer politischen und wirtschaftlichen Ordnung, die im Wesentlichen von der liberalen Agrarordnung westeuropäischen Ursprungs abwich. Kommunisten und Nationalsozialisten mischten sich unmittelbar in die bäuerliche Protestszene und schlugen aus der Konzept- und Orientierungslosigkeit der unzufriedenen Bauern politisches Kapital. Für die Aufständischen entscheidend war die „Kompromisslosigkeit, mit der beide das bestehende System bekämpften" (H. James).

7. Landwirtschaft und „Braune Revolution“ (1933–1938)

Agrarprogramm und -ideologie

Der Nationalsozialismus „entdeckte“ die bäuerliche Klientel erst in den ländlichen Massenprotesten während der Weltwirtschaftskrise. Das improvisierte NSDAP-Agrarprogramm (1930) versprach, „die Landwirtschaft aus dem Kapitalismus herauszulösen“, konkret die marktwirtschaftlichen Verhältnisse zugunsten garantierter „gerechter“ Preise aufzuheben. Die Forderung eines „gesunden Bauerntums“ als Gegengewicht zur städtischen Gesellschaft ging auf antiurbane, rassistische und völkische Vorstellungen seit dem 19. Jahrhundert zurück. Nationalsozialisten und konservative Bauerntums-Ideologen trafen sich in der Vorstellung von einer „‚völkischen Wiedergeburt Deutschlands durch eine umfassende Reagrarisierung“ (D. Münkel) mit Hilfe eines bodenständigen „neuen Menschen“ bäuerlicher Herkunft. Das Begriffspaar „Blut und Boden“ stammte aus dem politischen Vokabular der Artamanen-Bewegung und ihres Propagandisten Richard Walther Darré („Das Bauerntum als Lebensquell der nordischen Rasse“ von 1929 und „Neuadel aus Blut und Boden“ von 1930). Im Mittelpunkt stand die Idealisierung der zur nordischen Rasse gehörenden „sesshaften Bauern“ und die sittliche Erneuerung der Deutschen durch einen „neuen Adel“ bäuerlicher Herkunft. Ausgesuchte Bauernhöfe sollten der gesellschaftliche Ursprung einer systematisch herangezüchteten bäuerlichen Führungselite sein.

Agrarpolitische Ziele und Maßnahmen

Die Nationalsozialisten übernahmen die Krisenstrategie der Weimarer Republik. Die Zahlungsmoratorien von 1931/32 wurden in eine Entschuldungsaktion umgewandelt. Zugleich schrieben sie die frühen Ansätze einer Agrarmarktordnung (für Getreide und Milch) fort und folgten dem allgemeinen Trend der industrialisierten Verarbeitung und Verteilung landwirtschaftlicher Erzeugnisse zugunsten des steigenden Massenbedarfs der wachsenden Industriegesellschaft. Die nationalsozialistische Agrarpolitik modernisierte nicht den Entwicklungsprozess von Grundnahrungsgütern vom Keim zum verbrauchsfertigen Produkt, sondern sie nutzte die bereits vorhandene Modernität mit hohem Propagandaaufwand für die eigenen Hauptziele: Produktionssteigerung und Autarkie. „Die in der Weimarer Zeit schon ausgebildete Praxis staatlicher Interventionen wurde zu einem nahezu perfekten System staatlicher Lenkung und Kontrolle ausgebaut“ (E. Klein). Dabei ging die agrarpolitische Praxis primär von der Versorgung der Bevölkerung aus, der die produzierende Landwirtschaft unterworfen wurde. Der Konsumentenpolitik fielen mit dem Verbot der Eigenvermarktung bestimmter Produkte die letzten Reste bäuerlicher Selbstständigkeit bereits 1934 zum Opfer. Es folgte die Ablieferungspflicht für einige Getreidearten, hinzu kamen Kontingentierungen und weitere Eingriffe in den Produktionsprozess (Anbau, Einlagerung, Verarbeitung). Seit 1936 galt ein staatlich kontrolliertes Festpreissystem. Eine Preis- und Absatzgarantie versprach den Bauern ein sicheres und gleichmäßiges Einkommen, den städtischen Konsumenten „gerechte Preise". Diese illusionäre Ausbalancierung von Angebot und Nachfrage richtete sich aber hauptsächlich gegen unerwünschte Forderungen nach Preis- und Lohnerhöhungen.

Reichsnährstand

Mit dem Gesetz „über den vorläufigen Aufbau des Reichsnährstandes" vom Herbst 1933 verfolgte die Regierung Hitler mehrere Ziele: die Zusammenfassung der Agrarproduzenten in einer berufsständischen Gesamtorganisation, die Verdrängung des Wettbewerbs aus der Marktwirtschaft und die Ernährungsautarkie. Das war ursprünglich kein Konzept aus einem Guss, sondern das Resultat eines bis 1935 andauernden konzeptionellen Gestaltungsprozesses mit dem Ziel, fast 16 Mio. Erzeuger, Verarbeiter und Verteiler landwirtschaftlicher Produkte zur Wirtschaftsfriedlichkeit zu zwingen und sie in einem nach dem „Führerprinzip" hierarchisierten Zwangskartell zu organisieren. Die Marktparteien wurden mechanisch nach Erzeugnissen (u.a. Getreide, Schlachtvieh) in „Hauptvereinigungen" unter der doppelten Oberherrschaft von Reichsernährungsministerium und Reichsbauernführung eingeteilt. Nach den Anweisungen beider Instanzen waren Preise, Preisspannen, Erzeugung und Absatz zu regeln. Die der landwirtschaftlichen Produktion vor- und nachgelagerten Bereiche (z.B. Futtermittel- und Nahrungsmittelindustrie) waren in den „Wirtschaftlichen Vereinigungen" zwangsweise organisiert und unterlagen der Kontrolle und Führung des Reichsnährstandes. Formalrechtlich stellte er ein Selbstverwaltungsorgan dar, tatsächlich jedoch besaßen die Mitglieder nicht das entscheidende Recht, ihre eigene Verwaltung zu bilden. Obwohl der Reichsnährstand keine Gliederung der NSDAP war, setzte die Partei die Orts-, Kreis- und Landesbauernführer autoritär ein. Der Reichskanzler ernannte den Reichsbauernführer, der zugleich Leiter des Reichsministeriums für Ernährung und Landwirtschaft war.

Rassenpolitische Umstrukturierung: „Erbhöfe"

Die stark ideologisierte Agrarpolitik kam in einer umfassenden Neugliederung der bäuerlichen Landwirtschaft zum Ausdruck. Die Agrarpropaganda stellte das „Bauerntum als Blutquelle des deutschen Volkes" dar und gab vor, „die Bauernhöfe vor Überschuldung und Zersplitterung zu schützen". Dahinter stand die Absicht, den aktuellen Besitzstand durch die geschlossene Hofübergabe zu wahren und eine „gesunde Verteilung der landwirtschaftlichen Besitzgrößen“ zu erreichen. Derartige Initiativen gab es in der deutschen Agrarpolitik seit längerem, beispielsweise im Hannoverschen Höfegesetz von 1874/1909. Die Entwicklung und Durchsetzung der gesetzlichen Grundlagen für die Schaffung privilegierter „Erbhöfe“ lassen deutlich Unsicherheiten und Widersprüche erkennen. Der Probelauf seit Mai 1933 galt zunächst nur für Preußen, erst danach für das gesamte Reichsgebiet. In die engere Auswahl zur Anerkennung als „Erbhof“ kamen Betriebe von 7,5 ha bis 125 ha. Betriebliche Veräußerungen und Belastungen waren nicht zulässig. Es herrschte nach Beseitigung alter Erbsitten das Zwangsanerbenrecht bei Bevorzugung der männlichen Erben, während für weichende Erben berufliche Sonderregelungen galten. Die „Erbhof“-Gesetzlichkeit machte alles rückgängig, was zum strukturellen und sozialen Wandel landwirtschaftlicher Verhältnisse unter dem Einfluss der Industrialisierung geführt hatte. Im Vordergrund standen neben wirtschaftlichen Zielen vor allem rassenpolitische Absichten. Der „ehrbare Bauer“ auf einem „Erbhof“ musste „deutschen oder stammesgleichen Blutes“ sein. Von ihm verlangte das Regime politisches Engagement und wirtschaftliche Effizienz zugunsten der Allgemeinheit. Der Staat gewährte Schutz nur unter diesen Bedingungen und sicherte sich zugleich das Vorrecht, bei Nichterfüllung Zwang anzuwenden, der bis zur Enteignung reichte. Indessen herrschten unklare wirtschaftliche Kriterien für die Anerkennung als „Erbhof“. Eindeutig war jedoch die Absicht einer Zwei-Klassen-Landwirtschaft, die sich einerseits aus anerkannten „Erbhöfen“ und tolerierten Gutsbetrieben zusammensetzte. Dieser betriebliche Dualismus bot andererseits den kleinen Familienbetrieben bis 7,5 ha, die hauptsächlich im Nebenerwerb bewirtschaftet wurden, keine Zukunft.

Schwache Siedlungstätigkeit

Mit der Schaffung von „Erbhöfen“ gelangte die nationalsozialistische Strukturpolitik frühzeitig an ihr Ende. Hauptsächlich hemmten Kreditprobleme und der Mangel an erschlossenen Arealen die ländliche Siedlungspolitik. Obwohl der gesamte Grundstücksverkehr unter staatlicher Kontrolle stand, kam keine durchgreifende Flurbereinigung nach dem Reichsumlegungsgesetz (1936) und der Reichsumlegungsordnung (1937), die das traditionelle Freiwilligkeitsprinzip aufhoben, zustande. Siedlerstellen entstanden nur noch in geringem Umfang. Sie waren Teil der Kampagne für die „Neubildung deutschen Bauerntums“ und wurden nicht mehr als Rentengüter vergeben, sondern mit Erbhofrecht ausgestattet, was sie einer noch strengeren Staatskontrolle unterwarf. Im Vergleich zu 1932 mit insgesamt 9000 neuen Stellen entstanden beispielsweise 1937 nur noch 1894 Stellen. Schließlich fiel die Innere Kolonisation der „Lebensraum“-Ideologie und -Politik zum Opfer.

Autarkie und „Erzeugungsschlacht“

Die außenpolitische Konzeption Hitlers sah die militärische Aggression von Anfang an vor, dementsprechend musste die Wirtschaftspolitik nach den Erfahrungen des Krieges 1914–1918 auf Autarkie ausgerichtet sein. Die Eigenversorgung bedeutete Devisenersparnis und gleichzeitigen Schutz vor möglicher Blockade im Kriegsfall. Die deutsche Importabhängigkeit bestand hauptsächlich bei Fetten, Futtermitteln und Textilrohstoffen. Das Regime betrieb nach der schlechten 34er Ernte eine umfangreiche Produktionskampagne als „Erzeugungsschlacht“, teils mit der Unterstützung subventionierter Produktionsmittel (z.B. Dünger) und Preisanreizen für Mangelerzeugnisse (Ölfrüchte und Futtermittel), teils mit massiver Propaganda. Beides setzte die Bauern unter politischen Druck. Sie wurden in die Pflicht zur Versorgung der „Volksgemeinschaft“ nach dem Vorbild der „battaglia del grano“ des italienischen Faschismus genommen. „Ihnen drohten keine Zwangsvollstreckungen mehr, aber Diffamierung, Abmeierung, Strafrichter und Konzentrationslager“ (C. von Dietze).

Unter dem Vierjahresplan

Als die 1935er Ernte unter den hoch gesteckten Erwartungen blieb, wurde die „Erzeugungsschlacht“ zur Dauereinrichtung; sie nutzte sich aber als Antriebsinstrument zu höherer Produktionsleistung sehr schnell ab. Der Selbstversorgungsgrad blieb unter dem Autarkieziel; im Vergleich zu 1930 mit 77% betrug er 1936 lediglich 84% und belastete die deutsche Devisenbilanz beträchtlich. Die Einbeziehung der Landwirtschaft in den dirigistischen Vierjahresplan unter Hermann Göring ab 1936 erhöhte den Druck auf die landwirtschaftliche Produktion beträchtlich. Anstelle innovativer Agrarpolitik und der Lösung offener Erzeugungsprobleme lag das Schwergewicht staatlicher Intervention seither im Bereich der Verbraucherpolitik, insbesondere bei der Verteilung knapper Ernährungsgüter. Richard Walter Darré verlor seine Kompetenzen immer mehr an die Planbehörden, so dass von der ursprünglichen Agrarideologie kaum noch erkennbare Reste existierten. Mit der neuen Zuständigkeit geriet die Landwirtschaft in die Gefahr einer „Verstaatlichung“: In rüstungswirtschaftlicher Absicht wurde direkt in die Produktionsprozesse eingegriffen, um den Anspruch des Regimes auf den größten Teil der Erzeugnisse durchzusetzen. Im Vergleich dazu blieb die staatliche Unterstützung durch verbilligte Produktionsmittel gering. Das „Gesetz zur Sicherung der Landbewirtschaftung“ (März 1937) sah staatliche Eingriffe im Fall von „schlechter Wirtschaftsführung“ vor. Der Ausbau des landwirtschaftlichen Beratungssystems diente der verschleierten Kontrolle jedes einzelnen Hofes durch parteiamtliche „Kreis- und Ortshofberater“. Mit der Einführung der „Hofkarte“ (1938) als „Eingriff in die Privatwirtschaft“ (G. Corni/ H. Gies) und späteren „Hofbegehungen“ geriet die Produktionskapazität jedes einzelnen Landwirtschaftsbetriebs vollends unter die staatliche Kontrolle. Schließlich erreichte die wirtschaftliche Entmündigung der bäuerlichen Produzenten mit der Unterordnung des Reichsnährstands unter die Staatsverwaltung 1939 ihren Höhepunkt.

Negative Produktionsbilanz 1933–1938

Die nationalsozialistische Agrarpolitik hob die Landwirtschaft nicht auf ein internationales Wettbewerbsniveau, sondern löste sie bei rüstungswirtschaftlicher Zielsetzung weitgehend aus dem europäischen Trend zur betrieblichen Rationalisierung. Die agrarische Gesamtproduktion stieg nur geringfügig (1933–1939: 8% im Vergleich zu 16% zwischen 1924 und 1929). Die Steigerungsraten bei Gerste betrugen 24%, bei Kartoffeln 23% und bei Zuckerrüben 82%. Auf dem Brotgetreidesektor blieben die Erträge deutlich zurück, während der Produktionszuwachs von Milch und Hafer sich in bescheidenen Grenzen hielt. Der Umfang der Viehbestände lag 1938 unter dem Stand von 1933. Die „Fettlücke“ konnte ohne Futtermittelimporte und Einfuhren pflanzlicher Fette nicht geschlossen werden.

Preispolitische Experimente

Die Preispolitik ließ sich nicht, wie ursprünglich beabsichtigt, nach ideologischen Grundsätzen ausrichten. Fehler bei der saisonalen Preisabstufung schürten Unmut unter den Bauern; der Staat musste zurückstecken. Seit 1937 betrieb er eine flexiblere Preispolitik, die der Landwirtschaft jedoch nicht zugute kam, weil für agrarische Produktionsmittel (u.a. Technik, Saat- und Zuchtmaterial) keine Festpreise existierten und die Schere zwischen Agrar- und Industriepreisen sich immer mehr öffnete. In der Entwicklung der landwirtschaftlichen Einkommen zeigte sich der Widerspruch zwischen Propaganda und Wirklichkeit ebenso deutlich: Im Vergleich zu 1932 stiegen die Einkommen 1933 zwar um 9,1%, 1934 sogar um 21,1%, danach fiel der Anstieg sehr viel bescheidener aus: 1935 betrug er nur noch 7,0% und 1936 sogar nur noch 0,9%. Die Schuldenlast sank nur unbedeutend von 12,4 auf 11 Mrd. RM in insgesamt 200000 Verfahren. Die Zinslast von einer Mrd. RM jährlich sank auf 560 Mio. RM. Der Anteil der Zinsen an den Verkaufserlösen lag durch höhere Einkommen bedingt bei 5,8%. Jedoch kam die versprochene Parität von Einkommen aus landwirtschaftlicher und industriell-gewerblicher Tätigkeit nicht zustande.

Entmachteter Reichsnährstand

Die Zweigleisigkeit von ehrenamtlicher und hauptamtlicher Verwaltung manövrierte den Reichsnährstand in eine andauernde Konfliktsituation. Der Konstruktionsfehler lag in der willkürlichen Verteilung der funktionell verzahnten Bereiche Mensch, Arbeit und Einkommen auf unterschiedliche Instanzen, denen die bürokratische Kooperation nicht gelang. Organisatorisch stärkte der Reichsnährstand nur kurzzeitig den Einfluss von Bauern und Landwirtschaft auf die wirtschaftspolitische Öffentlichkeit. Unter dem Druck kriegswirtschaftlicher Zielvorgaben verschwand der agrarideologische Ballast immer mehr. Die Bilanz der „Erbhof"-Politik fällt negativ aus, vor allem deshalb, weil es hierbei vorrangig um die Konservierung einer Landwirtschaft ging, die sich weder von den schweren Krisenschäden seit 1927 erholt, noch von den Anpassungsschwierigkeiten an die moderne Industriewirtschaft und -gesellschaft befreit hatte. Insgesamt wurden 685 000 Höfe mit lediglich 37% der land- und forstwirtschaftlichen Nutzfläche vom Gesetz erfasst, ohne dabei den fortschreitenden Mangel an Arbeitskräften dauerhaft zu beseitigen. Mit Kriegsbeginn traten die Widersprüche in der Land- und Ernährungswirtschaft noch schärfer als in den Friedensjahren hervor.

8. Zerstörung und Wiederaufbau (1939–1949)

Vorrangige Verbraucherpolitik

Das nationalsozialistische Regime unterwarf mit Kriegsbeginn die Landwirtschaft vollkommen der Versorgung des Militärs und der einheimischen Zivilbevölkerung. Verteilungsprobleme sollten mit Hilfe eines differenzierten Rationierungssystems gelöst werden, das schließlich alle Produktarten umfasste. Aus der propagierten „Volksgemeinschaft" wurde die nach Leistungen für den Krieg und Politik gegliederte Zuteilungsgemeinschaft. Eine Fülle bürokratischer Gebote und Verbote schrieb der Landwirtschaft jeden Halm Getreide vor und zählte den Menschen die im Laufe des Krieges kleiner werdenden Happen in den Mund.

Schwindende Produktionskraft

Die propagierten Schwerpunkte der „Kriegserzeugungsschlachten" enthüllten alsbald die Schwachstellen der landwirtschaftlichen Produktion: Sie lagen im Anbau von Hackfrüchten, Futter-, Öl- und Faserpflanzen, bei Gemüse, Schlacht- und Nutzvieh sowie in der Milchwirtschaft. Die Produktionsmengen sanken allgemein, die Anbauflächen schrumpften, während die Bearbeitung und Pflege des Kulturbodens aus Mangel an geeigneten Betriebsmitteln immer mehr nachließ. Erzwungene „Umlagen" für die Wehrmacht, insbesondere Futtermittel und Zugtiere, besaßen Vorrang.

Lockung und Lenkung

Das Regime schuf einerseits Produktionsanreize durch Sonderprämien und höhere Preise und führte andererseits scharfe Produktionskontrollen durch. Es entstand ein Wechselspiel zwischen Lockung und Lenkung. Die „Hofkarte" sollte die Landwirtschaft berechenbar machen; ihr Versagen führte zur intensiveren Kontrolle durch die systematische „Hofbegehung" ab 1942/43, die einer wirtschaftlichen Entmündigung der Bauern gleichkam.

Kein Neuland

Selbst geringfügige Landerschließungen blieben während des Krieges die Ausnahme. Die landwirtschaftliche Nutzfläche nahm sogar um rund 76000 ha ab (1944). Eine Flurbereinigung fand nicht statt, zumal der Verkehr mit landwirtschaftlichen Grundstücken seit Sommer 1942 praktisch aufgehoben wurde. Stattdessen überschlugen sich die Agrarbehörden mit Vorschlägen und Plänen für eine künftige Strukturreform. Aber die noch bestehende Möglichkeit eines „Landnutzungstauschs" (1942) zugunsten größerer Bewirtschaftungsflächen stieß bei den Bauern nicht auf Interesse. Auch die Einrichtung von Erbhöfen kam trotz neuer Vorschriften bei fortschreitender Entideologisierung des gesamten Vorhabens zugunsten kriegswirtschaftlicher Erwägungen nicht voran, während die Zahl der Siedlerstellen ständig abnahm (z. B. 1939: 846, 1941: 381).

Kriegsernährungspolitik

Obwohl das nationalsozialistische Regime ein rigoroses Erfassungssystem von enormer Durchsetzungskraft einrichtete, gelang es ihm während der gesamten Kriegsjahre nicht, Angebot und Nachfrage auf durchschnittlichem Qualitätsstandard auch nur annähernd auszubalancieren. Das ursprüngliche Ziel, die Zivilbevölkerung in ihrem gewohnten Konsumverhalten möglichst nicht einzuschränken, wurde verfehlt. Die geringen Preisschwankungen für Erzeuger und Verbraucher dienten mehr der politischen Eigenwerbung als der Stabilisierung des Marktes. Die abnehmenden Produktionsraten erlaubten nicht, die vorrangigen Ansprüche des Militärs am landwirtschaftlichen Gesamtaufkommen zu erfüllen. Die behördlichen Verteilungsmechanismen erwiesen sich infolge des akuten Warenmangels als untauglich. Surrogate ersetzten traditionelle Lebensmittel. Immer strengere Rationierungsvorschriften engten die letzten Reste persönlicher Nahrungsfreiheit weiter ein und verstärkten individuelles Ausweichen auf die staatlich unerwünschte Kleintierhaltung. In den Großstädten fehlten Kleingartenflächen, um die wachsende Nachfrage zu befriedigen.

Das Regime setzte auf die kontrollierte Gemeinschafts- und Werksverpflegung, um die familiäre Intimität der Ernährung besser in den Griff zu bekommen, was jedoch aus Mangel an Rohstoffen und logistischen Strukturen misslang. Mit der Stilllegung von Betrieben der mittelständischen Ernährungswirtschaft und des Lebensmittelhandels (Fleischereien, Milchgeschäfte) wurde die schwache Versorgungslage durch Verteilungsprobleme belastet. Weite Teile der Bevölkerung fielen ab 1943 ernährungsphysiologisch auf den Kartoffelstandard des 19. Jahrhunderts zurück. Auch die Bauern als Selbstversorger erlitten durch den Entzug von Sonderzuteilungen an Grundnahrungsmitteln eine Verschlechterung ihrer persönlichen Versorgungslage. In den Städten dämpfte das Regime aufkommenden kollektiven Unmut durch sporadische Sonderzuteilungen. Kriegsgefangene, Juden und Polen waren der Unterernährung preisgegeben. Die inoffizielle Legalisierung des Schleichhandels kam einer ernährungspolitischen Bankrotterklärung gleich.

„Plünderungsgut"

Ohne die großen Vorräte aus den okkupierten Gebieten war die inländische Ernährungslage für die deutschen „Volksgenossen" nicht stabil zu halten. Die Ausbeutung agrarischer Ressourcen in den besetzten Regionen diente zur Versorgung der deutschen Bevölkerung, um weitere Rationenkürzungen zu vermeiden. Ungefähr 45% des deutschen Bedarfs an Brotgetreide und rund 42% des Fett- und Fleischbedarfs wurden außerhalb des Reichsgebiets und mehrheitlich von Zwangsarbeitern erwirtschaftet. Ungelöste Ernährungsprobleme nach dem Scheitern der „Blitzkrieg"-Strategie führten zur Entlassung von Darré und zum absoluten Ende einer ideologisierten Agrarpolitik. Militärische Gebietsverluste unterbrachen schließlich den bisherigen Lieferstrom von Nahrungsmitteln aus den besetzten Gebieten und erhöhten den Druck militärischer Ansprüche auf die Ressourcen der Zivilbevölkerung. Die immer knapper werdenden Lebensmittellieferungen hielten seit Anfang 1944 die Masse der Bevölkerung in der Schwebe zwischen ernährungsphysiologischem Existenzminimum und Letalität. Das Kriegsende (Mai 1945) kam einer umfassenden Hungerkatastrophe und einem möglichen Stimmungsumschwung hungernder Bevölkerungsteile gegen das Regime zuvor. Die Agrarpolitik des Regimes zerstörte die meisten der Faktoren, die im 19. Jahrhundert zum landwirtschaftlichen Fortschritt, d.h. zur Zunahme von Waren und Dienstleistungen je Kopf der Bevölkerung, geführt hatten. Hitler-Deutschland scheiterte zwar nicht an einer Ernährungskatastrophe, aber es legte den Grundstein für eine Ideologie der Überproduktion, die zu einem Prüfstein der marktwirtschaftlichen Agrarverfassung unter demokratischen Verhältnissen nicht nur Deutschlands, sondern ganz Europas werden sollte.

Ausgangslage und agrarpolitischer Neubeginn 1945–1948

Amerikanische Beobachter fanden einerseits „farmers busily cultivating the fields" (E. Beck), andererseits der Politik unter dem andauernden Repressionsdruck entfremdet und ausschließlich auf die Eigenwirtschaft und -versorgung gerichtet. Der akute Mangel an Nahrungsgütern traf die städtische Bevölkerung und weite Teile der Bauern gleichermaßen. Die Dörfer konnten den Flüchtlingsstrom kaum fassen. Der Druck auf die deutsche Agrarlandschaft war zu keiner Zeit größer als nach 1945. Die Zonengrenzen zerschnitten arbeitsteilige Wirtschaftsräume und schufen auf dem unterversorgten Nahrungsgütermarkt ein regionales Ungleichgewicht von Angebot (z.B. Bayern) und Nachfrage (z.B. Ruhrgebiet). Über 100000 Landwirtschaftsgebäude in den ost- und westdeutschen Hauptkampfzonen waren zerstört, fruchtbares Kulturland blieb wegen der Kriegsverwüstungen einige Zeit unbenutzbar. Die Ernteerträge lagen 1946/47 deutlich unter den langjährigen Durchschnittswerten. Der Bedarf an Grundnahrungsgütern konnte nur zu etwa 50% aus eigener Erzeugung gedeckt werden. Fehlende Produktionsmittel verhinderten einen sofortigen Wiederanstieg der Erträge.

Kontinuität der Zwangswirtschaft

Der Landwirtschaft fiel wie unter dem Nationalsozialismus die Rolle des hauptamtlichen „Volksernährers" zu, nun jedoch in neuer Definition als öffentliche Dienstleistung. Alliierte und deutsche Instanzen erschöpften ihre Tätigkeit als bloße Zuteilungsstellen, während traditionelle Agrarpolitik mit ihrer breiten Palette von Interventionsmöglichkeiten von der Preis- bis zur Ausbildungspolitik vorerst nicht im Zentrum der Zonenverwaltungen stand. Die zwangswirtschaftlichen Vorschriften und Behörden blieben, von allen nationalsozialistischen Attributen oberflächlich befreit, in Kraft. Versuche von Militärbehörden, die Ernährungswirtschaft über die Zonengrenzen hinweg zentral zu organisieren, scheiterten. Stattdessen kam es zu Versorgungsaktionen, die den politischen Regionalinteressen der amerikanischen, britischen, französischen und sowjetischen Besatzungsbehörden Rechnung trugen. West- und ostdeutsche Ernährungspolitik diente in erster Linie der Versorgung der städtischen Bevölkerung, nicht dem Wiederaufbau der Agrarproduktion. Das geschah oft unter Zwang, ohne dass sich dadurch die allgemeine Ernährungslage spürbar verbesserte und weitere Hungerdemonstrationen wie in Teilen der Westzonen 1946/47 verhindert wurden.

Ostdeutsche Bodenreform

Inmitten des Ernährungsnotstandes, der keine strukturpolitischen Experimente vertrug, begann in der sowjetischen Besatzungszone ein umfassender Prozess der Landverteilung. Er verlief weitgehend auf Kosten der „feudalen" und bäuerlichen Großlandwirtschaft (über 100 ha) sowie zugunsten von einheimischen und aus den Ostgebieten zugezogenen „Neubauern". Die entschädigungslose Enteignung der Großgrundbesitzer, die mutwillige Zerstörung von Schlössern, Gutshäusern und Wirtschaftsgebäuden sowie die Vertreibung und teilweise Ausrottung von Adels- und Großbauernfamilien wurde durch einen „Klassenkampf auf dem Dorf" gerechtfertigt, der nicht versorgungspolitischen Zwecken, sondern machtpolitischen und ideologischen Zielen diente. Der mit politischen Mitteln inszenierte und mit hohem propagandistischem Aufwand betriebene Strukturumbruch erfasste mit über drei Mio. ha Nutzfläche insgesamt knapp 14000 Betriebe oder 62% der landwirtschaftlichen Nutzfläche Ostdeutschlands.

Bis 1949 entstanden über 200000 Neubauernstellen mit einer durchschnittlichen Betriebsfläche von jeweils acht ha. Die ostdeutsche Landwirtschaft entwickelte sich durch die starke Besitzzersplitterung zu einer kleinbäuerlichen Landwirtschaft mit großer Marktschwäche infolge ihres hohen Selbstversorgungsgrads.

Westdeutscher Reformstau

Im Gegensatz zum ostdeutschen Strukturwandel blieb der westalliierte Bodenreform-Beschluss von 1947 unter dem Eindruck der Entwicklung in der SBZ, aus interessenpolitischer Reformfeindlichkeit und durch überraschend schnelle Produktionserfolge selbst der bäuerlichen Klein- und Mittelbetriebe zunächst in der agrarpolitischen Diskussion stecken. Die Bodenreform als politisch verordnete Landumverteilung fand in Westdeutschland in einer umfassenden und langfristigen Flurbereinigung und Ansiedlungsaktion späterer Jahre Fortsetzung und Abschluss. Finanzielle Mittel aus dem Marshallplan in Höhe von insgesamt 524,3 Mio. DM und die amerikanischen Rohstofflieferungen stellten den Neubeginn der westdeutschen Agrarproduktion übergangslos auf eine hohe Entwicklungsstufe, die aus eigener Kraft in so kurzer Zeit nicht erreicht worden wäre.

9. Entwicklung unter unterschiedlichen Herrschaftsverhältnissen (1949–1954)

Die Sicherung des Nahrungsmittelbedarfs blieb die Hauptaufgabe der Landwirtschaft in beiden Teilen Deutschlands. Sie musste auf kleineren Produktionsarealen mit unzulänglichen Produktionsmitteln erreicht werden. Als primärer Wohlstandsfaktor erlangten die Landwirtschaft und ihre Träger bis zum vollständigen Aufschwung der industriell-gewerblichen Wirtschaftssektoren hohe Bedeutung. In beiden Teilen Deutschlands stand der Agrarsektor am Beginn einer umfassenden Modernisierungs- und Rationalisierungsphase, jedoch mit unterschiedlichen Mitteln: im Osten durch die Zerstörung traditioneller Bäuerlichkeit, im Westen durch ihre Stabilisierung.

Kollektivierung

Die SED-Führung begann nach Zerschlagung der Großlandwirtschaft die individuelle Existenz bäuerlicher Familienbetriebe in der oberen Betriebsgrößenklasse zugunsten kollektiver Landbewirtschaftung in Frage zu stellen. Dabei rangierte das Herrschaftsprinzip vor dem Prinzip der Wirtschaftlichkeit. Unter dem Druck von Partei und Staat nahm die Zahl leistungsfähiger Familienbetriebe bis 1951 um fast 11000 Höfe ab, wodurch die betriebliche Durchschnittsgröße knapp unter die Grenze von acht ha Nutzfläche geriet. In dieser Größenordnung konnten keine dauerhaft sicheren Existenzen aufgebaut werden. Der entscheidende Impuls zur Kollektivierung kam aus den unbewältigten Produktions- und Ernährungsproblemen, wie sie auf der schwachen Basis dezimierter Familienbetriebe entstanden waren. Verlassene Betriebe in den Westen geflüchteter Bauernfamilien gelangten in den Treuhandfundus der „Örtlichen Landwirtschaftsbetriebe", einem Reservoir für die ab 1952 befohlene Gründung von Landwirtschaftlichen Produktionsgenossenschaften (LPG). Treibende Kraft in diesem Umgestaltungsprozess waren die Maschinen-Traktoren-Stationen (MTS) mit ihrem Monopol an Agrartechnik. Innerhalb kurzer Zeit befand sich das Kredit- und Saatgutwesen in staatlicher Hand. Auch Anbauverhältnisse und Viehhaltung unterlagen dem staatlichen Plandirigismus. Selbst das landwirtschaftliche Erfassungssystem und weite Teile des Verteilungsapparates befanden sich in staatlicher Hand, die einen Markt mit freier Preisbildung grundsätzlich ausschloss. Das kriegswirtschaftliche Rationierungssystem blieb unter den neuen Machtverhältnissen wegen der noch geringen Produktivität der genossenschaftlichen Landwirtschaft bis weit in die 50er Jahre bestehen.

LPG-Typen

Die Genossenschaftsgründungen erfolgten nach drei parteiamtlichen Organisationsstatuten je nach Art und Umfang der eingebrachten Produktionsmittel Boden, Kapital und Arbeit. Die SED sicherte sich den Einfluss auf jeden einzelnen Genossenschaftsbetrieb, obwohl diese zunächst nach dem Freiwilligkeitsprinzip als Selbstverwaltungsorgane entstanden. Die Spaltung der ostdeutschen Bauern in Genossenschaftler und Selbstständige förderte die Hofaufgabe privater Wirtschafter und ihre Massenflucht in den Westen. Die beabsichtigte Entwicklung zur Vollgenossenschaftlichkeit kam zunächst nicht zügig voran und erlebte immer wieder Rückschläge, insbesondere im Zusammenhang mit dem Aufstand vom 17. Juni 1953. Die Genossenschaften blieben für die SED-Staats- und Parteiführung ein kostspieliges Experiment, dessen Produktionsergebnisse in keinem angemessenen Verhältnis zu den hohen Sach- und Finanzsubventionen standen.

Westdeutsche Familienbetriebe im Aufschwung

Innerhalb weniger Jahre erreichte die westdeutsche Landwirtschaft mit Hilfe staatlicher Förderung ein hohes Produktionsniveau in allen wichtigen Erzeugungsbereichen. Die Ernteerträge bei Getreide und Kartoffeln lagen in Westdeutschland bereits 1949 wieder auf Vorkriegsniveau. Staatlich finanzierte Flurbereinigungsmaßnahmen schufen zusammenhängende Areale, die mit modernerer Agrartechnik rationeller zu bearbeiten waren. Kleinbetriebe wurden durch Flächenzuwachs zu Mittel- und Großbetrieben aufgestockt, verengte Dorflagen durch Aussiedlung ganzer Gehöfte beseitigt und leistungsfähige Großbetriebe auf eine noch höhere Produktivitätsstufe gehoben. Das „Flüchtlingssiedlungsgesetz" (1948) auf der Basis des „Reichssiedlungsgesetzes" (1919) schuf die materiellen Voraussetzungen für die kurzfristige Ansiedlung von rund 11 000 kleinen und mittleren Familienbetrieben, von denen jedoch nur die Hälfte Vollerwerbsstellen waren.

Technische Modernisierung

Der erhöhte Einsatz von modernen Maschinen und Geräten führte gemeinsam mit betrieblicher Rationalisierung zu immer höheren Leistungen bei abnehmendem Arbeitskräftebestand. Die Landflucht schwächte den ländlichen Arbeitsmarkt so stark, dass öffentlich die Frage diskutiert wurde: „Wer wird die Scheunen füllen?" (H. Priebe). Die Flächenerträge nahmen zu mit stärkerem Einsatz von hochwertigem Saatgut, Mineraldünger und wirksamen Pflanzenschutzmitteln, dazu kamen importierte Qualitätsfuttermittel. Auch Mittel- und Kleinbetriebe begannen, Arbeit durch Kapital zu ersetzen, und lösten die traditionelle Handarbeit durch strukturgerechte Maschinenarbeit ab. Der Traktorenbestand verdreifachte sich zwischen 1949 und 1953.

Marktordnungen

Die westdeutsche Agrarpolitik knüpfte in doppelter Weise an die Marktordnungen der ausgehenden Weimarer Demokratie und der nationalsozialistischen Diktatur an, indem sie die Landwirtschaft nicht den Bedingungen des freien Wettbewerbs unterwarf. Bis 1951 entstand ein Ordnungssystem für alle Grunderzeugnisse, das dem freien Spiel der Kräfte nur geringen Spielraum ließ. Das Hauptziel der konservierenden Agrarpolitik, Produzenten und Konsumenten vor Mangelsituationen und Preiserschütterungen zu bewahren, war zeitgeschichtlich durch Inflationserfahrungen, die defizitäre Kriegswirtschaft 1939–1945, die Berlin-Blockade 1948/49 und den Korea-Krieg ab 1950 begründet. Die Landwirtschaft reagierte mit noch höherem Produktionszuwachs. Im Gegensatz zur ostdeutschen Nahrungsgüterproduktion überstieg die westdeutsche bereits 1951/52 die Friedenswerte von 1935/39 auf nahezu gleich großer Nutzfläche.

10. Der Weg in die agrarische Intensivwirtschaft in West und Ost

Westdeutsche Landwirtschaft im gesellschaftlichen Konsens

Bis zum Ende der fünfziger Jahre entfaltete die Landwirtschaft der Bundesrepublik eine enorme Produktionskraft, so dass innerhalb weniger Jahre der Selbstversorgungsgrad mit Grundnahrungsgütern nahezu erreicht war. Die Produktionserfolge wurden mit dem politischen Bekenntnis des „freien Bauerntums" gegenüber der sozialistischen DDR-Landwirtschaft verknüpft. Das „Landwirtschaftsgesetz" (1955) verpflichtete den Staat in einer Art von Wohl- und Beistandspakt zwischen Politik, Wirtschaft und Gesellschaft, die naturbedingten und wirtschaftlichen Nachteile der Landwirtschaft gegenüber den anderen Wirtschaftsbereichen auszubalancieren. Es ging um den dauerhaften Erhalt der Ernährungsbeziehungen zwischen Stadt und Land sowie um die absolute Existenzsicherung der bäuerlichen Familienwirtschaft. Die Agrarpolitik der Regierung Adenauer schirmte das Landbausystem gegen jeden nationalen und internationalen Wettbewerb ab, um die Landflucht zu stoppen und damit eine Vielzahl von landwirtschaftlichen Produktionsstätten vor dem Wechsel vom Voll- zum Neben- oder Zuerwerb zu bewahren. Die landwirtschaftliche Spitzenorganisation, der bundeseinheitliche Deutsche Bauernverband (DBV), verhielt sich unter dieser Zielsetzung überwiegend staats- und regierungsloyal. Jeder Profilierungsversuch aus wahltaktischen und versorgungspolitischen Gründen wäre der staatlichen Subventionshaltung abträglich gewesen. Die Rechnung ging auf: In den 50er Jahren verfünffachte sich der ursprüngliche Finanzierungsansatz im Bundeshaushalt.

Beschleunigter Strukturwandel

Die Metamorphose der deutschen Landwirtschaft vom kleinen zum großen und vom traditionellen zum technisch modernen Betrieb setzte sich nach erfolgreichem Start weiter fort. Zehn Jahre nach Gründung der Bundesrepublik war der Produktionswert von 22 Mrd. DM auf 32 Mrd. DM gestiegen, jedoch nicht durch die Erfolge im alten Bereich des traditionellen Getreidebaus, sondern im neuen Bereich der modernen Veredlungsproduktion. Die Politik mobilisierte festgefahrene Strukturen auf gesetzlichem Wege durch die Neuregelung der Landpacht (1952), der Flurbereinigung (1953) und des Grundstücksverkehrs (1961). Ende der 50er Jahre erreichte der Strukturwandel der westdeutschen Agrarlandschaft mit dem Verschwinden zahlreicher Kleinstbetriebe (0,5–10 ha) und der Aufstockung von Mittel- zu Großbetrieben (bis 100 ha) seinen ersten Höhepunkt. Der langjährige Umstrukturierungsprozess stellte eine Bodenreform besonderer Art da: Sie verlief nicht von groß zu klein wie in der Sowjetischen Besatzungszone nach 1945, sondern umgekehrt. Dabei setzte sie landwirtschaftliche Bevölkerungsteile frei, anstatt sie stärker ans ländliche Arbeits- und Sozialmilieu zu binden. Die Umstrukturierung fügte jährlich 200000 ha Nutzfläche zu größeren Betriebseinheiten zusammen, die mit modernen Produktionsmitteln bearbeitet wurden. Moderne Düngungsmethoden, konzentrierte Anwendung und breitflächige Ausbringung von Pestiziden und Insektiziden trugen entscheidend dazu bei, im intensiven Ackerbau die Fruchtfolgen so zu verkürzen, dass auch die Möglichkeit der Monokultur (z.B. bei Weizen) entstand. Der staatlich subventionierte Einsatz von technischen, biologischen und chemischen Hilfsmitteln ebnete den aufgestockten Betrieben den Weg in eine kostspielige Phase der ständig steigenden Überproduktion.

Europäische Agrargemeinschaft

Das Projekt eines europäischen Agrarmarktes reifte nach den Erfahrungen der Hungerjahre nach dem Zweiten Weltkrieg. Eine stark arbeitsteilige Landwirtschaft in den Industrieländern verhieß allgemeinen Wohlstand und absolute Nahrungssicherheit für die städtische Bevölkerung. Mit den Römischen Verträgen (März 1957) wurde die westdeutsche Landwirtschaft Teil der westeuropäischen Landwirtschaft und damit enger Handelspartner Frankreichs, Italiens, der Niederlande, Belgiens und Luxemburgs, ohne dadurch weitere Außenwirtschaftsverbindungen im Europa der späteren Mitgliedsländer und in Übersee im Bereich traditioneller Handelspartner aufzugeben. Langfristig leitete die Agrargemeinschaft eine fundamentale Umstrukturierung der gesamten europäischen Land- und Ernährungswirtschaft sowie des Welthandels mit Agrarprodukten ein. Agrar-Europa versorgte zu dieser Zeit fast 164 Millionen Menschen mit Nahrungsgütern auf über 73 Mio. ha Nutzfläche, jedoch unter teilweise krass unterschiedlichen Strukturbedingungen. Der Bogen reichte von der hoch technisierten Großlandwirtschaft Deutschlands und Frankreichs bis zu den süditalienischen Parzellenwirtschaften. Damit begann eine permanente Konfliktsituation um die Balance von Produktions- und Absatzmengen. Sie wurde trotz aller Anstrengungen und Kosten nicht erreicht.

Altes Ordnungsmuster und illusionäres Leitbild

Mit der Übernahme der deutschen Marktordnungen installierte die Europäische Wirtschaftsgemeinschaft (EWG) einen historisch belasteten Regulierungsmechanismus; die Gründerstaaten europäisierten den nationalen Protektionismus. Die westdeutsche Landwirtschaft trug mit ihrer Integration in die europäische Agrargemeinschaft in erheblichem Maße dazu bei, die bäuerliche Betriebswirtschaft auf der Basis der Familienarbeit zu festigen. Die folgenreiche Entscheidung der Agrargemeinschaft lag im Konsens über eine Wirtschaftsform, die in der europäischen Vergangenheit von der Politik unterschiedlich programmiert und von den natürlichen Gegebenheiten verschiedenartig geformt worden war. Agrar-Europa ignorierte ökonomische, soziale und historische Differenzen. Starke Unterschiede herrschten zwischen den natürlichen Gegebenheiten, Produktionsschwerpunkten, Marktzugängen sowie den bäuerlichen Einkommenschancen und Daseinsformen. Das einheitliche Leitbild der gemeinschaftlichen Landwirtschaft in der Gründungsphase war eine politisch-bürokratische Konstruktion ohne Abschätzung der wirtschaftlichen Folgen.

Europäische Exportoffensive

Anstelle einer liberalen Wettbewerbsordnung installierte die europäische Agrargemeinschaft auf der Basis einer interventionistischen Preis- und Marktpolitik einen „spezifizierten und zentrierten ökonomischen Dirigismus“ (K. Strehlow). Exportprämien, Absatz- und Preisgarantie galten für so wichtige Produkte wie Milch, Milcherzeugnisse, Getreide und Rindfleisch, hauptsächlich zum Nutzen der genossenschaftlich organisierten und privaten Verarbeiter, Lagerhalter und Exporteure. Die Preispolitik der Gemeinschaft forcierte den europäischen Agrarexport in alle handelspolitischen Richtungen von Bedeutung und belastete die exportorientierte Intensivlandwirtschaft mit hohen Konjunkturrisiken. Die weitere Entwicklung der Agrargemeinschaft litt unter dem wachsenden Druck nationaler Sonderregelungen, die nicht zum ursprünglichen Integrationskonzept gehörten.

Steigende Überschüsse, niedrige und steigende Kosten für die Marktordnungsausgaben (1969: 2 Mrd. DM) wirkten belastend und steuerten die staatliche Investitionslenkung in die Sackgasse. Versuche, die hohen Getreidepreise abzubauen, führten zu radikalen Bauernprotesten, insbesondere in der Bundesrepublik. Wissenschaftliche Appelle wie das „Professorengutachten“ von 1962 gegen den Protektionismus blieben wirkungslos. Gemeinschaftliche Sparmaßnahmen neutralisierten die Mitgliedsstaaten mit nationalen Sonderzuwendungen an die Landwirtschaft. Aus den obligatorischen Brüsseler Preisrunden gingen hauptsächlich die Großproduzenten als Gewinner hervor. Die starke Präsenz der Europäer auf den internationalen Agrarmärkten löste massive Handelskonflikte („Hähnchenkrieg“, „Spaghettikrieg“, „Hormonkonflikt“) und unablässige Scharmützel mit den Hauptkonkurrenten USA, Kanada, Australien und Neuseeland aus. Das drohende Finanzchaos sollte durch eine tief greifende Strukturreform nach dem Konzept des gemeinschaftlichen Agrarkommissars Sicco Mansholt abgewendet werden. Die Rettung versprach eine noch aggressivere Handelspolitik auf der Basis intensiv wirtschaftender Großbetriebe. Damit standen die kleinen und mittleren Familienbetriebe der Gemeinschaft mit über fünf

Mansholt-Plan (1968)

Mio. Arbeitsplätzen auf dem Spiel. Obwohl der Sanierungsplan scheiterte, blieb die Agrargemeinschaft auf dem großbetrieblichen Kurs bis zum Ende des 20. Jahrhunderts.

Inner- und außerbetrieblicher Strukturwandel

In der Bundesrepublik wie auch in den meisten Mitgliedsländern der Agrargemeinschaft entstanden „schleppergerechte Flächen", eine großzügige Verkehrsinfrastruktur und größere Wirtschaftsgebäude in hoch technisierten Betrieben. Die alten organischen Betriebsabläufe lösten neue Anbau-, Pflege- und Erntezyklen ab. Spezialisierte Getreidebau- und Tiermastbetriebe setzten mit immer mehr Technik auf Kosten von Arbeitsplätzen ein. Die menschliche Arbeitsleistung ging seit 1950 innerhalb von 30 Jahren um 80% zurück. Die Einrichtung landwirtschaftlicher Arbeitsplätze erforderte einen hohen Kapitaleinsatz. Starke Leistungsanreize gingen von den modernen Produktionsmitteln aus, insbesondere von der kraftvollen, typenreichen und anwendungsgerechten Agrartechnik. Der deutsche Schlepperpark wuchs, vom hohen Niveau der frühen 50er Jahre ausgehend, bis in die 80er Jahre hinein um das 12-fache; die einzelbetriebliche Übermechanisierung wurde fast zur Regel. Der hohe Mechanisierungsgrad beschleunigte die Umstellung der Produktion auf den intensiven Landbau. Das langjährige Leitbild des mittelständischen Bauernhofes wandelte sich zum neuen Leitbild vom Agrarunternehmen mit hohem Einsatz von betriebsfremden Produktionsmitteln (chemische und Futtermittel). Die Nahrungsmittelverarbeiter stiegen in die großbetriebliche Geflügel- und Schweinehaltung ein, während die Bauern über „Erzeugergemeinschaften" an immer größere Genossenschaften immer enger gebunden wurden. Der DBV warb unter seinen Mitgliedern erfolgreich mit der Aussicht auf Teilhabe an den Gewinnen der Erfasser und Verarbeiter. Staatliche Agrarpolitik und agrarische Interessenpolitik unterschieden sich hierin nur graduell. Der Verbund mit anderen Organisationen wie den Landwirtschaftskammern, der Deutschen Landwirtschafts-Gesellschaft (DLG) und dem gemeinsamen Dachverband (Zentralausschuss der deutschen Landwirtschaft) kamen dem DBV bei der Durchsetzung seiner Interessen gegenüber staatlichen Entscheidungen von der Bundes- über die Länder- bis auf die Kreisebene zugute.

Entwicklung der sozialistischen Landwirtschaft (60er Jahre)

Die forcierte Zwangskollektivierung in der DDR war letztlich das Resultat der schweren Ernährungskrise im importabhängigen Gemeinschaftsbereich des Rats für gegenseitige Wirtschaftshilfe (RGW); ihr Ursprung lag in der UdSSR. Die DDR musste unter sowjetischem Druck die Eigenversorgung mit hochwertigen Nahrungsgütern (Fleisch, Fett, Milch und Eier) erreichen. Die Weichen in die tierische Massenproduktion waren damit gestellt. Die SED-Staats- und Parteiführung setzte auf Großflächen- und -herdenwirtschaft, also zwei Ziele, die sich nicht mit den überwiegend kleinen bis mittelgroßen Familienwirtschaften vertrugen. Damit wurde das utopische Ziel angesteuert, „den Weltstand in der Viehwirtschaft" zu erreichen. Während die Nachfrage das Angebot nach Nahrungsgütern quantitativ und qualitativ langfristig überstieg, suchte die SED einen Ausweg über die landwirtschaftliche „Komplexmechanisierung" auf der Basis neuer Maschinen- und Gerätesysteme für den Einsatz auf Großflächen. Optimale Wirtschaftsareale konnten nur durch die systematische Beseitigung privatwirtschaftlicher Streulagen entstehen. Die großbäuerliche Landwirtschaft Ostdeutschlands, selbst in fruchtbaren Regionen (z. B. Magdeburger Börde und Lommatzscher Pflege), versprach jedoch nicht die Lösung des Versorgungsproblems, weil sie an Rentabilitäts- und Kapazitätsgrenzen stießen.

Vollkollektivierung

Seit Frühjahr 1960 wurden 90% der landwirtschaftlichen Nutzfläche genossenschaftlich bewirtschaftet, ohne dass sich daraus automatisch ein Schwergewicht an leistungsfähigen Betrieben ergab. Das DDR-Agrarsystem setzte sich aus einer Vielzahl von zwangsweise zusammengewürfelten Einzelbetrieben unter formell einheitlicher Leitung bei starker Staatsabhängigkeit zusammen. Die drei LPG-Betriebstypen verkörperten unterschiedliche Formen der Vergesellschaftung privaten Eigentums; zu ihrer systematischen Entwicklung mangelte es an praktischer Erfahrung und fundierten Wissenschaftskonzepten. Das „neue Bauernlegen", teils mit terroristischen Mitteln, endete Mitte April 1960, aber noch bis zum Mauerbau (August 1961) flüchteten Tausende ostdeutscher Bauern mit ihren Familien in die Bundesrepublik. Erst mit dem gewaltsamen Ende der Alternative „Bleiben oder Weggehen" fand die als „Klassenkampf auf dem Lande" geführte Bodenreform von 1945 ihren Abschluss. Mit der engen Verzahnung von MTS- und LPG-Betrieben setzte die Phase der „industriemäßigen Produktion" ein. Beschleunigend wirkten Rationalisierungsmaßnahmen, z. B. die Einführung der Kostenrechnung (1961), die Bildung von Meliorationsgemeinschaften (1962) und eine differenzierte Preispolitik (1964). Ungelöst blieb indessen das Arbeitskräfteproblem. Noch war die Großtechnik nicht in der Lage, die menschliche Arbeitskraft weitgehend zu ersetzen, was immer wieder zu Sonderschichten und Zwangseinsätzen von Industriearbeitern und Jugendlichen führte. Es entstand fast im gleichen Takt mit der westeuropäischen Landwirtschaft ein Verbundsystem von Produktion, Technik und Handel auf Vertragsbasis. Die staatliche Förderpolitik zielte auf den Aufbau von spezialisierten Mammutbetrieben bis zu 2000 ha, 2000 Kühen und 12000 Schweinen.

„Industriemäßige Produktion"

„Wachsen oder Weichen“ in Westdeutschland

Die gemeinschaftliche Landwirtschaft im Allgemeinen, die westdeutsche im Besonderen entwickelte sich zum politischen Problemfall. Nur mittels Dauersubventionen erreichten die im Landbau Tätigen einen wirtschaftlichen und sozialen Status, der dem Vergleich mit dem industriegesellschaftlichen Status standhielt. Durch die einseitige Förderpolitik der inzwischen erweiterten Europäischen Gemeinschaft zerfiel die Landwirtschaft der Bundesrepublik schließlich in zwei Gruppen: in die Gruppe der entwicklungsunfähigen und in die der förderwürdigen Betriebe. Das zentrale Ziel des „Landwirtschaftsgesetzes“ (1955), kostendeckende Preise für die dauerhafte Existenz eines „ordnungsgemäß“ geführten bäuerlichen Familienbetriebs, galt längst nicht mehr.

Intensivlandwirtschaft

Innerhalb eines Jahrzehnts (1980–1990) stiegen bei abnehmender Betriebszahl (um 21%) die Hektar-Erträge von Weizen um 32%, Zuckerrüben um 14%, die Milchleistungen pro Kuh und die Legeleistung pro Henne jeweils um 7%. Der Zuwachs der landwirtschaftlichen Gesamterzeugung betrug rund 14%. Zu dieser Zeit stammten jedoch zwei Drittel der landwirtschaftlichen Wertschöpfung innerhalb der Agrargemeinschaft aus staatlichen Subventionen, nicht aus eigener Produktionsleistung. Die Verflechtung zwischen Agrar- und Industriesektor nahm weiter zu. Seit den 70er Jahren förderte die Agrarpolitik den neuen Typ des landwirtschaftlichen Unternehmerbetriebs und setzte die bäuerlichen Familienbetriebe dem Druck des kompromisslosen „Wachsens oder Weichens“ aus. Immer mehr verloren die Familienbetriebe unter 80 ha Nutzfläche wegen der geringen Aussichten auf eine durchgreifende Rationalisierung des Produktionsprozesses ihre Markt- und Überlebenschance. Die Massenproduktion programmierte das Höfesterben, wogegen sich der Deutsche Bauernverband nur mit oberflächlicher Polemik zur Wehr setzte. Die Politik mobilisierte mit der „Produktionsaufgaberente“ den Bodenmarkt, auf dem sich die kapitalkräftigen Wachstumsbetriebe bedienten. Die staatlichen Agrarbehörden in Bund und Ländern richteten sich an den Interessen der Wachstumsbetriebe aus und beschleunigten die Verdrängung der weichenden Höfe durch sozialpolitische Maßnahmen („Ausstiegshilfen“). Die aufgestockten Betriebe bewirtschaften seit Mitte der 80er Jahre rund ein Viertel der Gesamtfläche der bundesdeutschen Landwirtschaft mit steigender Tendenz.

Dauerhafte Einkommensdisparität

Der Weg zur Lösung des Disparitätsproblems sollte über die Großflächen- und Massenproduktion nach industriellen Verfahrensmustern führen. Die europäische Agrargemeinschaft produzierte auf immer weniger, dafür größeren Höfen bei wachsender Spezialisierung in maschinell gesteuerten Produktionsprozessen weit mehr, als auf den Weltmärkten unterzubringen war. Mit steigender Betriebsgröße wuchs die Spezialisierung und damit die größere Abhängigkeit von speziellen Marktkonstellationen. An der Einkommensdisparität zwischen Landwirtschaft und Industrie änderten die zahlreichen Aufgaben bäuerlicher Familienwirtschaften jedoch nichts.

Abwanderung und dörfliche Metamorphose

Rund vier Mio. Berufstätige wichen innerhalb von knapp 50 Jahren aus der Landwirtschaft oder wechselten aus dem Voll- in den Nebenerwerb. Seit Mitte der 80er Jahre lebten rund 50% der westdeutschen Gesamtbevölkerung im ländlichen Raum, während der Anteil der hauptberuflichen Bauern insgesamt noch 3% betrug. Aus dem aktuellen Dorfbild ist das bäuerliche Element weitgehend verschwunden. Bei voller Nutzung der landwirtschaftlichen Arbeitsflächen in seiner unmittelbaren Umgebung wurde das Dorf im wirtschaftlichen Sinne nicht weniger „agrarisch“, sondern gesellschaftlich und kulturell im Althergebrachten weniger „bäuerlich“. Die Abwanderung begann zuerst mit den familienfremden Arbeitskräften, dann folgten die Jugendlichen (teilweise auch unter Aufkündigung ihres ländlichen Wohnplatzes), schließlich wechselte auch ein Teil der Vollerwerbsbauern ganz oder teilweise über in ein außerlandwirtschaftliches Berufsmilieu. Vollerwerb bedeutete unter den gewandelten Verhältnissen die alleinige Bewirtschaftung (oft bis zu 100 ha) durch das Hofbesitzerehepaar. Die Folge der Abwanderung und des Wechsels war die starke Überalterung der Landwirtschaftsbetriebe in der gesamten Agrargemeinschaft. Das Bauerndorf erlebte die letzte Stufe einer langfristigen Metamorphose vom Ort der agrarisch-gewerblichen Wohn- und Wirtschaftseinheit bis um die Mitte des 20. Jahrhunderts zum Ort mit unterschiedlich starken Beziehungen der beruflich meist außeragrarisch orientierten Einwohner zum landwirtschaftlichen Überrest. Die große Zahl von Nebenerwerbsbauern bildet in ihrer Doppelbindung an die agrarische und nichtagrarische Lebenswelt das gemeinschaftsstiftende Verbindungselement zwischen den bäuerlichen Altberuflern (Vollerwerbsbauern) und den dörflichen Neubürgern. Die westdeutsche und die sozialistische Agrarpolitik der DDR unterschieden sich in den Wegen zur Intensivlandwirtschaft, jedoch nicht in der Wachstumsideologie.

DDR-Agrarsystem im Wandel

Im Übergang von den 60er zu den 70er Jahren begann die DDR-Landwirtschaft auf genossenschaftlicher Basis im Pflanzenbau und in der Tierzucht mit der „industriemäßigen Produktion“. Die SED-Agrarpolitik setzte den Genossenschaftsbetrieben Planziele, die unter allen Umständen erreicht werden mussten, u. a. durch die Ersetzung der Handarbeit durch Maschinensysteme und Anlagen, die planmäßige

Konzentrierung und Spezialisierung der landwirtschaftlichen Produktionseinheiten, die Herstellung großer Partien sowie die Verflechtung einzelner Produktionsstufen. Rigide Planvorschriften eines großen übergeordneten Lenkungsapparates engten den einzelbetrieblichen Entscheidungsspielraum immer mehr ein. Die anfänglichen Betriebsstrukturen der LPG-Betriebe unterlagen einem fortwährenden Wechsel der wirtschaftspolitischen Zuständigkeit. Eine einzelbetriebliche Planungssicherheit kam nicht zustande.

Konkurrierende Strukturelemente

Die sozialistische Landwirtschaft der DDR bildete keine betriebliche Einheit, sondern setzte sich aus unterschiedlichen Strukturelementen zusammen. Hierzu gehörten die Volkseigenen Güter, die Landwirtschaftlichen Produktionsgenossenschaften, seit 1976 die Kooperativen Einrichtungen (KAP), die Zwischenbetrieblichen Einrichtungen (ZBE, ab 1972 die Agrochemischen Zentren [ACZ] und die Bauorganisationen [ZBO]) sowie die Gärtnerischen Produktionsgenossenschaften. Die Durchschnittsgröße der LPG-Pflanzenproduktion lag 1986 bei 4573 ha. Agrarpolitische Experimente, u. a. die Trennung von Tier- und Pflanzenproduktion innerhalb eines Betriebes, blieben nicht die Ausnahme, sondern waren die Regel.

Sinkende Leistungsfähigkeit

Die materiellen Erträge der Genossenschaftsmitglieder rechtfertigten nicht ihren hohen körperlichen Einsatz. Geringere Erträge und niedrigere Arbeitsproduktivität drückten die Erfolgsbilanz der Landwirtschaftlichen Produktionsgenossenschaften bis zum Ende der 80er Jahre. Die verordneten Kooperationsbeziehungen zwischen den Genossenschaftsbetrieben, u. a. durch gemeinsame Nutzung von Agrartechnik, gemeinsame Bauorganisation und Trockenwerke dämpften die wirtschaftlichen Spannungen nur oberflächlich. Die „Agrochemischen Zentren“ behoben nicht den Mangel an geeigneten Produktionsmitteln, trieben aber die Intensivierung des Landbaus auf der Basis ungeeigneter Agrartechnik voran. Die Zuständigkeit lokaler LPG-Betriebe für soziale Aufgaben (u. a. Kinderkrippe, -garten, Wohnungsbau, Kulturarbeit) und Verkehrsinfrastruktur (u. a. Straßen- und Wegebau) strapazierte erheblich den genossenschaftlichen Finanzhaushalt. Die Nutzung von Grenzertragsböden senkte die Durchschnittserträge und trieb die Stückkosten in die Höhe. Zwischen 1950 und 1990 sank zudem die landwirtschaftliche Nutzfläche von rund 6,5 Mio. ha auf ca. 6,2 Mio., was dem angestrebten Ziel der Eigenversorgung widersprach. Die Produktionserfolge in den Hauptversorgungssparten reichten nicht aus, um das Konsumdefizit vor allem an hochwertigen Nahrungsgütern (Fleisch, Milchprodukte, Eier, Gemüse und Obst) zu beseitigen. Hinzu kam die schwächende Verknüpfung von Importabhängigkeit im landwirtschaftlichen Vorleistungsbereich (Dünger, Saatgut, Futtermittel) mit chronischem Devisenmangel. Das sozialistische Genossenschaftssystem befand sich am Ende der 80er Jahre in einer tiefen Verlustzone, als durch die Bildung der Wirtschafts- und Währungsunion 1990 ein massiver Preisverfall für die Hauptprodukte Fleisch und Milch eintrat.

Gesamtdeutsche Agrarlandschaft 1990

Die gesamtdeutsche Agrarlandschaft bot am Ende des 20. Jahrhunderts ein widerspruchvolles Bild unterschiedlicher Interessen von Familienbetrieben und großlandwirtschaftlichen Unternehmen, von Voll- und Nebenerwerbsbetrieben, von Pächtern und Verpächtern, von ehemaligen Gutsbesitzern, Nutznießern und Verlierern der sozialistischen Landwirtschaft, der westdeutschen Agrarpolitik und des Brüsseler Zentralismus. Der bäuerliche Familienbetrieb wurde zum propagierten Ziel gemeinschaftlicher Agrarpolitik. Im Gegensatz dazu blieb das Leitbild der für den Binnen- und Außenmarkt massenhaft produzierenden industrialisierten Landwirtschaft auch nach 1990 das eigentliche Ziel der nationalen und europäischen Agrarpolitik. Die Versuche zum Abbau der industrialisierten Agrarproduktion (u. a. bodenungebundene Produktion, fehlende innerbetriebliche Wirtschaftskreisläufe, keine Bewirtschaftung von einer Hofstelle und die Bindung an Lohnmastverträge) blieben in den Ansätzen stecken.

Fehlerhafte Weichenstellung

Mit der deutschen Einheit entstand die neue deutsche Agrarfrage: der politisch bedingte Gegensatz zwischen den LPG-Nachfolgebetrieben und den wieder errichteten Familienbetrieben in den neuen Bundesländern. Die Umwandlung der LPG-Betriebe in neue Unternehmen scheiterte, aber die Nachfolgebetriebe der sozialistischen Landwirtschaft erlangten durch die Registereintragung grundsätzliche Bestandskraft. Die Auseinandersetzungen um das Betriebsvermögen zwischen dem Management der Nachfolgebetriebe und den ehemaligen Genossenschaftsmitgliedern wurde zum Dauerthema der gesamtdeutschen Agrarpolitik. Mehr als 80% der 850000 Beschäftigten in der DDR-Landwirtschaft verloren nach 1990 ihre Arbeitsstelle; die Entschädigung für eingebrachtes Vermögen fand mehrheitlich nicht statt. Die Leitung der wirtschaftlich dominierenden Nachfolgebetriebe blieb zumeist in Händen ehemaliger DDR-Agrarfunktionäre. Die Rettung der Großflächen-Intensivwirtschaft geschah mit massiver Finanzhilfe der Bundesrepublik. Sie garantierte in Übereinstimmung mit der Europäischen Union einem Agrarsystem, das auf den Trümmern der vorsätzlich zerstörten Familienbetriebe entstanden war, die Weiterexistenz in der gesamtdeutschen Agrarlandschaft.

Umstrittener „Restitutionsausschluss“

Über ein Jahrzehnt nach der deutschen Einheit ist die Auseinandersetzung über 1945 und später beschlagnahmte Agrarvermögen nicht abgeschlossen. Die Ursache für eine Prozesslawine der ehemaligen Landeigner (Gutsbesitzer und Bauern) gegen die Leitungen der LPG-Nachfolgebetriebe liegt in der Rückgabepolitik der Bundesregierung seit 1990. Die offizielle Begründung, dass die Sowjetunion ihre Zustimmung zur deutschen Einheit vom Rückgabeverbot abhängig machte, bleibt selbst nach der Urteilsfindung des Bundesverfassungsgerichts (1991 und 1996) in der agrarpolitischen Öffentlichkeit umstritten.

Ostdeutsche Agrarstruktur

Im Gegensatz zur Mehrheit der westdeutschen Familienbetriebe stehen die 1500 LPG-Nachfolgebetriebe, die zu über 80% Lohnarbeitsbetriebe in unterschiedlichen Rechtsformen (eingetragene Genossenschaften, Kapital- und Personengesellschaften) sind. Ihre durchschnittliche Betriebsgröße liegt bei rund 1300 ha, während die bäuerlichen „Wiedereinrichter" über durchschnittlich 22 ha (im Nebenerwerb) bzw. 125 ha Nutzfläche (im Haupterwerb) verfügen. Die LPG-Altschulden betragen rund 2,7 Mrd. € (Stand: Ende 2002), ohne dass sich die Möglichkeit einer zügigen und vollkommenen Entschuldung abzeichnet.

Konkurrierende Interessenverbände

Nur etwa die Hälfte aller Agrarbetriebe in den neuen Bundesländern sind in einem Berufsverband organisiert (Deutscher Bauernverband, Deutscher Bauernbund, Deutscher Landbund, Deutscher Bundesverband der Landwirte im Nebenberuf, Landvolkverband Oberlausitz und Arbeitsgemeinschaft bäuerliche Landwirtschaft). Der überwiegende Teil der LPG-Nachfolgebetriebe und ca. 10% der „Wiedereinrichter" gehören zum DBV, der etwa 40% der ostdeutschen Agrarflächen repräsentiert. Etwa 20% der selbstständigen Bauern sind in den konkurrierenden Bauernbünden organisiert, die maximal 20% der landwirtschaftlichen Nutzfläche repräsentieren. Die ausländischen, mehrheitlich aus den Niederlanden stammenden Investoren und Landnutzer gehören keinem deutschen Interessenverband an. Die Gründung einer einheitlichen Interessenorganisation in den neuen Bundesländern und damit die Entstehung einer neuen „Grünen Front" in Deutschland erscheint hauptsächlich wegen der langjährigen Auseinandersetzungen um Altvermögen illusorisch.

Agrargenossenschaften gegen Familienbetriebe

Die Bundesagrarpolitik begünstigte im Prozess der Wiedervereinigung die LPG-Nachfolgebetriebe in verschiedener Weise (u.a. in der Anpachtung der im Besitz der staatlichen Treuhandanstalt, ab 1994 der Bodenverwertungs- und -verwaltungsgesellschaft befindlichen Flächen). Der Ertrag je ha liegt in den Familienbetrieben doppelt so hoch wie in den Genossenschaften oder Kapitalgesellschaften. Die Vorteile der Familienbetriebe liegen in der wirtschaftlichen und personellen Flexibilität sowie in einem effektiveren Management. Erwiesenermaßen nimmt die bäuerliche Wirtschaftsweise mehr Rücksicht auf die Erhaltung der Bodenfruchtbarkeit und den pfleglichen Umgang mit der Natur. Sie vermeidet alle Landbaumethoden, die die agrarischen Ressourcen erschöpfen. Familienbetriebe kompensieren hohe Arbeitsbelastungen besser als Lohnarbeitsbetriebe und produzieren insbesondere durch die Identifikation mit dem Betrieb als Eigentum kostengünstiger. Mit den bäuerlichen „Wiedereinrichtern" entstand eine neue Dorfkultur, die sich in der Wiederbelebung alter Fest- und Vereinstraditionen, in der Modernisierung der ländlichen Wohn- und Wirtschaftsbauten sowie in der Restaurierung historischer Bausubstanz ausdrückt. Aber die bäuerlichen Wertmuster und Verhaltensnormen behaupten sich stärker in den alten als in den neuen Bundesländern, weil in den Dörfern der soziale Frieden nach fast anderthalb Jahrzehnten der deutschen Einheit durch die agrarpolitische Bevorzugung der Genossenschaftsbetriebe und Kapitalgesellschaften immer noch gestört ist.

11. Agrarwirtschaft und Agrargesellschaft im Übergang zum 21. Jahrhundert

Die deutsche Agrarverfassung befindet sich am Beginn des 21. Jahrhunderts in einem Wandel, der in seinem Tempo und in seinen Ergebnissen nicht von nationalen oder gemeinschaftlichen, sondern von globalen Kräften bestimmt wird. Die deutsche Landwirtschaft als Teil des EU-Agrarsystems ist in weltpolitische Zusammenhänge integriert, die jeden Versuch eines Sonderweges von vornherein ausschließen. Die deutsche Agrarpolitik besitzt allenfalls die Möglichkeit, marginale Korrekturen vorzunehmen, da die Grundlinien der Entwicklung von den Weltagrarstaaten USA, Kanada, Brasilien, Japan, Neuseeland und Australien bestimmt werden. Die Europäische Union (EU) spricht nicht mehr mit einer Stimme und spielt im Konzert der agrarischen Großmächte nicht vom ersten Platz.

Folgende Probleme belasten die deutsche Agrarwirtschaft und Agrargesellschaft im Übergang zum 21. Jahrhundert: die gefährdete Nahrungssicherheit durch Tierseuchen und genmanipulierte Pflanzen, die stecken gebliebene EU-Agrarreform, die Blockbildung auf dem Weltagrarmarkt sowie der spannungsreiche Strukturwandel der deutschen Landwirtschaft.

Essen als Risiko

Die allgemeine Ernährungslage ist vom Widerspruch zwischen dem breiten Angebot an Lebensmitteln aus allen Vegetationszonen der

Abb. 3: Forderungen an die Landwirtschaft

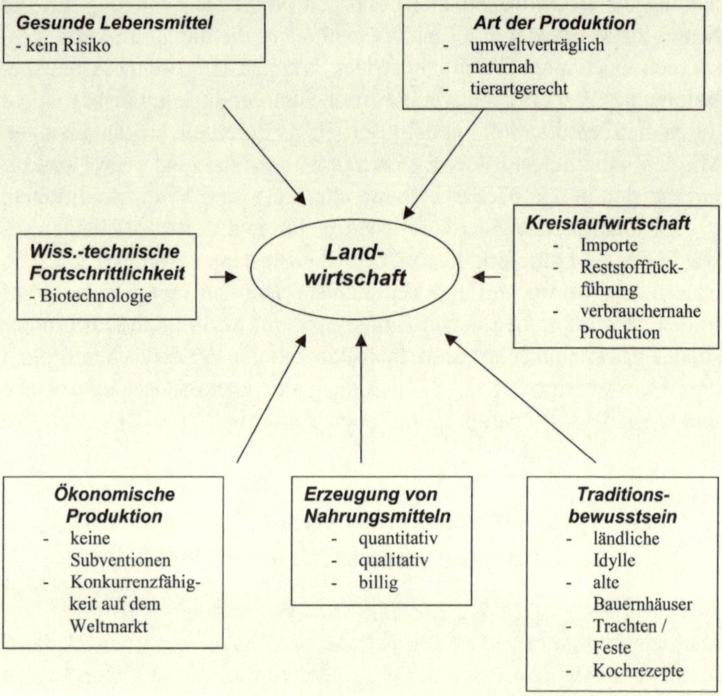

Quelle: A. SUSENBETH, Nebenprodukte der Lebensmittelverarbeitung als Futtermittel, in: Vorträge zur Hochschultagung 2002 der Agrar- und Ernährungswissenschaftlichen Fakultät der Christian-Albrechts-Universität zu Kiel, Kiel 2002, 200.

Erde und der gesundheitlichen Gefährdung der Verbraucher gekennzeichnet. Hormone im Fleisch, bestrahlte Lebensmittel, chemische Zusätze und Allergie verursachende chemische Zusätze gestalten die tägliche Ernährung zu einem Risiko. Die Furcht vor unerlaubten, nicht deklarierten Zusätzen bestimmt das kollektive Kaufverhalten, stets jedoch nur im Zusammenhang mit dem jeweils aktuellen Lebensmittelskandal. Wissenschaftler dagegen registrieren mit Blick auf einen längeren Zeitraum besorgt, dass jährlich weit über hunderttausend Menschen an mikrobiellen Vergiftungen durch Salmonellen und E-Coli-Infektionen erkranken. In vielen Fällen endet die Ansteckung mit dem in der breiten Öffentlichkeit kaum wahrgenommenen Tod.

Verdrängte Gefahren

Die neue Variante der Creutzfeldt-Jacob-Krankheit, die vermutlich mit dem Erreger des „Rinderwahnsinns“ (BSE – Bovine Spongi-

Abb. 4: Die Wertschöpfungskette für Lebensmittel

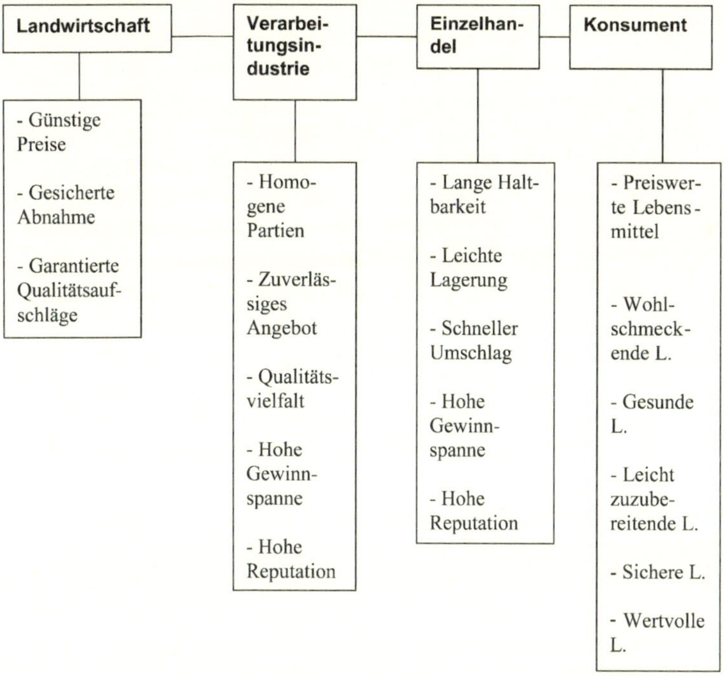

Quelle: P. HAMMER, Zoonosenproblematik bei Lebensmitteln, in: Quasi, Kiel 2001, 46.

forme Enzephalopathie) übertragen wurde, forderte in den letzten 15 Jahren zahlreiche Todesopfer in der ganzen Welt, insbesondere in Europa. Auch wenn das prophezeite Massensterben durch den Verzehr von Rindfleisch ausgeblieben ist, bleibt die Warnung vor einem erneuten BSE-Ausbruch begründet, zumal die infektiösen Prionproteine auch im bisher als resistent geltenden Muskelfleisch nachgewiesen wurden. Die latente BSE-Gefahr ist aus marktwirtschaftlichen Gründen (Abbau des „EU-Rinderberges") offiziell verharmlost worden. Die Verbraucher im EU-Raum befinden sich mit maximal 85 kg Fleisch und Fleischwaren pro Kopf und Jahr wieder auf dem Konsumniveau der Zeit vor dem ersten BSE-Ausbruch.

Umstrittene Biotechnik

Im Gegensatz zur wirtschaftspolitisch gesteuerten Sorglosigkeit vor Risikoernährung hält sich öffentliche Abneigung gegen genmanipulierte Lebensmittel in Grenzen, von militanten Einzelaktionen gegen den Anbau von Gen-Pflanzen abgesehen. Die Zukunft der Gentechnologie in der Landwirtschaft wird mit amerikanischem Druck auf dem Weltmarkt entschieden. Gentechnologie als Teil der Biotechnologie ist die Gesamtheit der Methoden, die auf die Isolierung, Erfassung, Vermehrung und neue Kombination (Transfer) von Genen mit dem Ziel gerichtet sind, die bestehenden Grenzen pflanzlicher Arten zu sprengen und ungünstige Arteigenschaften zu eliminieren bzw. zu substituieren. Hierzu gehören die Erzeugung von schädlings- und herbizidresistentem Saatgut durch die gentechnische Variation des pflanzlichen Erbgutes und der umfassende Bereich der Nahrungsmittelzusätze. Das Angebot genmanipulierter Nahrungsmittel wächst nicht nur in den USA, sondern auch im gemeinschaftlichen Europa beständig. Europäische Wissenschaftler beeilen sich, den amerikanischen Vorsprung in der Integration der Gentechnik in die aktuelle Pflanzenzucht aufzuholen. Die Gentechnik bringt seit 1991 Kulturpflanzen von zuvor bestimmter Quantität und Qualität hervor. Zu den genmanipulierten Produkten gehören Mais und Soja (besonders schwerwiegend als Futtermittel für Nutztiere), Maisöl, Mehl, Zucker und Sirup. Gentechnisch veränderte Nahrungsmittel sind u.a. in Sojagetränken, Kartoffelchips, Schokolade, Keksen, Fertigsuppen, Tomatensoßen und Labferment für die Käseherstellung enthalten.

„Risikotechnologie“

Die Grüne Gentechnik ist auf dem Weltmarkt präsent, ohne dass die Verbraucher ausdrücklich vor den Risiken gewarnt werden. Die EU-Kennzeichnungsregeln warnen nicht eindeutig vor möglichen Ernährungsrisiken beim Genuss von Produkten mit Anteilen genmanipulierter Pflanzen. Zur Zeit wird auf ungefähr 60 Mio. ha Ackerland (das ist eine Fläche etwa von der Größe Frankreichs) gentechnisch verändertes Pflanzenmaterial gezüchtet und vermehrt, etwa 50% davon in den USA. In Europa, hauptsächlich in Spanien, werden auf ca. 25000 ha die neuen Pflanzensorten angebaut. Züchter und Großproduzenten heben die Vorteile der neuen Pflanzensorten hervor: Die Resistenz gegen Schädlinge und die Widerstandsfähigkeit gegen Salz und Trockenheit. „Wachstumsgene“ führen in kurzer Zeit zu höherem Ertrag, nicht nur bei Pflanzen, sondern auch bei Schlachtvieh. Dementsprechend liegen die positiven Aussichten der Gentechnik im geringeren Verbrauch an Pflanzenschutzmitteln (Pestiziden), in der agrarischen Kultivierung von Extremgebieten in Afrika und Asien sowie in der effektiven Bekämpfung des Hungers in Ländern der Dritten Welt. Kritiker stellen die gentechnisch bestimmte Zukunft der Weltlandwirtschaft in Frage und lehnen Gentechnik in der Land- und Ernährungswirtschaft als „Risikotechnologie“ ab.

Die wissenschaftlichen Argumente gegen die Gentechnik in der Landwirtschaft sind noch zu pauschal, um überzeugend zu wirken. Die populären Bezeichnungen „Gen-Food“ und „Frankenstein-Food“ dienen als Synonyme für Essen in selbstmörderischer Absicht und sollen vor allem Ängste in der Bevölkerung schüren. Die Alternative lautet: „Zurück zur Natur!“, d. h. zu pflanzlichen und tierischen Produkten in ihrer ursprünglichen, von züchterischem Einfluss, von Chemie und Technik freien Form. Dass sich der Sinn dieser Utopie dem preisbewussten Verbraucher nicht erschließt, zeigt der wachsende Anteil genmanipulierter Produkte („health food“, „functional food“) im Sortiment der Supermärkte und Ladenketten.

Gen-Macht USA

Im Vergleich zum europäischen Verbraucher, dessen Vertrauen in die Nahrungssicherheit durch zahlreiche Skandale erschüttert wurde, zieht der amerikanische Konsument die offiziell gehandelten Lebensmittel nicht in Zweifel. In den USA existieren keine öffentlichen Bedenken gegenüber „scientific food“, zumal es im Gegensatz zur Europäischen Union keine generelle Verpflichtung gibt, gentechnisch veränderte Lebensmittel zu kennzeichnen. Solange die Schädlichkeit eines Produkts nicht nachgewiesen ist, bleibt es im Sortiment. Auf dem gemeinschaftlichen Verbrauchermarkt liegt nach dem Vorsorgeprinzip die Prüfung auf Schädlichkeit nicht nach, sondern vor dem Skandal, zumindest in der gesetzlichen Bestimmung, die nicht immer der Wirklichkeit entspricht. Politik und Wissenschaft in Deutschland gelang es bisher nicht, allgemein akzeptierte Regeln für eine eindeutige, erkennbare und leicht nachvollziehbare Kennzeichnung von Lebensmitteln mit einem Anteil an genmanipulierten Rohstoffen in die Praxis umzusetzen. Auch die seit dem 18. April 2004 geltende Kennzeichnungspflicht ist nicht mehr als ein Versuch in diese Richtung.

Die amerikanische Gen-Macht ist gewaltig: 80% der Sojabohnen, 70% der Baumwolle und fast 40% des amerikanischen Getreides, insbesondere Weizen und Mais, stammen von gentechnisch manipulierten Sorten. Im Weltmaßstab bewegte sich die aktuelle Debatte über die Gentechnik in der Landwirtschaft von der ausschließlich wissenschaftlichen Betrachtung weg zu wirtschaftspolitischen Aspekten. Genmanipulation ist zum Politicum geworden. Die gentechnisch veränderten Nahrungsgüter sind seit über einem Jahrzehnt ein Instrument im amerikanisch-europäischen Handelskrieg. Seit 1998 verweigert die EU den USA neue Genehmigungen zur Vermarktung gentechnisch veränderter Organismen (GVO) und die Zulassung neuer transgener Pflanzensorten.

„Gen-Food“

Im Streit um „Gen-Food“ geht es sowohl um Fortschritte in der Welternährung als auch um die Protektion der eigenen Landwirtschaft und heimischen Agrarindustrie. Das De-facto-Moratorium der EU vermindert den amerikanischen Agrarexport um den jährlichen Erlös von 300 Mio. $. Die amerikanische Kritik richtet sich vor allem gegen ein vermeintlich übertriebenes Sicherheitsbedürfnis der Europäer. Sie übersieht aber dabei die Folgewirkungen der BSE-Krise: Die Brüsseler Behörden hatten jahrelang die Gesundheitsgefahren der Tierseuche für die EU-Bevölkerung ignoriert, bis die ersten Todesopfer eine neue Präventionspolitik nötig machten. Das Europäische Parlament steuert seit Mitte 2003 einen Kompromisskurs, indem es den gesetzlichen Weg für neue Zulassungen von gentechnisch veränderten Produkten in die EU ebnet. Das Moratorium von 1998, ursprünglich als schärfstes Instrument der neuen EU-Verbraucherschutzpolitik konzipiert, wird zur Zeit schrittweise abgebaut. Die Gemeinschaft der europäischen Staaten sucht den Ausgleich mit der Gen-Macht USA und öffnet den seit einiger Zeit bereits penetrierten Markt für das umfassende amerikanische Sortiment an genmanipulierten Pflanzen. Seit Mitte der 90er Jahre gelangen auf offiziellem Weg große Mengen von genmanipuliertem Mais und Soja für Futtermittel, Öle und Lecithin in die EU, während die Genehmigungsanträge für andere Produkte mit Aussicht auf eine baldige Einfuhr geprüft werden. Das Gemeinschaftsrecht gilt auch für die Bundesrepublik Deutschland, wo eine Novellierung des geltenden Gentechnikgesetzes für biologische Zwecke am 18. 06. 2004 erfolgte.

Die Ambivalenz Grüner Biotechnik

Wissenschaftliche Beweise für unkontrollierbare Gefahren der Pflanzenbiotechnik liegen nicht vor. Aber immerhin besteht die Möglichkeit, dass ein Gen-Transfer auf verwandte und nicht verwandte Pflanzenarten stattfindet und Wachstumseffekte dort auslöst, wo sie unerwünscht sind, beispielsweise im ökologischen Landbau. Der freie Pollenflug transgener Pflanzen („Auskreuzen“) kann in der variationsreichen Gemengelage der Nutzflächen, die für die europäische Landwirtschaft typisch ist, spontan eine biologische Kettenreaktion in eine unerwünschte Richtung lenken. Die Folgen wären Streit- und Haftungsschäden, für die es eine umstrittene Gesetzesgrundlage gibt. Eine saubere Trennung von Pflanzenbeständen konventioneller und genmanipulierter Herkunft ist heute schon nicht mehr möglich. Die Gefahren der Gentechnik als Mittel der Wirtschaftspolitik sind evident: Saatgutkonzerne beziehen zwangsläufig die künftige Breite der Artenvielfalt in ihre betriebswirtschaftliche Planung ein. Mit dem Angebot transgener Pflanzen bestimmen sie Resistenzeigenschaften und kontrollieren dementsprechend auch einen Teil des Chemikalienmarktes, von der weiteren Industrialisierung der Landschaft aus vorwiegend kommerziellen Gründen ganz abgesehen. Genmanipuliertes Saatgut (z.B. Bt-Mais) fließt hauptsächlich in kapitalstarke Industrieländer, nicht in die bedürftigen Regionen der Dritten Welt. Die führenden Agrarstaaten produzieren mit neuartigem Pflanzensortiment Überschüsse, die in den Katastrophengebieten der Erde mit staatlicher Unterstützung profitabel abgesetzt werden. Die internationalen Anti-Hungeraktionen retten Menschenleben, sie ersticken aber auch die landwirtschaftliche Eigeninitiative in den bedrohten Gebieten.

Überbürokratisierung

Weitere Gefahren als Folge der praktizierten Gentechnik entstehen durch behördliche Überbürokratisierung auf nationaler wie auf gemeinschaftlicher Ebene. Die jüngste Großbehörde, das Europäische Lebensmittelamt, setzte für die wissenschaftliche Risikoabschätzung einen Ausschuss sowie acht mitgliederstarke Expertengruppen (Panels) ein. Dieser bürokratische Impuls pflanzte sich auf nationaler Ebene der EU-Mitgliedsländer fort und begünstigte die kostspielige Bildung weiterer Ausschüsse und Komitees, wie in der Bundesrepublik Deutschland seit 2001 das „Bundesinstitut für Risikobewertung" und das Bundesamt für Verbraucherschutz und Lebensmittelsicherheit. Hinzu kommen die zahlreichen Verwaltungsstellen auf Länder- und Kreisebene und eine Flut von Verordnungen. Parallel zu den EU-Instanzen operiert die Weltgesundheitsorganisation der Vereinten Nationen mit der Codex-Alimentarius-Kommission und ihren zahlreichen Mittel- und Unterinstanzen in 164 Staaten der Welt. Sie sollen dem Verbraucher gesundheitlich unbedenkliche, unverfälschte und eindeutig deklarierte Lebensmittel garantieren. Trotz dieses Überangebots an nationalen und internationalen Behörden zum Schutz der Nahrungskette ereignen sich immer wieder Vorfälle wie die Dioxin-Kontamination von Futtermitteln in Deutschland in jüngster Zeit. Die große Zahl von Behörden erschwert die Koordination ihrer Funktionen und lähmt das Entscheidungstempo, wie die Erfahrungen mit BSE, Maul- und Klauenseuche und Nitrofen bewiesen haben.

„Bio-Lobbyismus"

Ob die Risiken der genmanipulierten Züchtungen ebenso groß sind wie bei der konventionellen Züchtung, wird sich erst zeigen müssen. Die bisherigen Erfahrungen mit transgenen Pflanzen in den Hauptanbauländern USA, Kanada, China und Argentinien sind beruhigend, aber noch nicht endgültig sicher. In der Bundesrepublik Deutschland halten sich Skepsis und Euphorie noch die Waage. Positive Meldungen über die Unbedenklichkeit transgener Pflanzen kommen aus den Laboratorien, nicht aus Freilandversuchen. Die Experimente beruhen auf dem wissenschafts- und wirtschaftspolitischen Zusammenspiel von staatlichen Stellen, Versuchsinstituten und zahlreichen Interessenverbänden, darunter dem Arbeitskreis Deutsche In Vitro Kulturen, der Initiative Grüne Biotechnologie, dem Bundesverband Deutscher Pflanzenzüchter, dem Zentralverband Gartenbau sowie dem Deutschen Bauernverband. Die Formen des neuen „Bio-Lobbyismus" sind nur umrisshaft bekannt und geben Anlass zu Spekulationen über die Entstehung und Entwicklung eines „grünen" Korporatismus zugunsten des amerikanischen Weges in das Zeitalter der Biotechnologie. Die Wissenschaft fragt mit ihrem technologiezentrierten Ansatz zuerst nach den Möglichkeiten einer Technologie, während die Kritiker mit einer problemorientierten Strategie zuerst die Frage nach den Ursachen des zu lösenden Problems stellen. Die Übereinstimmung beider Seiten über eine effektive Welthungerhilfe reicht jedoch nicht für eine Annäherung der unterschiedlichen Forschungskonzeptionen aus. Ein Ausgleich der Gegensätze zwischen den beiden biopolitischen Polen USA und EU mit wissenschaftlichen Mitteln ist nicht in Sicht. Die Verantwortlichen stehen mit Blick auf den überforderten und abhängigen Konsumenten vor der Aufgabe, einen nachhaltigen Landbau mit dem Schutz der biologischen Diversität zu verknüpfen.

EU-Agrarreform

Ein klares Bild vom Bauernhof der Zukunft existiert noch nicht. Die Landwirtschaft erscheint in der öffentlichen Diskussion als hoch komplexes Gebilde im Spannungsfeld zwischen den Polen Natur – Produktion – Politik – Konsum – Verarbeitung – Verteilung (s. Abb. 3, 4). Sie zeigt sich vor allem in ihrer natürlichen und wirtschaftsstrukturellen Bindung als schwer veränderbar. Eine tief greifende Reform gemeinschaftlicher Agrarstrukturen scheiterte bisher an nationalen Interessen. Das Hauptziel der 1992er Agrarreform, „umweltgerechte und den natürlichen Lebensraum schützende landwirtschaftliche Produktionsverfahren" zu fördern, ist immer noch nicht erreicht. Eine umfassende „Agrarwende" blieb bisher Programm. Dagegen steht unverändert seit 1957 das Leitbild des kontinuierlichen Produktionszuwachses auf hoch technisierter Basis (EWG-Vertrag, Art. 39). Aber die Praxis steigender Arbeitsproduktivität gerät immer mehr in den Gegensatz zum Schutz der Artenvielfalt und komplexer Ökosysteme, des Tierschutzes sowie der Lebensmittelsicherheit. Die EU verzettelt sich in Einzelaktionen und betreibt eine Von-Fall-zu-Fall-Politik. Seit längerem drehen sich die Brüsseler Verhandlungen um eine teilweise Entkoppelung der Direktzahlungen von der Produktion. Was auf gemeinschaftlicher Ebene beschlossen wird, um die kostspieligen Agrarüberschüsse abzubauen, wird auf nationaler Ebene durch Sonderzahlungen und mit hohem Verwaltungsaufwand an die Produzenten wieder ausgeglichen. Einschnitte auf den wichtigsten Agrarmärkten (z.B. Milchmarkt) blieben wirkungslos. Bis 2013 werden die Ausgaben für Direktzahlungen und Marktpolitik von gegenwärtig 44 auf fast 49 Mrd. € und damit auf etwa die Hälfte des gesamten EU-Haushalts steigen. Deutschland bringt als größter Nettozahler etwa ein Viertel des aktuellen Agrarhaushalts auf.

Landwirtschaft auf schädlichem Wachstumspfad

Ein Ende des agrarwirtschaftlichen Strukturwandels ist nicht in Sicht. Er beginnt auch in den neuen Beitrittsländern der Gemeinschaft die soziale und wirtschaftliche Substanz zu verändern. Der finanzielle Anreiz zur Überschussproduktion treibt diesen Wandel immer schneller voran, ohne dass es bisher gelang, die Entwicklung zu kanalisieren. Ein Landwirt ernährte mit seiner Produktion 1950 zehn Personen, 1985 waren es 65 und zur Zeit sind es 119. Die hohe Flächen- und Arbeitsproduktivität (um jährlich fast 3% gesteigert, bei gleichzeitigem Bevölkerungswachstum von durchschnittlich 0,7%) basiert auf der Modernisierung der Produktionsmittel. Hierzu gehören ertragsteigerndes Saatgut, vielseitige Agrartechnik, rationelle Bodenbearbeitung, hoher Einsatz von chemischen Düngemitteln und Pestiziden, die Aufstockung der Mittel- zu Großbetrieben und eine rationelle Viehhaltung (insbesondere Schweine und Geflügel). Auf ihrem subventionierten und technikgestützten Wachstumspfad schädigt sich die Landwirtschaft selbst. PS-starke Maschinen für Aussaat-, Pflege- und Erntearbeiten werden vermehrt und großflächig auf biologisch monotonen Vegetationsarealen in fast menschenleeren Gegenden eingesetzt.

Durch den massiven Technikeinsatz droht der mit der Natur in direkter Beziehung stehende Mensch an den Rand des Geschehens zu rücken. Während das Angebot an Nahrungsrohstoffen in der EU den Bedarf der Bevölkerung in der Gemeinschaft bei weitem übersteigt, belasten die ungelösten ökonomischen, sozialen und ökologischen Probleme die Verständigung über ein Agrarsystem des neuen Jahrhunderts. Der bisherigen Entwicklung fielen zahlreiche Arbeitsplätze zum Opfer. Die Grenzen des individuellen Konsums sind seit längerem erreicht und lassen sich nicht weiter ausdehnen. Der Nahrungsmittelanteil am privaten Haushaltsbudget geht kontinuierlich zurück; er beträgt gegenwärtig knapp 13% im Durchschnitt. Sinkendes Preisniveau durch sinkende Nachfrage erhöht den Wettbewerbsdruck auf den einzelnen Betrieb und gehen zu Lasten der Produkt- und Arbeitsqualität sowie der betrieblichen Handlungsspielräume.

Ländlichkeit im Veränderungsprozess

In den dörflichen Strukturen spiegeln sich die Veränderungen der vergangenen Jahrzehnte deutlich wider. Dorf und Landwirtschaft sind längst zwei unterschiedliche Größen. Das von bäuerlicher Betriebsamkeit bestimmte Dorf existiert nur noch in der Erinnerung. Zahlreiche Gewerbe, die mit der Landwirtschaft in enger Beziehung standen (u.a

Schmiede, Stellmacher, Böttcher, Sattler, Müller), existieren nicht mehr. Die kleinen Einkaufsläden, teilweise auch die Post und die Sparkassenfiliale sind aus dem Dorf der Gegenwart ausgelagert. Nur wenige Höfe prägen noch den bäuerlichen Charakter des Dorfes. Der Anteil der bäuerlichen Gesellschaft an der Gesamtheit der Dorfbewohner schrumpft. An den Ortsrändern entstanden Eigenheime von dörflichen Neubürgern, gewerbliche Betriebsgebäude (mit einer ortsfremden Belegschaft) und Parkplätze (für Besucher des Fußballplatzes und der örtlichen Diskothek). Viele Beispiele beweisen, dass das Dorf im mittelbäuerlichen Westen und Süden Deutschlands den landwirtschaftlichen Strukturwandel mit seinen sozialen und kulturellen Folgen verkraftet. Im traditionell großlandwirtschaftlichen Norden und Osten dagegen verschwindet der dörfliche Charakter weiter Landstriche immer mehr.

Betriebswirtschaftliche Modernisierung

Das jahrelange „Höfesterben" hinterließ in den Dörfern seine Spuren: leer stehende Bauernhäuser sind keine Seltenheit. Die verbliebenen Höfe sind einschließlich der landwirtschaftlichen Geräte größer und aufwändiger geworden. Bauern sind in erster Linie Unternehmer, die die komplizierte Landtechnik und die Viehhaltung in Großherden beherrschen. Gleichzeitig kennen sich Bauern auch im Umgang mit komplizierten Verwaltungsvorschriften, mit agrarwirtschaftlichem Management und mit den EU-Regelungen aus. Hilfe leistet die moderne Elektronik im eigenen Büro, im Stall und in der Scheune. Hinter allem steht der Versuch, die Natur berechenbar zu machen und die Vegetation mit geeigneten Mitteln zum richtigen Zeitpunkt zu optimieren.

Die modernen Landbau- und Aufzuchtmethoden sind durch zahlreiche Skandale in die öffentliche Kritik geraten. Insbesondere die Tierhaltung unterliegt nach den EU-Bestimmungen auf der Basis wissenschaftlicher Methoden (Züchtung, Fütterung, Haltung, Verarbeitung und Vertrieb) hohem ökonomischem Verwertungsdruck. Die Folge der intensiven Tiernutzung ist eine höhere Krankheitsanfälligkeit, die häufig in der Beseitigung ganzer Tierbestände endet. Der Viehstall wird durch die ungehinderte Verwendung von wachstumsfördernden Antibiotika zum Risiko für Mensch und Tier.

Bäuerlicher Familienbetrieb im Wandel

Große Landwirtschaftsbetriebe in Form von Personen- und Kapitalgesellschaften verkraften solche Verluste besser als Klein- und Mittelbetriebe in Familienbesitz. Dafür ist ihre politische Verletzbarkeit durch die Abhängigkeit von EU-Prämien auf Hektar und Tier umso größer. Maßnahmen zur artgerechten Tierhaltung und der Abbau von Prämien nach Betriebsgrößen, wie sie in den EU-Reformplänen vorgesehen, aber nicht verwirklicht sind, würden das Ende der ostdeutschen LPG-Nachfolgebetriebe und der großlandwirtschaftlichen „Wiedereinrichter", unter ihnen auch zurückgekehrte Gutsbesitzer, bedeuten. Im Gegensatz zum kapitalorientierten Großbetrieb bewies der personalorientierte mittelständische Agrarbetrieb eine hohe Anpassungsbereitschaft an veränderte Marktbedingungen. Der moderne Familienbetrieb des beginnenden 21. Jahrhunderts ist ein Mischtyp aus den Arbeitsbereichen Produktion, Verarbeitung und Verteilung. Die „Vergewerblichung" bietet dem Familienbetrieb reale Überlebenschancen. Das Netz der multifunktionalen Bauernhöfe ist innerhalb weniger Jahre dichter geworden, vor allem in den historischen Realteilungsgebieten des deutschen Südwestens und Südens. Die zweite Einnahmequelle bilden die Vermarktung eigenerzeugter Produkte (Brot, Fleisch, Fleischwaren, Molkereiprodukte, Wein, Obst und Gemüse) über den Hofladen und auf Bauernmärkten sowie durch den ländlichen Tourismus („Urlaub auf dem Bauernhof"). In landschaftlich reizvollen Gebieten sind die Grenzen zwischen Bauernhof und ländlicher Gastronomie fließend. Direktvermarktung auf dem Hof oder auf Plätzen der nahen Stadt sowie die Regionalversorgung von Großabnehmern (Kantinenbetriebe und Supermärkte) führen Konsumenten an den Ursprungsort von Grundnahrungsmitteln zurück und vermitteln den Wert handwerklicher Ernährungswirtschaft.

Modernes Landvolk

Dorf und Heimat stimmen für viele ländliche Bewohner nicht mehr überein. Das Dorf ist nicht mehr der „Ort des tiefsten Vertrauens, der tiefsten Ruhe, der Ort, der die Ruhe des Vertrauens schenkt" (C. J. Burkhardt). Die in ihren Familienwirtschaften Tätigen wehren sich weder gegen die „Stadt" noch gegen die Angebote aus Industrie und Dienstleistung, auch nicht gegen den technischen Fortschritt im Haushalt. Das Streben nach städtischer Lebensqualität ist vor allem bei jugendlichen Dorfbewohnern ausgeprägt. Auf den Dörfern herrscht vollkommene Mobilität mit Fahrzeugen aller Art. Die Motorisierung der Haushalte erlaubt den schnellen privaten oder beruflichen Wechsel zwischen Dorf und Stadt. Nicht mehr allein der bäuerliche Arbeitsrhythmus des Bauern bestimmt das dörfliche Leben, sondern der Arbeitsrhythmus der Pendler zwischen dörflichem Wohnplatz und städtischem Arbeitsplatz. Nur noch durchschnittlich 25% der ländlichen Bewohner finden ihren Arbeitsplatz am Wohnort; die überwiegende Mehrheit der Pendler fährt weniger als eine Stunde zur Arbeit.

Das Dorf im städtischen Einflussbereich

Dorf und Stadt erscheinen nicht mehr in einem konkurrierenden, sondern in einem symbiotischen Verhältnis, wobei dörfliche Traditionen durchaus ihren historischen Charakter behaupten konnten. Am deutlichsten zeigen sich die soziokulturellen Differenzen zwischen Dorf und Stadt, insbesondere im dichten Vereinsleben und in der Traditionspflege mit oder ohne Unterstützung der politischen und kirchlichen Gemeinde. In mehr oder weniger periodischen Abständen oder zu besonderen Anlässen (u. a. Lebensabschnittsfeiern wie Taufe, Konfirmation/Kommunion, Hochzeit) formiert sich eine familiär vernetzte, alle Generationen erfassende und sozial verzweigte dörfliche Gemeinschaft. Die Rituale stammen aus der Vergangenheit; sie werden in ihrer ursprünglichen Bedeutung respektiert, weil sie sich als gemeinschaftsstiftend und konfliktmildernd erwiesen haben.

Zwiespältige Heimat

Zeugnisse umfassender Bäuerlichkeit des Arbeits- und Familienlebens sind nur noch in Museumsdörfern überliefert. Das Dorf am Beginn des 21. Jahrhunderts kennzeichnet das dichte Nebeneinander unterschiedlicher Berufsgruppen, Generationen und Lebensgewohnheiten. Das Wohnen als Mieter wurde zum Normalfall ländlichen Lebens. Zur Wahl des dörflichen Wohnplatzes von Neubürgern führten Natursehnsucht, bessere Entwicklungsmöglichkeiten von Kindern und die geringere Regulierungsdichte des alltäglichen Lebens. Auf dem Dorf zu leben heißt jedoch nicht, automatisch „beheimatet" zu sein. Die zwischenmenschliche Beziehungsebene (Familie, Freundschaft, Bekanntschaft) hier ist ebenso unperfekt wie in der Stadt. Das Dorf ist der Raum, wo sich das Gerücht schneller verbreitet als die sachliche Information und wo jeder im Wirtshaus oder über den Hofzaun die Welt aus der dörflichen Perspektive zu erklären vermag. Aber das Dorf ist auch der Raum, in dem ein dichtes Beziehungsgeflecht entsteht, an dem der mitwirken kann, der aus den darin enthaltenen Hilfs- und Beistandspotenzialen neue Impulse für das eigene Leben erwartet.

Arbeitsalltag der Bäuerinnen

Technische Modernität täuscht über den harten Arbeitsalltag der landwirtschaftlich Tätigen, insbesondere der Frauen, hinweg. Im ländlichen Raum sind Frauen trotz größerer Familien und höherer Kinderzahl genauso stark erwerbstätig (Vollzeit) wie Frauen in der Stadt. An ihrer traditionellen Doppelbelastung durch die Arbeit im eigenen Betrieb und Aufgaben in der Familie (Kinder- und Altenbetreuung sowie Pflichten durch die Einbindung in soziale Netzwerke) hat sich wenig geändert. Bäuerinnen sind ein verantwortlicher Teil der gesamten Betriebsorganisation. Die Multifunktionalität eines Agrarbetriebs bindet die Frauen zusätzlich in die Einkommensentwicklung ein und schließt das Streben nach eigener außerlandwirtschaftlicher Berufsausbildung oder -tätigkeit häufig aus. Mit niedrigem Einkommen, Mehrarbeit und Konsumverzicht tragen die Frauen überwiegend zur Existenzsicherung ihrer Familien bei.

Minimale Ökologisierung

Die massenhafte Erkrankung europäischer Rinder an BSE und die Möglichkeit der Übertragung auf den Menschen in Form der Creutzfeldt-Jacob-Krankheit stürzten die Intensivlandwirtschaft und das Produzenten-Konsumenten-Verhältnis in eine tiefe Image- und Vertrauenskrise. Tierseuchen und Massentod von Rindern, Schweinen und Geflügel sind keine punktuellen Katastrophen, sondern Ausdruck ungelöster Strukturprobleme der Intensivlandwirtschaft. Hierzu gehören außerdem die Beseitigung vernetzter Biotope, der Nitrateintrag in die Gewässer, Abkehr von der Fruchtwechselwirtschaft, Rückstände in Böden und Agrarprodukten, Pflanzenbau an ungeeigneten Standorten sowie Bodenerosion. Die Abkehr vom agrarischen Wachstumspfad zugunsten des ökologischen Landbaus unter Verzicht auf produktionsintensive Mittel (Dünger, Pestizide, Technik) wurde 2001 zum Kern der parteipolitisch induzierten „Agrarwende". Der Umstellungsprozess verläuft langsam und wird durch häufige Rückschläge und konzeptionelle Widersprüche in Frage gestellt. Knapp 2% der landwirtschaftlichen Betriebe wirtschaften auf etwa 4% der Flächen nach den Grundregeln des ökologischen Landbaus: Verzicht auf chemische Pflanzenschutzmittel und synthetischen Mineraldünger, möglichst hofeigene Erzeugung von Futtermitteln, artgerechte Tierhaltung und Verzicht auf gentechnisch veränderte Pflanzen. Trotz massiver Subventionierung blieb der ökologische Landbau vor allem durch eine zu geringe Produktivität ein Randphänomen in der Landwirtschaft und am Markt. Marktbeherrschend sind die einheimischen Großbetriebe des konventionellen Landbaus und die ausländischen Anbieter, die großflächig nach den Grundregeln des Integrierten Pflanzenbaus arbeiten. Er stellt den Mittelweg zwischen Ökonomie und Ökologie dar. Er verzichtet nicht auf die Massenproduktion, stimmt aber biologische, chemische und technische Maßnahmen so aufeinander ab, dass das Reservoir an Kulturpflanzen erhalten bleibt und die natürlichen Ressourcen langfristig geschont werden.

Der Bauernhof des 21. Jahrhunderts

Die Frage, welche Landwirtschaft zur modernen Industrie- und Dienstleistungsgesellschaft passt, ist noch offen. Ein klares Bild vom Bauernhof des 21. Jahrhunderts findet sich in den zahlreichen Entwicklungskonzepten von Staat, Parteien und Interessenverbänden nicht. Umstritten sind Weg und Zeit für den Aufbau einer neuen Landwirtschaft unter Beachtung natur- und sozialverträglicher Produktionsformen auf der Basis der noch existierenden bäuerlichen Familienbetriebe mittlerer Größenordnung oder auf dem Fundament von „Agrarfabriken". Aber mit Blick auf die Entwicklung seit dem Ende des Zweiten Weltkriegs kann man prognostizieren, dass die deutsche Landwirtschaft im Rahmen der europäischen Agrargemeinschaft sich auch in Zukunft aus verschiedenen Landbausystemen (Großlandwirtschaft, mittelständische Familienbetriebe, klein strukturierte Ökobetriebe) mit unterschiedlichen Produktionsweisen (konventionell, ökologisch) zusammensetzen wird. Die unterschiedlichen ökonomischen, sozialen, topographischen, historischen, klimatischen und kulturellen Voraussetzungen begünstigen nicht die farmwirtschaftliche Zukunft nach amerikanischem oder russischem Vorbild, sondern ein Nebeneinander verschiedenster Betriebsformen mit Voll- oder Teilzeitarbeit in unterschiedlichen Einkommenskombinationen sowie mit unterschiedlichen Wertschöpfungsanteilen am Endprodukt.

Widersprüchliche Entwicklungstendenzen

Zur Zeit läuft ein gesellschaftlich polarisierender Umstellungsprozess ab. Einerseits findet eine hohe Betriebskonzentration statt, die zur Abnahme der Gesamtbetriebszahl, zur betrieblichen Spezialisierung, zum Ausbau der bodenunabhängigen Tierhaltung und Wachstum von Betriebsgrößen und Flächenausstattung führt. Andererseits hält das „Höfesterben" durch fehlende Hofnachfolge und unzureichendes Größenwachstum seit 1960 unvermindert an. Innerhalb von 50 Jahren verlor die deutsche Landwirtschaft ca. 1,6 Mio. Vollerwerbskräfte. Für über 20% der Höfe steht kein Nachfolger in der Betriebsführung bereit. Immer mehr Vollerwerbsbetriebe wechseln in den alten Bundesländern in den Nebenerwerb. In den standortbegünstigten Agrarregionen der neuen Bundesländer dominiert der rohstoffproduzierende, hoch technisierte Großbetrieb. In ungünstigen Gebieten (Mittelgebirgslagen und natürlichen Grünlandregionen) befindet sich die Landwirtschaft auf dem Rückzug. Die im großen Stil produzierende Landwirtschaft orientiert sich weitgehend am Ziel des kurzfristigen Ertragszuwachses; sie bedient die Konsumenten mit überwiegend billigen, jedoch nicht umweltgerecht erzeugten Lebensmitteln. Die wichtigsten gesellschaftlichen Funktionen der Landwirtschaft, Ernährungssicherheit – Ressourcenschonung – vielfältige Belebung ländlicher Räume – Pflege der Kulturlandschaft – Erhaltung der Artenvielfalt, werden von den kapitalintensiven Großbetrieben nicht erfüllt. Als ausschließlicher Rohstoffproduzent gerät die Landwirtschaft in eine abhängige Position zwischen vorgelagertem Sektor (Chemie-, Futtermittel-, Saatgut- und Landmaschinenindustrie) und nachgelagertem Sektor (verarbeitende Ernährungswirtschaft, Groß- und Kettenhandel).

Die Landwirtschaft der Zukunft

Eine Abkehr vom krisenanfälligen „Agribusiness"-System hat mit der Ausdehnung des Integrierten Landbaus unter Verzicht auf den hohen Einsatz von chemischen Düngemitteln, artengefährdenden Pflanzenschutzmitteln und kostspieligen Hochleistungsmaschinen bereits begonnen. Die landwirtschaftlichen Betriebsleiter aus der jüngeren Generation suchen nach einer Weichenstellung für die Zukunft ihrer Unternehmen und geraten dabei in das Spannungsfeld unterschiedlicher Entwicklungskonzepte aus Wissenschaft, Politik, Gesellschaft und Kirchen. Unabhängig davon wird der eingeschlagene Weg von der ausschließlichen Nahrungsmittelproduktion zur Vermarktung und Verwertung von Gütern und Dienstleistungen fortgesetzt. Mit dem Anbau und der Verarbeitung nachwachsender Rohstoffe ergänzt die Landwirtschaft die industrielle Energiegewinnung. Konventionelle und ökologische Landbaumethoden bewegen sich aufeinander zu. Die Kombination von Landwirtschaft und Naturschutz bietet zusätzliche Entwicklungs- und Existenzchancen. Die Zukunft einer multifunktionalen Landwirtschaft, die die Nahrungsgüterproduktion, die Landschaftspflege, den Naturschutz und die kulturelle Belebung ländlicher Räume auf der Basis integrierter Landbaumethoden miteinander verbindet, ist am Prinzip der Nachhaltigkeit, das aus der bäuerlichen Arbeitswelt stammt, orientiert.

EU-Agrarsubventionismus

Die Zukunft der modernen Landwirtschaft, die dem bäuerlichen Selbstverständnis und den verschiedenartigen Ansprüchen der Industrie- und Dienstleistungsgesellschaft entspricht, wird auf dem Weltmarkt entschieden. Alle Industrieländer unterstützen ihre Agrarsysteme insgesamt mit rund 300 Mrd. € jährlich und verzerren damit den internationalen Warenaustausch. Die Exportsubventionen der Europäischen Union zur Verbilligung landwirtschaftlicher Produkte auf dem Weltmarkt, insbesondere für Milch und Milchprodukte, Zucker, Getreide und Fleisch, betragen 3,4 Mrd. € jährlich (Stand 2001).

Versuche, die Subventionen zu kürzen, scheiterten am Widerstand innerhalb der EU ebenso wie an den steigenden Subventionssummen der USA (im Durchschnitt der 1990er Jahre: 3 Mrd. $ jährlich). Die EU nimmt auch in Zukunft die unverkäuflichen Überschüsse der großen Rohstoffproduzenten in der Gemeinschaft an und setzt sie zu Dumpingpreisen auf dem Weltmarkt ab. Damit steigen die Ausgaben für Einkommensbeihilfen und Marktsubventionen von derzeit 40 auf rund 49 Mrd. € im Jahr 2013. Der propagierte Einstieg in einen Sparkurs („Systemwechsel“) scheiterte bisher an nationalen Sonderregelungen zugunsten hoher Viehzahlen und großer Anbauflächen. Die Vielzahl unterschiedlicher Fördersysteme verhindert eine durchgreifende Reform des Subventionsdickichts und verfestigt die Marktverzerrungen. Lediglich 5% der Direktzahlungen sind für Programme zur Ökologisierung des ländlichen Raums (Landschaftspflege, Umwelt- und Tierschutz) vorgesehen. Diese „Förderung mit neuen Mitteln“ dient dazu, die alten Großempfänger öffentlicher Zuwendungen auch weiterhin im alten Umfang zu alimentieren. Rund 79% der Betriebe in der EU erhalten

Abb. 5: EU-Exportsubventionen

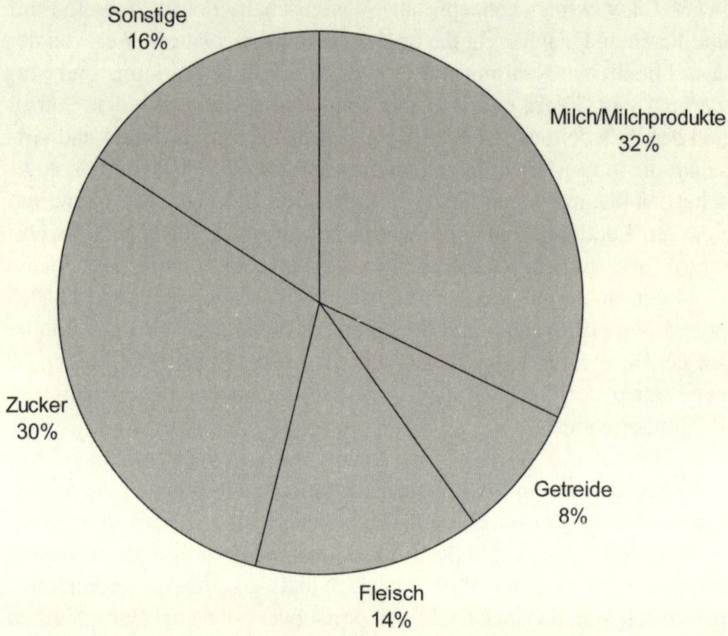

Gesamt: 3413 Millionen Euro (Stand: 2001).
Quelle: Europäischer Rechnungshof (Statistisches Büro).

unter 5000 €/Jahr; das sind 17,8% aller Zahlungen, während 2,2% der Betriebe über 50 000 €/Jahr erhalten; das sind 40% aller Zahlungen.

Ende der Agrarhandelsliberalisierung

Die Hoffnungen auf eine Öffnung des Weltagrarmarktes haben sich auf der 5. und vorläufig letzten Ministerkonferenz der Welthandelskonferenz (WTO) in Cancún (September 2003) nicht erfüllt. Das Scheitern war nach den erfolglosen und von starken Protesten der Globalisierungsgegner begleiteten Vorkonferenzen (Seattle 1999 und Qatar 2001) programmiert. Die 148 WTO-Mitglieder lassen den Willen zur Einigung über eine Reform der Investitionen, der geltenden Wettbewerbsregeln, des öffentlichen Beschaffungswesens und der Zollbürokratie vermissen. Die beabsichtigte Integration der Entwicklungsländer in die Weltwirtschaft bleibt vorerst vertagt. Der Nord-Süd-Konflikt ist noch schärfer geworden, nachdem die Entwicklungsländer ihre Zolltarife über das Niveau der Industrieländer festgesetzt haben. Die WTO als ursprünglicher „Club der Reichen" veränderte seine Machtbalance und büßte durch den Beitritt Brasiliens und Chinas seine einstige Auto-

Abb. 6: Regionale Handelsabkommen 1948–2001

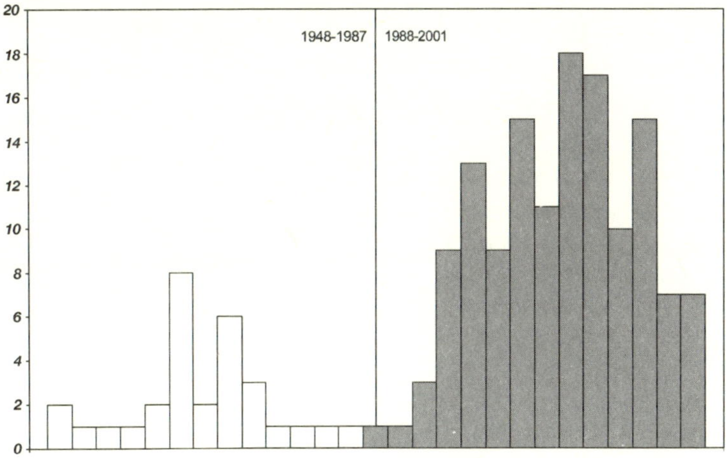

Quelle: Statistisches Büro der Welthandelsorganisation (WTO).

rität ein. Das geltende Einstimmigkeitsprinzip manövrierte die Welthandelsorganisation in den Zustand der Selbstlähmung.

Regionalisierter Weltagrarmarkt

Der internationale Zollabbau, der nach Weltkriegsende 1945 zur verstärkten Kooperation auf dem Weltagrarmarkt führte, wurde nach dem Scheitern der Welthandelsrunden für unbestimmte Zeit unterbrochen. Eine schnelle Einigung ist nicht in Sicht, nachdem immer mehr Freihandelsverträge mit wachsendem Anteil der Importe zu regionalen Vorzugskonditionen, insbesondere in Lateinamerika und Asien, geschlossen werden. Immer deutlicher zeichnet sich ein Wechsel von einem multilateral- zu einem regionalorientierten Agrarwelthandelssystem ab. Die USA bauen ihr Handelssystem nach dem Prinzip des antiliberalen Bilateralismus aus – ein Vorgang, der auf anderen Kontinenten Schule macht.

Handelskonflikte in Permanenz

Die EU und die USA befinden sich in einem handelspolitischen Dauerkonflikt um den Abbau der illegalen Exportsubventionen. Die WTO versagte bisher in ihrer Schiedsrichterrolle. Wechselseitig verhängte Strafzölle in astronomischer Höhe als „Vergeltung“ behindern den freien Warenaustausch und schädigen auch den Handel mit anderen Vertragspartnern. Was nach den bitteren Erfahrungen der Weltwirtschaftskrise seit 1929 und des Weltkriegs so hoffnungsvoll begann, endete zum Schaden aller beteiligten Staaten im Übergang vom 20. zum 21. Jahrhundert in einer handelspolitischen Sackgasse.

II. Grundprobleme und Tendenzen der Forschung

1. Agrargeschichtliche und -politische Gesamtdarstellungen

Landwirtschaft – thematische Eigenschaften

Die Darstellung der Agrarwirtschaft und -gesellschaft des 20. Jahrhunderts profitierte von den Erfahrungen der Autoren, die frühere Entwicklungsperioden der Landwirtschaft in den Blick genommen haben. Erkenntnisleitend war die wissenschaftliche Erfahrung, dass „die Agrargeschichte weder scharfkantige Brüche noch Revolutionen, die sie bedingten, oder sonstige spektakuläre Ereignis anzubieten hat“ (W. Achilles). Das lückenhafte Lehrangebot zum vorliegenden Thema an Universitäten und Hochschulen resultiert auch aus anderen Eigenschaften der Landwirtschaft und ihrer ökonomischen Trägerschichten. Agrargeschichte ist ein sprödes Thema, weil sich historische Probleme des ländlichen Raums und seiner Gesellschaft offenbar nicht eignen, sachlich diskutiert zu werden, und beständig zu emotionalisierten Meinungskontroversen führen. Das gilt vor allem für die Debatte über die Frage, welches Agrarsystem der Industriegesellschaft angemessen sei. Nicht erkenntnisfördernd wirkte sich auch der Streit um die Sonderstellung der Landwirtschaft in der modernen Volkswirtschaft aus. Andere Faktoren, die das Desinteresse eher stärkten als abbauten, kamen hinzu, u. a. die Hindernisse in den Bemühungen um eine allgemein verbindliche Aussage über Gegenwart und Zukunft der Landwirtschaft. Das wirtschafts-, betriebs- und sozialstrukturell zerklüftete Agrarmilieu wirkte hierbei erschwerend.

Thematisches Randdasein

Die verbreitete Überzeugung von der „Entbäuerlichung“ des Agrarsektors führte zur voreiligen Musealisierung seiner vermeintlichen Reste. Hierbei spielten die lückenhaften Kenntnisse der modernen Lebens- und Arbeitsbedingungen im ländlichen Raum ebenso eine Rolle wie die Fremdheit des Dorfes und seiner wirtschaftsansässigen Bewohner in der städtischen Gesellschaft. Der Mangel an agrarhistorischem Interesse erklärt sich darüber hinaus – zumindest für eine gewisse Zeitspanne – aus dem starken wissenschaftlichen Interesse an der

Industriewirtschaft und -gesellschaft. Er beruhte dabei auf der statistisch fundierten Annahme vom schwindenden Einfluss der Landwirtschaft auf die Entwicklung der modernen Wirtschafts- und Gesellschaftsordnung. Die abnehmende Zahl der Erwerbstätigen im Agrarsektor verdeckt jedoch nicht nur die hohe Produktivität der Landwirtschaft, sondern auch ihre enge Verknüpfung mit den industriell-gewerblichen Branchen als Zulieferer und Abnehmer von Waren für die vor- und nachgelagerten Zonen des agrarischen Produktionsprozesses. Es bleibt zu hoffen, dass mit der Gründung des Ludwig-Boltzmann-Instituts für Geschichte des ländlichen Raumes in St. Pölten neues Interesse an der agrargeschichtlichen Forschung auch in Deutschland wie im gesamten Raum der Europäischen Union geweckt wird und die Agrargeschichte wieder zu einem respektablen Kapitel in der Lehre an Schulen und Universitäten wird.

Fragen an die Geschichtswissenschaft

Jede bisherige Agrargeschichte stand jeweils in unmittelbarem Zusammenhang mit verflossenen Katastrophen (Krisen) und aktueller Zielsetzung (z.B. Kriegsvorbereitung). Dieser Beitrag steht in seiner Krisenorientierung in der gleichen Tradition. Im Mittelpunkt stehen die agrarwirtschaftlichen Fortschritte des 19. Jahrhunderts, die im 20. Jahrhundert zur Belastung wurden durch Überproduktion, Umweltzerstörung, Großflächenwirtschaft, Übermechanisierung, Tierseuchen und -krankheiten sowie durch kontaminierte Lebensmittel. In einer akuten Krisensituation (BSE-Krise in den 1980er/90er Jahren) erwachte das Interesse an der Agrargeschichte durch die zunehmende Skepsis gegenüber der industrialisierten Großproduktion von Pflanze und Tier erneut; es speist sich seither beständig durch inkriminierte Genießbarkeit vieler Lebensmittel des täglichen Bedarfs. Damit traten die eingangs zitierten „spektakulären Ereignisse“, die dem Agrarsektor traditionell fremd waren, erstmals und mit voller Wucht ein. Die BSE-Krise bietet ein Paradigma für die Gefährdung der persönlichen und wirtschaftlichen Existenz, für die Zerstörung des traditionellen Vertrauens in die Qualität der öffentlichen Versorgung sowie für die teilweise Selbstzerstörung der Land- und Ernährungswirtschaft. Massenhafte Tiervernichtung, Umweltbelastung durch intensiven Landbau, unablässige Handelskonflikte auf den Weltagrarmärkten, schließlich die Kostspieligkeit staatlicher Agrarförderung sind genereller Ausdruck für die Fragilität menschlicher Ernährung in den modernen Industriestaaten inmitten einer Überflusssituation. Die konstitutiven Elemente des Agrarsektors (Boden, Kapital, Arbeit) in ihren wechselseitigen Beziehungen wandeln sich seither schneller als je zuvor. Die Agrargeschichte des 20. Jahrhunderts

Keine Erfolgsgeschichte

ist nicht die Geschichte eines durchgängigen Erfolges, sondern die einer mehrmals unter verschiedenen politischen Vorzeichen begonnenen, oftmals unterbrochenen und schließlich fehlgeleiteten, weil zu kostspieligen Entwicklung. Sie endete auf höchstem Modernitäts- und Produktivitätsniveau mit einer für Mensch und Tier katastrophalen Krise der Land- und Ernährungswirtschaft. BSE setzte sich mit einer Futtermittelkrise (Nitrofen, MPA – Medroxy Progesteron Azetat) fort und stellte die Konsumenten und bäuerlichen Produzenten zu Beginn des 21. Jahrhunderts gleichermaßen vor ungelöste Probleme. Beide Krisen sind in ihrem Ursprung agrar- und ernährungswirtschaftliche Strukturkrisen mit einer langen Vorgeschichte. Sie lenkt den Blick auf die technisch-logistischen Fortschrittsfaktoren und wirft die Frage nach ihrem langfristigen Einfluss auf Mensch und Natur auf. Unter dem Eindruck des aktuellen Zustands von Produktion, Verarbeitung und Verteilung von Nahrungsgütern stellt sich die Frage nach den materiellen und immateriellen Kosten der langjährigen Überproduktion und dem doppelbödigen Charakter des hoch technisierten Wirtschaftserfolges.

Keine Gesamtdarstellung der modernen Landwirtschaft

Der moderne Interventionsstaat beeinflusste immer intensiver und differenzierter den wirtschaftlichen Ablauf, so dass die Liste seiner Aktivitäten und die wissenschaftlichen Beiträge dazu immer länger wurden. Um den Überblick zu bewahren, ergab sich die unausweichliche Notwendigkeit, eine strenge Auswahl der kommentierten Beiträge zu treffen. Das geschah unter der Frage, welche plausiblen und konstruktiven Lösungen jeweils aktueller Probleme die wissenschaftliche Literatur anbot. Dabei fiel zunächst auf, dass im Laufe des 20. Jahrhunderts zahlreiche Agrargeschichten mit zeitlich eng begrenztem Analysenhorizont erschienen sind. Eine theoretisch und empirisch überzeugende Gesamtdarstellung der modernen deutschen Agrargeschichte des gesamten 20. Jahrhunderts steht noch immer aus. Der vorliegende Beitrag bietet unter den einzuhaltenden Formalien lediglich die Voraussetzungen dafür, diese Lücke konzeptionell und inhaltlich zu schließen.

Trennung von Agrargeschichte und Agrarökonomie

Im Folgenden geht es nur um Themen, mit denen sich die Forschung hauptsächlich beschäftigt hat. Zugleich wird mit dem Beitrag die nach der Zeit von Constantin von Dietze und Wilhelm Abel seit den 60er/70er Jahren versickernde Verbindung zwischen der Wirtschaftsgeschichte und den wirtschaftswissenschaftlichen Disziplinen, insbesondere der Agrarökonomie, wiederherzustellen versucht. Der Beitrag versteht sich als erstes Angebot nach der langen Zeit des gegenseitigen Ignorierens. Mit dem Forschungsüberblick werden außerdem Wege zur instruktivsten Literatur aus Geschichte und Ökonomie mit dem Ziel aufgezeigt, die Suche nach den Ursachen und Folgen der strukturellen Gefahrenquellen des Agrarsektors und seiner Sonderstellung in der Volkswirtschaft des 20. Jahrhunderts zu erleichtern. Die Fülle der wichtigsten Beiträge aus dem historischen, dem volks- und betriebswirtschaftlichen Bereich lässt sich kaum noch überblicken und in weiterführender Kommentierung vorstellen; es handelt sich dabei um ca. 1500 Titel (Monographien und Zeitschriftenartikel). Die Auswahl wurde so getroffen, dass sich aus den besprochenen Beiträgen ohne weiteres ein Optimum an Erkenntnissen über die deutsche Agrarentwicklung ergibt.

Unter dem Aspekt der agrargeschichtlichen Pädagogik empfiehlt sich zunächst der punktuelle Einstieg in die Themenfülle, gefolgt von systematischer Ausweitung der spezialisierenden Betrachtung in der Reihenfolge:

1) Die wirtschaftliche Gesamtlage des Agrarsektors unter Berücksichtigung langfristiger Tendenzen auf den Weltagrarmärkten.

2) Die internationalen Rahmenbedingungen für die Zeit nach dem II. Weltkrieg in Westeuropa (EWG) und im Ostblock (RGW). Agrarökonomie unter volks- und betriebswirtschaftlichen Aspekten unter besonderer Berücksichtigung von Technik, Markt und Wissenschaft.

3) Nationale Struktur-, Produktions- und Sozialprobleme des Agrarsektors in den einzelnen politischen Herrschaftsperioden.

4) Ursprung, Ziele, Mittel und Resultate staatlicher Agrarintervention: Preis, Kredit, ländlicher Raum, Dorf, Umwelt, Einkommen, soziale Sicherheit, Familie, Konsum, öffentliche Versorgung, Gefahrenprävention.

Versuche einer agrarhistorischen Bestandsaufnahme nach 1945

Die ersten beiden Versuche einer historischen Bestandsaufnahme der deutschen Landwirtschaft im 20. Jahrhundert stießen in der Fachöffentlichkeit auf heftigen Widerspruch und sind bis heute mit Skepsis zu betrachten. Die Gründe liegen zum einen im mangelnden kritischen Abstand zur nationalsozialistischen Agrarpolitik [16: R. Krzymowski, Geschichte] und zum anderen in der Staatsbeflissenheit der Darstellung sowie in der verengten regionalen Sichtweise [22: A. Schlögl, Bayerische Agrargeschichte]. Neue Impulse, die Landwirtschaft in den Zusammenhang der europäischen Entwicklung und Politik zu sehen, kamen nicht aus Deutschland, sondern aus dem westlichen Ausland [93: E. M. Ojala, Agriculture]. Es sollte über ein Jahrzehnt vergehen, bis in der Bundesrepublik der erste wissenschaftliche Beitrag über die Lage der zeitgenössischen Landwirtschaft – in auffallend bescheidener Aufmachung – erschien [14: A. Hesse, Entwicklung]. Die wissenschaftliche Forschung der späten 50er Jahre berührte die Realgeschichte des Landbaus kaum und konzentrierte sich stattdessen auf ideengeschichtliche Abhandlungen nach Art einer Dogmengeschichte [32: S. von

FRAUENDORFER, Ideengeschichte; 36: H. HAUSHOFER, Ideengeschichte]. Die Befangenheit gegenüber der Entwicklung von der Weimarer Republik bis frühen Bundesrepublik kommt deutlich zum Ausdruck: „Die größte Bedeutung bestand für mich in dem Wissen, dass die Vorgänge, die ich zu ordnen und darzustellen hatte, von einem Großteil meiner Leser selbst handelnd oder leidend miterlebt worden sind – wie von mir selbst. Darin liegt die Gefahr, je nach dem Charakter, jene Phasen entweder über- oder unterzubewerten, in denen der einzelne entweder aktiv oder passiv in das Bild dieses Menschenalters verflochten worden ist" [36: H. HAUSHOFER, Ideengeschichte, 9]. Die Basis für die künftige Agrarforschung entstand hauptsächlich durch hilfswissenschaftliche Beiträge [4: H. HAUSHOFER/S. RIEDMÜLLER, Agrarbibliographie].

Agrarwissenschaft im Dienst des Nationalsozialismus

Weitere Kritik am problematischen Beginn wissenschaftlicher Aufarbeitung der landwirtschaftlichen Entwicklung des 20. Jahrhunderts nach dem Zweiten Weltkrieg hat den Umstand der Zerstörung hoffnungsvoller Forschungsansätze [143: F. AEREBOE, Agrarpolitik; 214: M. SERING, Agrarpolitik] durch den Nationalsozialismus zu berücksichtigen. Beide Standardwerke wurden in der Zeit des Nationalsozialismus durch A. SCHÜRMANN [275: Deutsche Agrarpolitik], J. VON LEERS [18: Weg] sowie durch W. KINKELIN [257: Bauerntum] verdrängt. Die meisten Publikationen dienten der Propagierung nationalsozialistischer Ziele. „Die nach 1933 herausgekommenen Schriften können zum Teil überhaupt keinen Anspruch auf Wissenschaftlichkeit machen. Andere suchen mit wissenschaftlichen und pseudowissenschaftlichen Konstruktionen einen Weg, um die nationalsozialistische Agrarpolitik anzuerkennen und doch nicht als abtrünnige Lakaien zu erscheinen" [307: C. VON DIETZE, Wege, 20]. Die Beiträge zum Erbhofrecht („Bauernrecht") nahmen immer mehr Raum ein. Auch Statistiken standen im Dienst der nationalsozialistischen Agrarpropaganda. Westliche Analysen [65: C. CLARKE, Conditions] besaßen keine Chance, die agrarpolitische Debatte in Deutschland unter dem Regime Hitlers zu beeinflussen.

Ernährungsprobleme des Zweiten Weltkriegs im Vordergrund

Die ersten wissenschaftlichen Beiträge in der frühen Nachkriegszeit [124: W. ZIEGELMAYER, Ernährung] stellten nicht die landwirtschaftliche Produktion und ihre strukturellen Probleme in den Mittelpunkt, sondern die Rahmenbedingungen der öffentlichen Versorgung. Sie knüpften an die nationalsozialistische Konsumentenpolitik direkt an, ohne jedoch die eigentlichen Ursachen der Versorgungsmisere, die nationalsozialistische Kriegswirtschaft, in kritischer Schärfe zu beleuchten. Grundsätzliche Überlegungen über die Zukunft der Landwirtschaft nach dem Weltkrieg kamen nicht aus Europa, schon gar nicht aus Deutschland, sondern aus den USA [103: TH. W. SCHULTZ, Agriculture].

Aktueller Aspekt 1945 ff.: Kleinbäuerliche Betriebswirtschaft

Der Zuwachs von neubäuerlichen Kleinbetrieben in Ost- und in Westdeutschland regte zu betriebswirtschaftlichen Reformvorschlägen an, die bereits am Ende des Kaiserreichs und in der Weimarer Republik [142: F. AEREBOE, Betriebslehre] in der wissenschaftlichen Diskussion standen [305: G. BLOHM, Betriebslehre]; währenddessen hielt sich die agrargeographische Grundlagenforschung ganz aus der aktuellen Agrarpolitik (z. B. Bodenreform) heraus.

Methodisches Neuland

Anstöße für die Landwirtschaftsgeschichte in neuer Sichtweise kamen aus der französischen Forschung [89: H. MENDRAS, Les Paysans]. In einer „enquête pilote" wurden Umfrageergebnisse in rund 250 Landwirtschaftsbetrieben des südlichen Elsass (im Umland der Industriestadt Mulhouse) zusammengefasst. Die Analyse des sozialen Strukturwandels basierte zudem auf amerikanischen Quellen. Zur Sprache kamen auch die Bezüge zwischen Landwirtschaft und Umwelt. Der landwirtschaftliche Betrieb erschien nicht nur in seinen agrarischen Produktionskomponenten, sondern auch in seinen hauswirtschaftlichen Teilbereichen. Dabei wurde versucht, die Auswirkungen der jeweiligen Betriebsgröße, des Lebensalters der mitarbeitenden Familienangehörigen, ihrer Ausbildung und anderer sozialer Kriterien auf die Denk- und Verhaltensweisen der befragten Bauern gegeneinander abzugrenzen. Der ländlichen Sozialforschung in Deutschland winkten mit dieser Studie neue Möglichkeiten des Zugangs zur landwirtschaftlichen Entwicklung.

Ost-West-Konflikt

Zwischen der west- und ostdeutschen Agrarpolitik entstand bereits mit der Bodenreform in der sowjetischen Besatzungszone 1945 eine Kluft, die im Laufe der 50er Jahre durch die Kollektivierungsmaßnahmen tiefer wurde. Zwischen den Wissenschaftlern in West und Ost entbrannte ein agrarischer Glaubens- und Kulturkampf, in dem es um die Zukunft oder das Ende des bäuerlichen Familienbetriebes ging. Gereizt durch die marxistisch-leninistische These vom „kapitalistischen Profitstreben als Hemmnis der Landeskultur und Forstnutzung" [41: K. RITTER, Agrarwirtschaft], reagierte die westdeutsche Geschichtsschreibung mit Darstellungen der problematischen Gründungsphase der landwirtschaftlichen Produktionsgenossenschaften [339: M. KRAMER, Landwirtschaft; 353: H. PRIEW, Grundlagen]. Es sollten fast fünfzig Jahre vergehen, bis die politischen Details der Gründungsphase aufgedeckt wurden [445: J. SCHÖNE, „Wir sind dafür"]. Positiv heben sich dagegen zwei westdeutsche Grundlagenwerke ab, die wegen ihrer sicheren Perspektive ihre ursprüngliche Aktualität kaum eingebüßt haben. Beide [319: H. NIEHAUS, Leitbilder; 27: W. ABEL, Agrarpolitik] sind Stellungnahmen zu wirtschaftspolitischen Tagesfragen, beide basieren auf neo-liberaler Grundüberzeugung und der beschwörende Appell gegen schädlichen Subventionismus und staatlichen Dirigismus im Agrarsektor ist ein weiteres gemeinsames Kennzeichen.

Ungewisse Zukunft

Um die Mitte der 50er Jahre stellte sich angesichts der einsetzenden Landflucht die Frage nach der Zukunft der Landwirtschaft mit großer Dringlichkeit [417: H. PRIEBE, Scheunen]. Die wissenschaftliche Forschung sah die Landwirtschaft „am Beginn einer neuen Epoche ihrer Entwicklung“, sie plädierte für „neue menschliche Beziehungen“, für die Modernisierung „aller Lebensverhältnisse“ und erklärte den bäuerlichen Familienbetrieb zum „Leitbild der Agrarpolitik“. In diesem Zusammenhang rückten die Fragen des Wachstums der zukünftigen Landwirtschaftsbetriebe und der modernen Viehhaltung in den Mittelpunkt der Debatte. Eine verbindliche Lösung konnte im Vorfeld der EWG-Gründung (1957), die einen Abschied von der nationalen Agrarpolitik bedeutete, nicht erwartet werden. Sorgen bereitete vor allem die Frage, ob die historisch-strukturellen Unterschiede der westeuropäischen Landbausysteme für einen politisch motivierten Agrarverbund taugen [116: E. WYLER, Europa].

Grundlagenwerke der 60er Jahre

Agrarhistorische und -politische Beiträge, die auch für die aktuelle Forschung immer noch von Bedeutung sind, erschienen in den 60er Jahren. Sie sind methodisch, konzeptionell und inhaltlich im Zusammenhang mit einigen lexikalischen Beiträgen zu sehen, die bereits in der zweiten Hälfte der 50er Jahre entstanden [306: W. CONZE, Agrarverfassung]. Die stärksten Impulse für die Forschung gingen in den 60er Jahren hauptsächlich von W. ABEL und seinen Mitarbeitern [17: Landwirtschaft, 55: Agrarkrisen; 27: Agrarpolitik] und C. VON DIETZE [7: Agrarpolitik; 308: Grundzüge] aus. Ihre auf ethischer Grundüberzeugung gegründeten Beiträge tragen zuweilen deutlich autobiographischen Charakter. Ihren Appell, aus der Geschichte zu lernen, leiteten sie aus den politischen Katastrophen zweier Weltkriege ab. Außer ihnen beflügelten weitere Grundlagenwerke die agrarhistorische und -politische Diskussion [16: R. KRZYMOWSKI, Geschichte; 9: H. HAUSHOFER, Landwirtschaft; 15: E. KLEIN, Geschichte], wobei der regionale Aspekt nur in Ausnahmefällen berücksichtigt wurde. Mit Blick auf die wissenschaftlichen Erträge der folgenden Zeit lassen sich die 60er Jahre als „goldene Zeit“ der agrargeschichtlichen Literatur charakterisieren.

Wissenschaftliche Agrarpolitik auf neuen Wegen

Die Integration der westdeutschen Landwirtschaft in die europäische Agrargemeinschaft führte nicht aus der landwirtschaftlichen Existenz- und Bedeutungskrise, sondern häufte neue Probleme auf. Führende Vertreter der wissenschaftlichen Agrarpolitik meldeten sich in den 60er Jahren zu Wort und suchten nach Lösungen auf neuen Wegen in deutlicher Abkehr von der traditionellen historisch-deskriptiven Methode [383: H.-H. HERLEMANN, Grundlagen]. Parallel dazu flammte immer wieder der Konflikt um die Agrarpolitik in West und Ost zwischen Liberalismus und Sozialismus auf [412: H. NIEHAUS/G. BLOHM, Agrarpolitik], wobei in den westlichen Darstellungen die Sonderstellung der Landwirtschaft im volkswirtschaftlichen Gesamtsystem betont wurde. Bei teils unterschiedlicher Akzentsetzung verband alle Beiträge das Bewusstsein einer „totalen Agrarkrise" [136: E. GERHARD/P. KUHLMANN, Agrarwirtschaft], die nicht nur die gesamte Landwirtschaft, sondern auch die gesamte Erde als Folge des Industrialismus erfasst habe. Die bäuerliche Landwirtschaft befand sich demnach in einer gefahrvollen Situation, für deren Lösung bisher weder die praktische Politik noch die Wissenschaft Erfolg versprechende Mittel zur Hand hätten. Es galt Vorsorge zu treffen, „dass gerade die von der Dynamik betroffenen Teile unserer Gesellschaft nicht zur ‚wehrlosen' Gesellschaft werden". Dabei geriet die „Ungeduld der Technokraten" mit ihrer „Wirtschaftspolitik aus einem Guss" in das Zentrum der wissenschaftlichen Kritik. Zu einer verbindlichen Antwort über die „Lösbarkeit des Agrarproblems" kam es indessen nicht.

Betriebswirtschaftliche Probleme der 60er Jahre

Im Mittelpunkt der betriebswirtschaftlichen Literatur, die mindestens ein halbes Jahrhundert in den Blick nimmt, stand der technische Fortschritt mit seinen Folgen für den agrarischen Strukturwandel und die Produktionserfolge. Der europäischen Landwirtschaft stand die Entwicklung zur Vollmechanisierung nach amerikanischem Muster bevor [88: J.L. MEIJ, Mechanization]. Daraus ergab sich zwangsläufig die Frage nach dem Zusammenhang von Technisierung und Landflucht als globales Problem. Es waren vor allem die schlechten wirtschaftlichen und sozialen Bedingungen, die zu einer Verdrängung der Landbevölkerung, insbesondere in exponierten Lagen wie den Bergregionen, und zu massiven Veränderungen der landwirtschaftlichen Betriebsformen und Produktionsprozesse [57: B. ANDREAE, Betriebsformen] führten.

Nachlassendes Geschichtsinteresse in den 70er und 80er Jahren

Mit drei grundlegenden Überblicksdarstellungen erreichte die moderne Agrarhistoriographie in den 70er Jahren einen erneuten Höhepunkt und zugleich ihren vorläufigen Abschluss [15: E. KLEIN, Geschichte; 21: H. AUBIN/W. ZORN, Handbuch; 10: F.-W. HENNING, Landwirtschaft]. Im Mittelpunkt standen nicht nur Produktion und Technik, sondern auch Agrarstruktur und Agrarverfassung. Der Begriff „Agrargesellschaft" bei HENNING umfasste Großgrundbesitzer, Bauern, Landarbeiter, aber auch Handwerker im ländlichen Raum. Eine weitere Darstellung aus den 70er Jahren [9: H. HAUSHOFER, Landwirtschaft] erfüllte wie schon in der Erstauflage nicht alle Erwartungen. Sie führte Wandlungen in der Agrarverfassung, Bodennutzung und Tierhaltung vor allem auf die Anwendung naturwissenschaftlicher, technischer und ökonomischer Erkenntnisse zurück und betonte die agrarwirtschaftlichen Fortschritte hauptsächlich unter personalistischem Aspekt („bedeutende Männer", z.B. Raiffeisen). Die Landwirtschaft des 19. Jahrhunderts diente als Maßstab für ihre Beurteilung aus zeitgenössischer Sicht. Gesellschaftliche Probleme des Agrarsektors, die unter dem Einfluss der Industrialisierung entstanden waren, gehörten nicht zum Kern der Darstellung. Die vielfältigen Probleme des Agrarsektors führten mehr und mehr zu einer Aufsplitterung der Teilgebiete, z.B. die Rolle der Interessenverbände [109: H.-P. ULLMANN, Interessenverbände], und zur bloßen Auflistung von Fakten ohne erkennbares Bemühen um eine wertende Kommentierung [279: W. TORNOW, Chronik]. Die historiographischen Defizite der 70er und 80er Jahre konnte die Agrarsoziologie trotz einzelner Beiträge von Bedeutung [40: U. PLANCK, Landwirtschaft] nicht beseitigen [312: M.W. GRÜNER, Kritik]. Die Mängel der agrarhistorischen Forschung bestanden in der starken personellen und technischen Orientierung [54: H. WINKEL/K. HERRMANN, Development] sowie landsmannschaftlichen Regionalisierung (insbesondere Bayern), schließlich in begrifflicher Unschärfe, wo es um die „Modernität" der Dorfbevölkerung ging [70: R.J. EVANS/W.R. LEE, Peasantry]. In den Schul- und anderen Lehrbüchern fand der historische Entwicklungsprozess des Agrarsektors kaum Berücksichtigung, stattdessen dominierten Spezialdarstellungen über die Entwicklung der pflanzlichen und tierischen Produktion [325: R. ULMER, Agrarliteratur].

Deutsche Landwirtschaft als Teil der europäischen Agrargemeinschaft

Kritiker des gemeinsamen Agrarmarktes waren sich einig über den Fehlstart des „Grünen Europa", über die unüberwindbare Heterogenität nationaler Agrarsysteme und über die Grenzen der Integrationsstrategie Brüssels [95: H. PRIEBE, Integration]. Dazu kamen ungelöste Fragen des europäischen Agraraußenhandels. Die Gesellschaft für Wirtschafts- und Sozialwissenschaften des Landbaues e.V. hatte auf ihrer 1967er Jahrestagung die weltwirtschaftliche Verflechtung der Landwirtschaft herausgestellt als eine der Ursachen für die Konfrontation zwischen Ländern der Dritten Welt und den modernen Industriestaaten [427: F. SCHINZINGER/I. ZAPP, Agrarpolitik]. Es ging dabei hauptsächlich um Marktanteile und die unerfüllte Forderung der Industrienationen, den intensiven Landbau (insbesondere die Rohrzuckerproduktion) in den Tropen und Subtropen abzuschaffen. Die Frage nach den Möglichkeiten und Grenzen einer optimalen Arbeitsteilung im Nord-Süd-

Verhältnis blieb ebenso offen wie die Forderung nach einer „Gesamttheorie des sozialen Wandels" als intellektueller Strategie zur Konfliktprävention.

Landwirtschaft wohin?

Ebenso wie die Landwirtschaftspolitik drehte sich die Agrargeschichte der 90er Jahre im Kreis. „Solange die Erzeugung von Lebensmitteln wie industrielle Warenproduktion behandelt wird, führt der Weg der Landwirtschaft zwangsläufig in die Falle der so genannten Sachzwänge und für die meisten landwirtschaftlichen Betriebe ins Aus" (U. Planck). Agrarökonomen stellten die Frage „Landwirtschaft wohin?" [332: L. GEKLE, Landwirtschaft] dringlicher als je zuvor und appellierten an einen agrarpolitischen Paradigmawechsel, der nicht das Einzelwohl, sondern das Gemeinwohl zugunsten von Produzenten und Konsumenten in den Mittelpunkt stellt. Konkret bedeutete das die Abkehr von der Massenproduktion für die Verwirklichung ökologischer und sozialer Ziele. Kühne Projektionen wie dieser jüngste Entwurf setzten allerdings „eine veränderte gesellschaftliche Grundstimmung" voraus, für die in den 90er Jahren die Voraussetzungen jedoch fehlten.

Agrargeschichtliche Neuansätze

Die wissenschaftliche Erforschung der „Komplexität menschlicher Ernährung" [462: TH. KUTSCH, Ernährungsforschung] zeigte zwar eher die Defizite als die Fülle moderner Ernährungsforschung auf [464: D. REINHARDT u.a., Neue Wege], aber sie unterstrich auch die Bedeutung interdisziplinärer Forschungsaktivitäten. Die Kooperationsbereitschaft hält sich seit langem in engen Grenzen, weil die thematische Diffusion der modernen Agrarentwicklung, die nur durch eine konzertierte Aktion zu bändigen wäre, häufig unterschätzt wird. Die Themenfülle ist inzwischen so groß, dass selbst ein so profunder Beitrag, der die ländliche Gesellschaft, die Stadt-Land-Beziehungen, die Agrarwirtschaft, die Bodennutzung und die bäuerliche Lebensweise in den Mittelpunkt der Betrachtung stellt [20: W. ROESENER, Einführung], immer noch zahlreiche Aspekte zwangsläufig schuldig bleibt. Beiträge aus den 90er Jahren führen Modernisierung und Fortschritt ausschließlich auf die hoch entwickelte Agrartechnik zurück [26: R. WIESE, Im Märzen], ohne dass die Frage berührt wird, warum mit vermehrtem Technikeinsatz der soziale, kulturelle und politische Fortschritt nicht einher ging. Es fällt auf, dass die jüngsten Beiträge sich bei besonderer Betonung der gutsbetrieblichen Großlandwirtschaft auf regionale und lokale Verhältnisse konzentrieren, ohne dass die sorgfältig aufbereiteten Mosaikelemente zu einem Gesamtbild zusammengefügt werden [23: G. SCHULZ, Landwirtschaft; 25: K. TEPPE, Agrargeschichte]. Als nützlich erweisen sich Versuche, die prekäre Lage von Teilen der Landwirtschaft in der aktuellen Situation herauszustellen und den Blick auch auf die Lage der Konsumenten zu lenken. Die Bedeutung der deutschen und europäischen Landwirtschaft für die Sicherung der Ernährungsbasis auch für Teile der Weltbevölkerung herauszustellen, ist zweifellos ein begrüßenswerter Versuch, den Agrarsektor in gesamtwirtschaftlicher Sicht begreifbar zu machen. Nur darf er nicht dazu führen, den staatlichen Subventionismus zu legitimieren und die Landwirtschaft da zu idealisieren, wo Kritik an bestimmten Arbeitsweisen (z. B. im Intensivlandbau) durchaus angebracht ist.

Wenige vergleichende Untersuchungen zur europäischen Landwirtschaft

Im Gegensatz zu den nationalgeschichtlichen Darstellungen zählen vergleichende Untersuchungen der europäischen Landwirtschaft immer noch zu den Ausnahmen [100: W. ROESENER, Bauern; 13: K. HERRMANN/H. WINKEL, Bauern], weil sie eher die kontinentalen Differenzen als die Gemeinsamkeiten zeigen. Es lassen sich seit dem ausgehenden 19. Jahrhundert bis zum Ende des 20. Jahrhunderts in der Tat zahlreiche Parallelen im Wandel der Landwirtschaft unter dem Druck von Technisierung und Industrialisierung und in deren Folge agrargesellschaftliche Veränderungen feststellen. Aber trotz evidenter Parallelität stellen sich die nationalwirtschaftlichen Eigentümlichkeiten, Sonderstellungen und -wege nach wie vor als ungenügend analysierte Zusammenhänge heraus.

Geringe Aufarbeitung der DDR-Agrargeschichte

Das betrifft auch die jüngste Vergangenheit deutscher Agrarentwicklung in der DDR bis 1989 und in den ersten Jahren der gesamtdeutschen Entwicklung. Ein angemessener Platz für ihre museale Darstellung ist zwar gefunden [317: R. JÄHNICHEN, Eröffnung; 309: W. EINHORN, Situation], es fehlen jedoch die entsprechenden Konzepte. Eine grundlegende Revision des marxistisch-leninistischen Forschungsansatzes aus Partei- und Staatsbeflissenheit [6: R. BERTHOLD, Produktivkräfte] fand bisher kaum statt [24: E. SCHULZE, 7500 Jahre], dagegen mangelte es nicht an Versuchen, Fachwissen und ideologisches Bekenntnis auseinander zu halten.

Hoffnungsvolle Neuansätze

Im Gegensatz zur Agrarwissenschaft schlug die Forstwissenschaft mit einer bemerkenswerten Neuerscheinung einen Erfolg versprechenden Weg ein [402: E. U. KÖPF, Forstpolitik]. Es bleibt abzuwarten, ob der Versuch zumeist jüngerer Historiker [323: W. TROSSBACH/C. ZIMMERMANN, Agrargeschichte], den Agrarsektor nicht mehr allein der wissenschaftlichen Agrarökonomie und -politik [382: W. HENRICHSMEYER/H. P. WITZKE, Agrarpolitik; 366: R. ANDEREGG, Grundzüge] zu überlassen, zu einem interdisziplinären Dialog, u. a. mit der Rechtswissenschaft [324: G. TURNER, Agrarrecht], führt.

2. Der Agrarsektor im Übergang zum 20. Jahrhundert

Dominierende Agrartechnik

Die größte strukturverändernde Wirkung ging von der Agrartechnik aus. Dementsprechend konzentrierte sich die Forschung vor dem Hintergrund des wachsenden Massenkonsums [123: H. J. TEUTEBERG, Durchbruch] auf die Darstellung des Zusammenhangs von schrumpfendem Arbeitskräftepotenzial, steigender Produktivität [8: H. W. VON FINCKENSTEIN, Entwicklung; 59: E. BITTERMANN, Produktion], Einsatz neuer biologischer Methoden sowie moderner Maschinen und Geräte. Die ländliche Arbeitsverfassung erfuhr durch die Technik den entscheidenden Wandlungsimpuls. Zumeist durch das amerikanische Vorbild [80: ST. H. HOLBROCK, Machines] angeregt, beschleunigten selbst in Realteilungsgebieten [3: CHR. BORCHERDT u.a., Führer] die Dampfdreschmaschine, der Schlepper, die Mähmaschine, schließlich der Mähdrescher die Produktionsabläufe zwischen Aussaat und Ernte. Die grundlegende Darstellung dieses Prozesses erschien vor mehr als vierzig Jahren [48: G. FRANZ, Geschichte]. Im Mittelpunkt der jüngeren und jüngsten Forschung steht vor allem die Technik: Baujahr, Motorleistung, Takt, Gänge sowie die Firmen- und Personengeschichte [51: K. HERRMANN, Acker-Giganten], was daran erinnert, dass eine fundierte Geschichte der Landtechnik weit über den technischen Horizont hinausreichen sollte und mehr wäre als ein Feld für Agrarmuseen, Hobbyforscher und Sammler.

Dörflicher und betrieblicher Strukturwandel

Der Wandel der Kulturlandschaft einschließlich der langfristigen Veränderungen der Wälder [122: G. SCHRÖDER-LEMBKE, Waldzerstörung] sowie der Wandel der Dörfer standen in engem Wechselverhältnis. Die ländlichen Ortschaften befanden sich (und befinden sich noch immer) im Spannungsfeld wirtschaftlicher, gesellschaftlicher und politischer Interessen, gegen die sich lokales Beharrungsvermögen nur mit Mühe zu behaupten vermag. Die Dorfforschung [414: U. PLANCK, Dorfforschung] arbeitet zumeist unter regionalspezifischem Aspekt und sieht sich in enger Verbindung mit der Agrarwirtschaftsgeschichte [141: E. SCHREMMER, Odenwald; 137: W. KASCHUBA/C. LIPP, Überleben]. Die Kulturlandschaft beeinflusste die dörfliche Bauweise. Der Bauboom in Deutschland setzte mit der Reichsgründung 1871 ein, die Dörfer veränderten ihr äußeres Erscheinungsbild. Die intensiveren Produktionsverfahren und eine auf den städtischen Käufermarkt ausgerichtete Tierhaltung stellten die Anordnung und Ausstattung der bäuerlichen Wohn- und Wirtschaftsgebäude vor neue Bedingungen. Schließlich gestattete der Einsatz neuer Materialien die Einführung neuer Bautypen [37: G. DAHMS, Stein], die immer mehr ihre Ähnlichkeit mit den Gebäuden früherer Generationen verloren.

Im Übergang zum 20. Jahrhundert bestimmten in den landwirtschaftlichen Betriebstypen, die in Deutschland am häufigsten vertreten waren, Mensch und Tier, nicht die Maschine, die Arbeitsabläufe [133: L. W. RIES, Bauer]. Dabei lag neben der traditionellen Nutztierhaltung auch auf der Haustierhaltung ein Schwergewicht wirtschaftlichen Bemühens. In jüngerer Zeit publizierte Selbstzeugnisse von landwirtschaftlichen Arbeitnehmern betonen den harten Arbeitsalltag, der auch zu psychischen Belastungen, vor allem der Frauen, führte. Memoiren bäuerlicher Herkunft stellen in der Agrarliteratur eine zwar schmale, aber ungemein bereichernde Sparte dar. Sie gestatten seltene Einblicke in den Arbeits- und Familienalltag, insbesondere der Frau, und in einfache Lebensverhältnisse. Zur generalisierenden Beurteilung des sozialen und wirtschaftlichen Status von landwirtschaftlich Berufstätigen eignen sie sich jedoch nicht [45: A. WIMSCHNEIDER, Herbstmilch; 114: J. WERCKMEISTER, Land-Frauen-Alltag].

Memoiren als wichtiges Zeugnis für das Alltagsleben

Die Abwanderung von Arbeitskräften vor allem aus agrarischen Problemzonen wird mit Blick auf die prekären Arbeits- und Lebensverhältnisse vollends verständlich. Trotz der auffallend wenigen landwirtschaftlichen Betriebsgeschichten bleibt der innerbetriebliche Modernisierungsprozess nachvollziehbar. Er basierte auf dem Vordringen der Marktfrucht, insbesondere der Zuckerrübe und des Feldfutterbaus, für eine vermehrte Viehhaltung. Schrittweise wurden einige Zweige aus der hauswirtschaftlichen Organisation des bäuerlichen Betriebes herausgelöst, vor allem die Milch- und die Waldwirtschaft. Dabei kam es in unterschiedlich strukturierten Regionen jeweils entsprechend in der natürlichen Ausstattung und Marktlage zu starken Differenzen in der bäuerlichen Wirtschafts- und Lebensweise. Die Folgen der Intensivierung bestimmter Produktionsabläufe, hauptsächlich auf dem Arbeitsmarkt durch den steigenden Bedarf an Saisonkräften [77: H. HEIDRICH, Mägde; 68: A. EIYNCK u. a., Wanderarbeiter], trafen schließlich alle Betriebe ungeachtet ihrer unterschiedlichen Produktionsleistung.

Zu wenig Betriebsgeschichten

Im Übergang zum 20. Jahrhundert lag den wissenschaftlichen Beiträgen zufolge „das Schwergewicht der Staatseingriffe in den Gang der landwirtschaftlichen Produktions- und Marktentwicklung … auf dem Zollschutz der heimischen Erzeugung pflanzlicher Nahrungsmittel“ [140: H. ROSENBERG, Funktion, 72], marginal auf der ländlichen Sozialpolitik im Gegensatz zur städtischen [72: E. FRIE, Wohlfahrtsstaat], notgedrungen auf der Ernährungspolitik, während Struktur-, Kredit- und Dorfpolitik eine Randrolle spielten. „Das Inkrafttreten der

Agrarpolitische Schwerpunkte

Getreidezölle“, heißt es in der jüngeren Forschung mit Blick auf die Langzeitwirkung, „eröffnete das Zeitalter des deutschen Agrarprotektionismus, der die Entwicklung der Landwirtschaft in die Sackgasse getrieben hat, aus der heraus bis heute noch kein Ausweg gefunden wurde“ [136: H.-H. HERLEMANN, Ursprung, 189]. Die großbetrieblich-gutswirtschaftliche Getreideproduktion profitierte vor dem Hintergrund eines allgemeinen Produktionsaufschwungs im Gegensatz zu den mittelständischen Familienbetrieben am meisten vom heftig umstrittenen Subventionismus [94: A. PANZER, Industrie]. Die Annahme erscheint berechtigt, dass die Agrarschutzpolitik den Anreiz für die verstärkte Ausnutzung des technischen Fortschritts verhinderte und damit zur Verlangsamung der landwirtschaftlichen Entwicklung beitrug [10: F.-W. HENNING, Landwirtschaft, 172]. Die planerischen Anfänge agrarischer Strukturreformen lagen bereits in der Startphase der deutschen Industrialisierung, ihren Höhepunkt erreichten sie als Bodenreformkonzepte von Adolf Damaschke, Franz Oppenheimer und Silvio Gesell erst in der frühen Weimarer Republik. Hier verbanden sie sich auch mit den Anfängen des biologisch-dynamischen Landbaus [118: J. BAUMGARTNER, Ernährungsreform].

Kontroversen über den ostelbischen Landadel

Die Rolle der großlandwirtschaftlich-adligen Bodenreformgegner steht nach wie vor im Mittelpunkt historischen Interesses an gesellschaftlicher und wirtschaftlicher Ländlichkeit des 20. Jahrhunderts. Die Enteignung und Vertreibung der „Junker“ durch das SED-Regime in der sowjetischen Besatzungszone nach 1945 löste im Westen Deutschlands Bemühungen aus, ihre historischen Verdienste und Vergehen gegeneinander in Rechnung zu stellen [75: W. GÖRLITZ, Junker]. Die kritische These HANS ROSENBERGS von der „Pseudodemokratisierung der Rittergutsbesitzerklasse“ [140: Funktion, 7–49] fand neben Kritikern auch Befürworter, die den Ansatz weiterführten [96: H.-J. PUHLE, Agrarbewegungen]. Spätere Beiträge [92: R. G. MOELLER, Peasants] lösten sich von der konzeptionellen Festlegung auf die institutionelle und ständische Perspektive und gewannen neue Erkenntnisse aus der vergleichenden Betrachtung ökonomischer und politischer Faktoren. Hierbei ging es vor allem um die konfliktreiche ländliche Sozialverfassung, die zur Erklärung der politischen Rückständigkeit konservativer Eliten diente. Seit dem freien Zugang zu langfristig gesperrten Quellenbeständen in Archiven der ehemaligen DDR erscheint der ostelbische Landadel in neuem Licht, womit die Revision der These von ROSENBERG begann. Er selbst hatte in seinen letzten Lebensjahren mit einer Revision begonnen, diese jedoch nicht mehr vollenden können. ROSENBERG distanzierte sich von seinen deutschen Apologeten, die ihn in die Nähe sozialdemokratischer Theoretiker zu rücken versuchten. In seinen letzten Lebensjahren ging es ihm hauptsächlich um den oft missverstandenen Begriff der „Demokratisierung". In jüngster Sicht [134: I. BUCHSTEINER, Großgrundbesitz; 98: H. REIF, Agrargesellschaft] erscheint der ostelbische Landadel nicht mehr als eine in sich geschlossene gesellschaftliche Größe, sondern zerfällt in zwei Gruppen mit unterschiedlichen Wirtschaftsinteressen. Die Bemühungen um weitere Differenzierungen halten an. Dessen ungeachtet bleibt die Feststellung von MAX WEBER (1895) unbestritten, dass keine staatliche Wirtschaftspolitik imstande war, das im „ökonomischen Todeskampf" befindliche „Junkertum" zu seinem „alten sozialen Charakter" zurückzuführen.

Interessenverbände im Schutzzollkonflikt

Die Rolle des Bundes der Landwirte (BdL) in der deutschen Agrargeschichte wird traditionell im Zusammenhang mit der kaiserlichen Zoll- und Außenwirtschaftspolitik gesehen. Beherrschend ist das Bild des BdL als politische Interessenvertretung der adligen Großgrundbesitzer an der Seite der Deutsch-Konservativen Partei mit großem Einfluss auf die agrarpolitische Entscheidungsfindung des Reiches und als institutionell-ideologische Voraussetzung für eine agrarpolitische Interessenkontinuität vom Kaiserreich zum „Dritten Reich" [71: J. FLEMMING, Interessen; 138: H.-J. PUHLE, Agrarkrise]. Zu größerer Sachlichkeit in der Debatte um den BdL trugen differenzierte Untersuchungen des deutschen Zollkonflikts bei, wonach im Gegensatz zur organisierten Industrie die organisierte Landwirtschaft mehrheitlich „sehr geringes Interesse" an einem Getreidezoll besaß und Schutzzölle nicht die ostdeutschen, sondern die west- und mitteldeutschen Landwirte verfochten [135: K. W. HARDACH, Haltung, 34]. Tatsache hingegen bleibt, dass der BdL mit seinen Vorschlägen die agrarpolitischen Probleme des Kaiserreichs nicht löste [130: G. SOSSINKA, Diederich Hahn]. Berechtigt erscheint die Kritik an der BdL-Geschichte als überwiegende Personengeschichte [31: G. FRANZ/H. HAUSHOFER, Große Landwirte]. Die Rolle des BdL als Gremium für die Entwicklung und Anwendung neuer Arbeitsmethoden in der Landwirtschaft (z.B. moderne Düngung durch systematische Kalisalpeterversuche) bedarf noch einer stärkeren Beachtung. Ein weiterer Wandel des Bildes vom BdL dürfte sich auch aus der stärkeren Betonung des Einflusses regionaler Bauernvereine [67: 100 Jahre] ergeben, weil sie dem Anspruch des BdL als gesamtagrarische Interessenorganisation entgegenwirkten. Tatsächlich stieß der BdL an landsmannschaftliche, konfessionelle, regionale und betriebsstrukturelle Grenzen, innerhalb derer die Vereine agierten. Die reichsweiten Verbindungslinien des BdL fanden bisher wenig Beachtung [39: B. MÜTTER, Agrarmodernisierung; 152: H. REN-

NER, Georg Heim; 81: F. JACOBS, Schorlemer]. Gleiches gilt auch für die Geschichte des landwirtschaftlichen Genossenschaftswesens, der Deutschen Landwirtschaftsgesellschaft (DLG), der Landwirtschaftskammern und der Landfrauenbewegung [69: G. ERDMANN, Theorie; 129: A. REITZ, Max Eyth; 104: CHR. SCHWARZ, Geschichte].

3. Landwirtschaft in der Weimarer Republik zwischen kriegswirtschaftlichen Folgen und Weltagrarkrise (1918–1933)

In der zeitgenössischen Literatur spiegelte sich das doppelte Trauma wider, das die Landwirtschaft durch den Weltkrieg erlitt: die materielle Auszehrung und die stark herabgesunkene Leistungsfähigkeit der agrarischen Produktionsstätten [156: A. SKALWEIT, Agrarpolitik; 125: F. AEREBOE, Einfluß].

Krisenlehre und „Bauerntums"-Ideologie

Aus den Beiträgen der 20er und frühen 30er Jahre spricht das geringe Vertrauen in die Krisenfestigkeit der deutschen Landwirtschaft [145: K. BAUER-MENGELBERG, Agrarpolitik; 30: C. VON DIETZE, Agrarkrisen]. Knapp zehn Jahre nach Kriegsende galt sie noch immer als ungefestigt, wofür es zahlreiche Belege gibt [159: B. HARMS, Strukturwandlungen]. Ein Doppelaspekt fällt besonders auf: Einerseits diente der hohe technische Standard der amerikanischen Landwirtschaft als Vorbild für die agrartechnische Modernisierung der deutschen Landwirtschaft, wobei vom Reichskuratorium für Technik in der Landwirtschaft (RKTL) die wichtigsten Modernisierungsimpulse ausgingen [160: W. JACOBEIT, „Reichskuratorium"]. Andererseits fehlte es nicht an Warnungen vor dem amerikanischen Exportdruck auf den einheimischen Markt [164: H. USCHNER, Mechanisierung]. Die zeitgenössische Literatur über das Verhältnis von Landwirtschaft und Industrie im Zusammenhang mit der den Agrarsektor belastenden Preisschere und der wachsenden Krisengefahr ist aspektreich, wobei die Grenze zwischen Polemik und Sachlichkeit nicht immer eingehalten wurde [29: S. VON CIRIACY-WANTRUP, Agrarkrisen; 212: M. SERING, Agrarkrisen; 158: F. AEREBOE, Agrarkrisis]. Die meisten Beiträge spiegelten die Probleme der Weltagrarkrise wider, die seit 1927 von ihrem überseeischen Ursprung aus auf Europa überzugreifen begann [218: E. WAGEMANN, Landwirtschaft; 105: M. SERING, Preisbewegung]. Außerdem interessierte die Frage nach den strukturellen und ordnungspolitischen Krisenursachen im eigenen Land [162: H. SAUER, Kartellierungsbestrebungen]. Dabei fiel die systematische Marktforschung, weil sie zu spät institutionalisiert wurde, nämlich erst 1929 unter KARL BRANDT [43: G. SCHMITT, Geschichte; 34: A. HANAU, Marktforschung], als Instrument zur Krisenbewältigung fast völlig aus.

Neben dieser rationalen Bestandsaufnahme fehlte es nicht an Versuchen einer reagrarisierenden „Bauerntums"-Ideologie als Ausweg aus dem aktuellen Dilemma der deutschen Landwirtschaft. Nur wenige Jahre später benutzten die Nationalsozialisten derartige Beiträge [258: A. L'HOUET, Psychologie; 249: A. GÜNTHER, Gesellschaft] zur Unterstützung ihrer kruden „Blut-und-Boden"-Lehre. Es fanden sich auch alsbald Agrarökonomen, welche die Misserfolge der liberalen Agrarpolitik herausstellten und beflissen jener Ideologie eine wirtschaftliche Begründung verschafften [256: H. JEBENS, Weg].

Dörflicher Strukturwandel

Industrialisierung und Urbanisierung veränderten die Mehrzahl der Dörfer in ihren äußeren Strukturen insgesamt gesehen nur geringfügig. Die soziale und wirtschaftliche Dorfstruktur wandelte sich am stärksten dort, wo moderne Wohnsiedlungen und Freizeiteinrichtungen für die Menschen in industriellen Ballungszentren und wo Gewerbeplätze bereits vor 1918 entstanden waren [60: M. BLÜMCKE, Abschied]. Bodenreform und „Innere Kolonisation" standen im Mittelpunkt einer reichhaltigen Publikationstätigkeit, die bald nach der Jahrhundertwende eingesetzt hatte und in der Zeit der Weimarer Republik unter veränderten politischen Bedingungen ihre Fortsetzung fand [177: A. DAMASCHKE, Bodenreform; 179: K. DIEHL, Bodenbesitzreform]. Alte Siedlungspläne zur Erhaltung des bäuerlichen Mittelstandes und der Nebenerwerbslandwirtschaft von Industriearbeitern [165: A. WYGODZINSKI, Geschichte; 132: F. OPPENHEIMER, Siedlungsgenossenschaft; 161: H. NIEHAUS, Betriebsgrößen] erlebten eine Neuauflage. Indessen bedrohte die Inflation umfassende Siedlungsprojekte und betriebliche Modernisierungsexperimente [163: O. SWART, Innere Kolonisation; 38: A. MÜNZINGER, Leben].

Soziale Lage

Über die soziale Lage der Bauern schweigt sich die Literatur weitgehend aus. Die bäuerliche Memoirenliteratur bietet nur seltene Einblicke in die Lebens- und Arbeitswelt [183: G. GROBER-GLÜCK, Anrede]. Unbestritten ist, dass eine „umfassende Modernisierung ländlicher Verhaltensmuster oder Wertnormen" nach Kriegsende 1918 nicht stattfand [220: B. ZIEMANN, Front, 469]. Die Verbreitung einer verzerrten Vorstellung von Bäuerlichkeit fand durch die „nationale Opposition" gegen die Weimarer Demokratie statt [117: P. ZIMMERMANN, Bauernroman]. Fast unbekannt ist die Entwicklung zwischen 1918 und 1929; erkennbarer hingegen sind die Verhältnisse in der Krisenlage bis 1933.

Die zunehmende Landflucht trotz der sozialpolitischen Zugeständnisse seit 1918 (u.a. Tarifautonomie) zwang zum Nachdenken über das Einkommen und die Lebensqualität landwirtschaftlicher Arbeitnehmer [150: E. LAUR, Grundlagen; 169: F. BECKMANN, Kapitalbildung]. Die mehrheitliche Abwanderung von männlichen Arbeitskräften unter den selbstständigen Landwirten bürdete den verbliebenen Frauen größere Lasten auf [87: H. MEIER-KAIENBURG, Frauenarbeit]. Die außerfamiliäre hauswirtschaftliche Modernisierung, beispielsweise durch örtliche Wasch- und Kühlhäuser, kam nur schleppend voran und blieb auf einzelne Versuche beschränkt. Aber selbst diese Experimente brachten den Frauen keine zeitliche Entlastung. Neue Aufgaben zehrten verschiedentliche Freizeitgewinne wieder auf [83: B. KRIEG, „Landfrau"].

Staatliche Agrarpolitik im Allgemeinen

Über die Rolle der Politik in der Entwicklung der Landwirtschaft bestand in der zeitgenössischen Wissenschaft der Weimarer Republik keineswegs Einigkeit. Die Forderung nach der starken Hand des Staates stand gegen die Forderung nach weitgehender Liberalisierung. In den frühen Jahren der Republik bestimmten immer noch alte Konzepte die Diskussion [157: W. WYGODZINSKI, Agrarpolitik; 154: H. SCHACK, Agrarpolitik; 155: H. SCHULLERN-SCHRATTENHOFEN, Agrarpolitik; 146: L. BRENTANO, Agrarpolitik; 170: G. VON BELOW, Fürsorge]. Auf die Agrarkrise der frühen 30er Jahre, die sich bereits ab 1927 abzuzeichnen begann, reagierte die Wissenschaft mit deutlicher Verspätung [180: J. FROST, Fragen; 147: M. HAINISCH, Reden]. Zahlreiche Spezialbeiträge profilierten die Hauptbereiche staatlicher Agrarpolitik. Im Mittelpunkt standen die Produktions-, Struktur-, Sozial-, Kredit-, Ernährungs- und die Außenwirtschaftspolitik, jedoch in unterschiedlich starker Bedeutung [219: W. WEBER, Chronik].

Agrarpolitische Schwerpunkte 1918–1923

Im Gegensatz zu Osteuropa [106: M. SERING, Umwälzungen] einschließlich der Nachfolgestaaten der Habsburgermonarchie sowie von Teilen Italiens blieben in Deutschland tief gehende Erschütterungen des Agrarsektors aus. Pläne für den rigorosen Umbau der Landwirtschaft boten hauptsächlich parteiinternen Diskussionsstoff [193: K. KAUTSKY, Sozialisierung] ohne realpolitische Nutzanwendung. Beherrschende Themen waren die unzulängliche Versorgung breiter Bevölkerungsschichten [119: W. CONRADT, Existenzminimum] und lokale Konflikte auf Gutshöfen, die mit militärischer Hilfe unterdrückt wurden [198: B. KÖLLING, „Regieren von oben"]. Im Gegensatz zu den punktuellen Unruhen in der Großlandwirtschaft blieb die Lage in den Dörfern ohne wesentliche Veränderungen in Wirtschaft und Gesellschaft stabil.

Stecken gebliebener Aufbruch 1924–1929

Kriegsschäden trug nicht nur die Agrarwirtschaft der Verliererstaaten davon, sondern auch die der Siegermächte, zumal Frankreichs.

Die Erholungspause zwischen Währungsstabilisierung und Weltwirtschaftskrise verstrich nach dem verzögerten Abbau der Zwangswirtschaft ohne entscheidende Weichenstellungen für die Entwicklung aus der Krise. Die Siedlungspolitik versackte in einem Wirrwarr widerstreitender Kompetenzen und ungelöster Finanzierungsprobleme, als es um die Einlösung des Siedlungsversprechens der Obersten Heeresleitung von 1917 ging. Im Resultat blieb die Siedlungspolitik mit über 60000 eingerichteten Stellen weit hinter der ursprünglichen Zielmarke von etwa einer Mio. anzusiedelnder Personen zurück. Mit der Einführung der Schutzzollpolitik 1925 begann eine lange Serie von Zollerhöhungen, die bis zur Abschottung einzelner Marktbereiche gingen, ohne dabei die Einkommensverluste weiter Teile der deutschen Landwirtschaft wirkungsvoll auszugleichen [196: V. KLEMM, Ursachen] und dem utopischen Ziel einer überwiegenden Selbstversorgung Deutschlands entscheidend näher zu kommen [131: W. A. BOELCKE, Wandlungen; 209: K. RITTER, Problem].

„Ostpreußenprogramm“

Als ebenso problematisch erwies sich das 1922 eingeführte regionale Förderprogramm („Ostpreußenprogramm“) zum Ausgleich struktureller Nachteile gegenüber anderen Agrarregionen [53: F. RICHTER, Industriepolitik], von denen einige durchaus förderwürdig waren [186: O. HEILBRONNER, Leute]. Infolge innen- und finanzpolitischer Probleme (z.B. Ruhrkampf 1923) [168: H. BECKER, Handlungsspielräume; 203: L. MEYER, Landwirtschaft] kam dieses Projekt zunächst nicht voran. Bis 1928 entwickelte sich die regionale Förderpolitik, die schließlich zur Reichssache wurde [189: D. HERTZ-EICHENRODE, Wirtschaftskrise], zu einem Fass ohne Boden, so dass andere Projekte in verschiedenen Reichsteilen [50: CH. HAVERKAMP, Erschließung] von vornherein über Erfolg versprechende Ansätze nicht hinauskamen. Die deutsche Landwirtschaft, insbesondere die ostdeutsche Großlandwirtschaft, geriet durch die „Besteuerung unter dem Primat der absoluten Liquidität“ [168: H. BECKER, Handlungsspielräume, 210] immer tiefer in die Schuldenfalle. Die Agrarprogramme verschiedener Parteien, insbesondere das Kieler Programm der SPD von 1927 [166: F. BAADE, Agrarsozialismus; 178: E. DAVID, Sozialismus], das deutliche Parallelen zum österreichischen Agrarsozialismus aufwies [167: O. BAUER, Kampf], kamen zu spät, um wirkungsvoll zugunsten der bäuerlichen Landwirtschaft in die Tat umgesetzt zu werden.

Agrarpolitik zwischen „Osthilfe“ und „Agrarbolschewismus“ 1930–1933

Die staatliche „Osthilfe“, ein 1930 per Notverordnung eingeführtes Regionalprogramm mit den Schwerpunkten Siedlungspolitik und Umschuldung [188: D. HERTZ-EICHENRODE, Politik] verschob die notwendige Strukturbereinigung auf unbestimmte Zeit. Nur die marktorientierten und rationell wirtschaftenden Betriebe in Deutschland überstanden die Krise [216: B. Theine, Landwirtschaft] nahezu unbeschadet. Stärker als die Industrie beherrschte die Landwirtschaft Brünings Regierungspolitik und -praxis [206: D. Petzina, Ausgaben]. Starke Differenzen über die „Osthilfe" bestimmten das Kräftespiel im Kabinett und im Parlament [199: T. P. Koops, Zielkonflikte; 153: A. von Saldern, Hermann Dietrich]. Die staatliche Preispolitik erwies sich angesichts des starken Drucks, der vom Weltmarkt ausging, als unwirksam [184: K. Hanau, Landwirtschaft]. Die globale Überproduktion verursachte einen starken Rückgang der Agrarpreise [213: M. Sering, Wirtschaftskrise], dazu kam die allgemeine Nachfrageschwäche infolge wachsender Arbeitslosigkeit industriell-gewerblicher Arbeitnehmer [85: E. Laur, Krise; 84: E. Lagler, Theorie; 192: H. James, Deutschland]. Die deutsche Landwirtschaft reagierte auf den Preisverfall mit steigender Produktion und erhöhtem Angebot für einen nicht sanierungsfähigen Markt. Die Regierung Brüning baute den von seinem Vorgänger übernommenen *cordon sanitaire* um den deutschen Binnenmarkt mit allen zollpolitischen Mitteln [205: A. Panzer, Ringen; 181: D. Gessner, Agrardepression] aus und bereitete damit zwangsläufig den Boden für den agrarpolitischen Dirigismus der nachfolgenden Präsidialregierungen. Agrarpolitisch scheiterte Brüning nicht „hundert Meter vor dem Ziel". Die Attacke gegen seine Politik durch die Hindenburg-Kamarilla galt nur vordergründig der Siedlungspolitik. Im wissenschaftlichen Diskurs um das Verhältnis Brünings zur politischen Macht präsentierte die ältere Forschung [195: T. Kitani, Brünings Siedlungspolitik; 173: H. Beyer, Agrarkrise] ebenso wie die jüngere [201: A. L. Mannes, Agrarpolitik; 148: H. Hömig, Brüning] wenig Substanzielles zur staatlichen Siedlungspolitik; es fehlen hauptsächlich konkrete Siedlungspläne und wirtschaftlich-soziale Folgenabschätzungen. Brünings Siedlungspolitik bleibt eine Metapher im undurchsichtigen Ränkespiel zwischen Reichskanzler und Reichspräsident. Brüning kam nicht über ein realistisches Siedlungsprojekt zu Fall, dem nach späterem Selbstbekenntnis von vornherein das Bewerberpotenzial gefehlt hatte.

Agrarverbände und Demokratie

Unangefochten galt bisher die Feststellung, dass die landwirtschaftlichen Interessenverbände „von großem Einfluss auf die staatliche Agrarpolitik" waren [10: F.-W. Henning, Landwirtschaft, 208]. Die jüngere Forschung akzeptiert diese These nur teilweise. Tatsächlich erschütterte der revolutionäre Übergang von der Monarchie zur Republik 1918 das Verhältnis zwischen Parteien und Verbänden trotz unterschiedlicher Agrarprogramme [200: H. Kretschmar, Agrarprogramme] ebenso wenig wie die Beziehungen zwischen Verbänden und Staat. Im agrarpolitischen Kräftespiel fehlte eine starke Linksopposition, nachdem Landflucht und sozialpolitische Zugeständnisse der ursprünglich starken Landarbeitergewerkschaft nach und nach den politischen Wind aus den Segeln genommen hatten. Bauernräte spielten in der deutschen Rätebewegung nur eine Randrolle [197: U. KLUGE, Revolution]. Die KPD errang selbst bei massivem Propagandaeinsatz [208: H. RAU, Bauernpolitik] keinen nennenswerten Stimmenzuwachs in der ländlichen Gesellschaft. Die agrarpolitische Verbandsszene beherrschten konservative Kräfte. Der Reichs-Landbund (RLB) verfocht seit 1921 die agrarpolitische Hinterlassenschaft des Bundes der Landwirte als interessenpolitischer Zusammenschluss der unternehmerischen Großlandwirtschaft [194: W. G. KERSTEN, Organisationen]. Er prägte die Massenstimmung in der Landwirtschaft, die zum „absoluten Verneiner" der Weimarer Republik wurde [211: M. SCHUMACHER, Land, 505]. Die Forschung erkennt im bäuerlichen Radikalismus die „Grüne Front" Krisenfolge und Konsequenz der seit 1918 ungelösten deutschen Agrarprobleme, z.B. die Krise im Weinbau [171: J. BERGMANN/K. MEGERLE, Protest; 185: R. HEBERLE, Landbevölkerung; 215: G. STOLTENBERG, Strömungen; 174: F. BLAICH, „Winzersturm"; 204: J. OSMOND, Rural Protest]. Im Gegensatz zu einem tief greifenden Strukturwandel ging es den konservativen Kräften darum, die aktuellen Agrarstrukturen beizubehalten und durch punktuelle Modernisierung die Defizite in verschiedenen Arbeitsprozessen zu beseitigen, wofür es fundierte Konzepte gab [149: E. LAUR, Einführung]. Politisch entfalteten diese Kräfte eine „destruktive Sprengwirkung" [71: J. FLEMMING, Interessen, 13], die durch andere politische Zielsetzungen einiger Regionalorganisationen des RLB [187: K. HELLER, Bund der Landwirte] nicht zu neutralisieren waren. „Die militanten Steuerstreikaktionen des Jahres 1928 markierten den Übergang von lautstarker Interessenartikulation zu einer radikalen Verabsolutierung des eigenen Interessenstandpunktes, die nicht davor zurückschreckte, Recht und Gesetz zu brechen" [97: W. PYTA, Besteuerung, 378]. Die zentrale Führungsgruppe des RLB spielte seit 1928 durch die Anhäufung eines antidemokratischen Potenzials in der „Grünen Front" [202: S. MERKENICH, Grüne Front] dem NS direkt und indirekt in die Hände [286: Z. ZOFKA, Ausbreitung]. Die Widersprüchlichkeit der nationalsozialistischen Agrarideologie ab 1930 [242: W. DARRÉ, Neuadel] wurde ignoriert [172: H. BEYER, Landvolkbewegung; 175: B. BUCHTA, Junker]. Im Gegensatz zum Reichs-Landbund spielte die Vereinigung der deutschen Bauernvereine mit ihrem klein- und mittelbäuerlichen Klientel unter kirchlichem Einfluss über die Zentrumspartei [151: F. Reichardt, Hermes; 144: H. Barmeyer, Hermes] und die Bayerische Volkspartei [191: A. Hundhammer, Geschichte] keine entscheidende Rolle.

Agrarprotektionismus

Die wissenschaftliche Verbandsforschung lässt im Allgemeinen den innerorganisatorischen Willensbildungsprozess und die Kooperation mit staatlichen Stellen weitgehend im Dunkeln. Das Agieren der Lobbyisten hinter den Kulissen bleibt nebulös, insbesondere während der Weltagrarkrise ab 1927 [196: V. Klemm, Ursachen]. Lediglich einzelne Beiträge führen zu neuen Erkenntnissen, allerdings nur aus der Sicht des Staates [182: D. Gessner, Agrarprotektionismus]. Sie bleiben die eindeutige Antwort auf die Frage schuldig, von welcher Seite der durchschlagende Entscheidungsdruck kam. Im Verhältnis zum Nationalsozialismus unterschieden sich die Großlandwirte nicht grundsätzlich von bäuerlichen Betriebsinhabern. Beide Gruppen verstrickten sich in die Illusion von der Lösbarkeit aktueller Agrarprobleme durch die Beseitigung der Demokratie. Wenig beachtet für die deutschen Verhältnisse sind die Rolle der „Grünen Internationale" [74: S. Gargas, Internationale] und die Bewegung der Jungbauern als besonders treibende antidemokratische Kraft wie in der Schweiz [99: R. Riesen, Bauernheimatbewegung; 82: B. Junker/R. Maurer, Kampf], Finnland, Frankreich oder Österreich. Die Agrarverbände insgesamt bleiben für den eigenen Untergang mitverantwortlich, vor allem durch ihre Unfähigkeit und Untätigkeit, die stark krisengefährdeten Klein- und Mittelbauern zu integrieren [144: H. Barmeyer, Hermes].

4. Landwirtschaft unter nationalsozialistischer Agrarpolitik (1933–1945)

Beginn unter Hugenberg

„Wie Brüning, der ‚Agrarbolschewist', so stürzte auch Schleicher, weil er es gewagt hatte, an Ostelbien zu rühren. Nun sind also Hitler und Hugenberg am Werke", lautete die letzte offene Kritik am Nationalsozialismus 1933 [217: E. Topf, Grüne Front, 291]. Der Beginn der nationalsozialistischen Agrarpolitik stand nicht unter dem Vorzeichen von „Blut-und-Boden", sondern die „Regierung der nationalen Konzentration" schrieb die Politik von Brüning fort. Im Mittelpunkt des konzeptionell bruchlosen Übergangs nach Auflösung bzw. Gleichschaltung des landwirtschaftlichen Organisationswesens standen die Kredit- und die Marktordnungspolitik [259: C. Lovin, Agricultural Reorganization; 107: M. Steiner, Agrarpolitik; 287: Z. Zofka, Dorfeliten]. Die deutsche Agrarkrise entstand gemäß wissenschaftlichen Analysen ausschließlich durch weltwirtschaftliche Kräfte [279: W. TORNOW, Chronik, 11], interne Strukturmängel bildeten im Gegensatz hierzu nicht einen Gegenstand vertiefender Ursachenforschung. Landwirtschaftlicher Vollstreckungsschutz und bäuerliche Entschuldung erfolgten nach dem Muster der „Osthilfe" in Höhe von insgesamt 600 Mio. RM. Einen weiteren Schwerpunkt bildete die staatliche Ernährungspolitik. Auch hierin setzte Alfred Hugenberg die unter Brüning begonnene „Politik der Stabilisierung der Agrarmärkte" fort durch Errichtung der „Reichsstellen" u. a. für Öle und Fette, Getreide und Futtermittel [271: K. SCHILLER, Marktregulierung]. Der Hauptzweck dieser Organisationen bestand vor allem darin, den deutschen Markt für Veredlungsprodukte weitgehend abzuschotten und deutsche Agrarüberschüsse auf die internationalen Märkte zu schleusen [269: K. RIEKER, Wirtschaftsprogramm; 236: A. BARKAI, Wirtschaftssystem]. Fest umrissene Reagrarisierungstendenzen sind in den ersten Maßnahmen noch nicht deutlich zu erkennen [245: E. EICHWEBER, Frage; 247: H. GIES, Reagrarisierung]. Es ging zunächst um die von Hitler propagierte „Erhaltung", also nicht um die Vergrößerung „eines gesunden Bauernstandes" durch die „Wiederherstellung der Rentabilität der landwirtschaftlichen Betriebe" [247: H. GIES, Reagrarisierung, 146 u. 148]. Alle weiteren Ziele blieben, wie schon im Agrarprogramm von 1930, nebulös, z. B. das Ziel, „die Landwirtschaft aus dem Kapitalismus herauszulösen" [308: C. VON DIETZE, Grundzüge, 69]. Die wissenschaftliche Forschung nahm, von wenigen Vertretern wie C. VON DIETZE abgesehen, die nationalsozialistische Agrarutopie für bare Münze und unterstellte dem Regime damit zwangsläufig Perspektivreichtum und Planungssicherheit [256: H. JEBENS, Weg].

Die Errichtung des „Reichsnährstands" (RNSt) signalisierte den eigentlichen Beginn der ideologisch begründeten Agrarpolitik des Regimes. Im Zwangskartell von Erzeugern, Verarbeitern und Händlern verbot es jegliche Wettbewerbskonflikte [246: H. GIES, Reichsnährstand]. Es presste die Bauern, den Hof und den Markt in ein künstliches Ordnungsschema und stülpte allem einen ausufernden Verwaltungsapparat mit lückenlosem Kontrollinstrumentarium [283: C. WAGNER, NSDAP] über. Die wissenschaftliche Diskussion drehte sich um die Neuartigkeit der nationalsozialistischen Agrarpolitik. Die jüngste Forschung sezierte im Stil einer politischen Verbandsgeschichte weitgehend ohne konkrete ökonomische und soziale Bezüge den RNSt auf breiter Quellen- und Literaturbasis bis ins letzte Segment hinein [290: G. CORNI/H. GIES, Brot, 75–250]. Sie beurteilte das Machtinstrument „Reichsnährstand" von Staat und Partei als einen „bemerkenswerten Erfolg“ aus der Sicht der Bauern, jedoch mit Schwachstellen zu Lasten der gesamten Landwirtschaft behaftet.

Rassenpolitisches Bodenrecht: „Reichserbhof“

Die Privilegierung ausgewählter Familienbetriebe war „ein Spiegelbild der nationalsozialistischen Weltanschauung zu der ihre Agrarpolitik beherrschenden Frage der Erhaltung und Förderung des Bauernstandes“ [279: W. TORNOW, Chronik, 13]. Der Status eines „Erbhofs“ schützte die unter rasse- und parteipolitischen Gesichtspunkten selektierten Besitzer [284: H. WÜLKER, Bevölkerungsbiologie; 273: A. SCHOLL, Entjudung; 243: W. DARRÉ, Bauerntum; 250: H. F. K. GÜNTHER, Bauerntum; 280: A. VERSE-HERRMANN, „Arisierungen“] vor Verschuldung und Flächenzersplitterung. Ferner bevorzugte die staatliche Preis- und Marktpolitik die „Erbhöfe“. Weitere Einzelbestimmungen, z.B. die maximale Betriebsgröße von 125 ha, entsprangen meistens willkürlicher Fixierung ohne wissenschaftliche Fundierung, was jahrelang zu zahlreichen juristischen Erläuterungen und Auslegungen führte [234: E. SCHUBERT, Erbhöfe]. Die neuere Forschung kreist unter Vernachlässigung anderer Rechtsbereiche, z.B. des Fideikommissrechts [251: K. HARMENING, Erlöschen], auffallend stark um den „Erbhof“ im engsten Sinn und verdrängt dabei andere Bereiche des staatlichen Interventionismus aus dem Blickfeld. Das Diktum von C. VON DIETZE aus den späten 60er Jahren, dass die nationalsozialistischen Agrarpolitiker mit zentralen Problemen der „Erbhöfe“ nicht fertig wurden, traf den Kern und hätte alle weiteren Analysen überflüssig erscheinen lassen müssen. Aber jeder weitere Beitrag jüngeren Datums hob die „Erbhof“-Politik in einen hohen wirtschaftspolitischen Rang, den sie in der Tat nicht verdiente. Das betraf auch die nationalsozialistische Preispolitik, denn „schon bald nach 1933 zwangen gebieterische Tatsachen und Rücksichten auf die allgemeine Wirtschaftspolitik“, diese „nicht nur nach den Vorstellungen von ‚Blut und Boden‘ auszurichten“ [308: C. VON DIETZE, Grundzüge, 71]. Viel wichtiger, als alle Winkel einer widersprüchlichen Agrarpolitik des Regimes auszuleuchten, ist heute die kritische Analyse der vermuteten Fortsetzung der „Erbhofpolitik“ in der Bundesrepublik Deutschland nach den Vorstellungen des Brüsseler Mansholt-Plans (1968) zugunsten der westdeutschen und europäischen Großlandwirtschaft [418: H. PRIEBE, Unvernunft, 52]. Auf zeitgenössischer wissenschaftlicher Seite fand, mit Ausnahme von M. SERING und seinen engsten Mitarbeitern, von denen einige zum oppositionellen „Freiburger Kreis“ zählten, [276: M. SERING, Erbhofrecht; 224: H. NIEHAUS, Grundlinien], das „Reichserbhof“-Gesetz mehr oder weniger deutliche Zustimmung, was zugleich das Ende der liberalen Agrarökonomie bedeutete [127: C. von Dietze, Gedenkrede] und dem landwirtschaftlichen Ausbildungswesen ein doktrinäres Gepräge gab [226: A. Schürmann, Nutzungslehre].

Vom „völkischen Bauern" zum „kapitalistischen Landwirt"

Die langfristigen Folgen des „Reichserbhof"-Gesetzes, des „am stärksten ideologisch motivierten Agrargesetzes" [230: D. Münkel, Interessen, 552], für die betroffenen Bauern sind weniger bekannt als die staatliche Vorgehensweise. Das Gesetz schuf nur vordergründig Privilegien; tatsächlich erzwang das Regime von den „Erbhof"-Bauern hohe politische und wirtschaftliche Leistungsbeweise. Es verwandelte schließlich den „völkischen Bauern" zu dem vor 1933 stark angefeindeten „kapitalistischen Landwirt" [248: F. Grundmann, Agrarpolitik, 154]. Währenddessen lief die Anpassung der Landwirtschaft an die Bedingungen der auf Rüstungskurs befindlichen Industriewirtschaft mit allen ihren ökonomischen und sozialen Begleiterscheinungen unter Verlust der wirtschaftlichen und gesellschaftlichen Sonderstellung ungebremst weiter. Hierbei gewann die langjährige Frage der optimalen Betriebsgröße erneut Aktualität [232: H. Priebe, Frage; 270: A. von Saldern, Mittelstand].

„Erzeugungsschlacht" und „Vierjahresplan"

Die „Erzeugungsschlacht" stellt einen weiteren Forschungsschwerpunkt dar. Sie wurde nach dem faschistischen Vorbild der „battaglia del grano" (ab 1925) [47: G. Drews, Land; 228: F. Angelini, Beiträge] mit hohem Propagandaaufwand eingeleitet, und zwar als Sammelbegriff für alle staatlichen Maßnahmen mit dem Ziel einer umfassenden Produktionssteigerung und als Mittel zur Überwindung der Abhängigkeit von Nahrungsmittelimporten für deutsche Mangelprodukte wie Fleisch, Fette, pflanzliche Öle, Gemüse und Flachs in einem Krieg [240: G. Corni/H. Gies, „Blut und Boden"; 291: H. von der Decken, Versorgung; über auffallende Parallelen in der Schweiz: 86: P. Maurer, Anbauschlacht]. Wie dieser an technischen Modernisierungskriterien orientierte Ziel-Mittel-Katalog entstand, ist inzwischen in zahlreichen Details bekannt. Auch hier steht der staatliche Impuls im Vordergrund des Forschungsinteresses, weniger die Konsequenzen für die betroffenen Bauern. Die Forschung stellt vor allem die Ansatzpunkte des staatlichen Interventionismus heraus; sie würdigt nicht in jedem Fall, dass es sich um die Mobilisierung aller derjenigen Faktoren handelte, die bereits auf dem Modernisierungsprogramm der Weimarer Republik gestanden hatten und hauptsächlich aus Kostengründen nicht verwirklicht worden waren. Wegen der immer noch bestehenden Forschungslücken muss in der Lehre für einzelne Projekte auf Quellen und Literatur aus der nationalsozialistischen Zeit verwiesen werden [296: H. Körner/G. Claus, Wege]. Das gilt vor allem für folgende Schwerpunkte des befohlenen Strukturwandels: Urbarmachung und Neulandgewinnung, Flurbereinigung [233: A. RUPP, Problem; 231: H. PRIEBE, Kleinbauernhöfe], den massiven Einsatz von Dünge- und Pflanzenschutzmitteln sowie von hochwertigem Saatgut leistungsfähiger Kulturpflanzen.

Nationalistischer Förderkatalog

Zum nationalsozialistischen Förderkatalog zählten außerdem höhere Agrarpreise [294: A. HANAU/R. PLATE, Preis- und Marktpolitik] und Kredite, die Entschuldung und der Vollstreckungsschutz sowie der Ausbau des Kreditwesens durch Errichtung der Deutschen Rentenbank-Kreditanstalt (1933) [277: F. STEINER, Entwicklung], außerdem die Einführung der obligatorischen Milchleistungsprüfung und Wirtschaftsberatung [229: W. HAMACHER, Praxis], der Ausbau der Tierzucht und des Veterinärwesens. In den Maßnahmekatalog gehört auch der Einsatz neuer Landtechnik vor dem Hintergrund anhaltender Landflucht durch die Verluste von Lohn- und Saisonarbeitskräften vor allem im mittelbäuerlichen und großlandwirtschaftlichen Bereich [275: K. SEILER/W. HILDEBRANDT, Landflucht]. Indessen hielt die zunehmende Belastung weiblicher Arbeitskräfte an und hinterließ in erheblichem Maße körperliche Schäden [267: M. A. RAICHLE, Gefährdung].

„Aussiedlung" und Arbeitsmarkt

Die Umorganisation der ländlichen Sozialordnung setzte nach der Auflösung des alten Genossenschaftssystems vor allem mit der Dorfentwicklung, u.a. durch „Aussiedlung", ein. Hierzu zählten die Gründung von Bauernsiedlungen und der Bau von Landarbeiter- und Heuerlingswohnungen. Da die staatlichen Maßnahmen sowie finanzielle und soziale Anreize nicht nur schleppend verliefen, sondern auch keine durchschlagenden Erfolge brachten, wurden zur Behebung des landwirtschaftlichen Arbeitskräftemangels nichtagrarische Bevölkerungsgruppen systematisch zu Hilfsaktionen in Spitzenzeiten (Aussaat und Ernte) verpflichtet [285: F. WUNDERLICH, Farm and Labor; 268: G. REMPEL, Hitler's children].

Agrarforschung

Der Anteil der Agrarforschung an der Durchsetzung von Produktionszielen von Staat und Partei blieb bis 1936 eher bescheiden. Die Errichtung des „Reichssortenamts" und die Einführung der „Reichsbodenschätzung" [37: V. KLEMM, Agrarwissenschaften; 2: W. BÖHM, Pflanzenbauwissenschaftler] zählten hierzu. Bis 1935/36 sind nur vereinzelt Forschungsanstrengungen nach staatlichen Vorgaben zu erkennen. Die häufig in der Literatur verwendete Zeitangabe „nach 1933" vernachlässigt den Zusammenhang von „Vierjahres-Plan" (ab 1936) und neuen Forschungsinitiativen. Erst ab 1936, mit der vollständigen Etablierung des „Forschungsdienstes" unter Konrad Meyer [37: V. KLEMM, Agrarwissenschaften], ließ sich die Forschung systematisch – von wenigen Ausnahmen abgesehen – in den Dienst der ideologischen und militärischen Aufrüstung stellen. „Die Organisation der Volkswirtschaft muss … nicht nur Rücksicht auf normale Friedenszeiten nehmen, sondern sie wird auch die besonderen Verhältnisse des Kriegsfalles berücksichtigen", hieß es in einer typischen Stellungnahme eines prominenten Wissenschaftlers (Reinhold von Sengbusch, 1939), was für einige agrarwirtschaftliche Disziplinen wie den Pflanzenbau aus jüngerer Sicht oftmals übergangen wird [1: W. Böhm, Handbuch]. Aus den Vorbereitungen zur „Erzeugungsschlacht" ging ein neues Forschungsprogramm hervor. Es bestand in der Umorganisation wissenschaftlicher Institutionen mehrheitlich ab 1936 [42: H.-J. Rupieper, Beiträge; 225: H. Piegler, Forschungsstätten]. Ihren Leitungen gab der Staat konkrete Forschungs- und Entwicklungsziele vor [223: K. Meyer, Gefüge] und kontrollierte periodisch die Fortschritte. Die Hauptarbeitsgebiete umfassten die Erhaltung der Bodenfruchtbarkeit, die Steigerung der pflanzlichen und tierischen Erzeugung, die optimale Ausbeute und Verwertung der natürlichen Rohstoffbasis, die landwirtschaftliche Rationalisierung und Technisierung sowie die Überwindung der Landflucht.

Misserfolge

Die „Erzeugungsschlacht" führte zu „Mehreinnahmen für die Landwirtschaft durch Steigerung der landwirtschaftlichen Erzeugung, das heißt durch Mehrleistung" [290: G. Corni/H. Gies, Brot, 259]. Die meisten Modernisierungsprojekte blieben aber in den Anfängen stecken. Eine spürbare Produktionssteigerung trat erst ab 1937 ein, also unter dem Diktat des „Vierjahres-Plans", wobei natürliche Faktoren (u. a. günstige Witterungseinflüsse) eine besondere Rolle spielten [293: H. L. Fensch/K. Padberg, Eigenverbrauch; 298: C. R. Lovin, Erzeugungsschlacht]. Das Hauptziel, die weitgehende Importunabhängigkeit zum Zweck der Devisenersparnis, blieb Illusion, denn von 1934 bis 1939 stieg der Wert der Einfuhren von Lebensmitteln, Ölen und Fetten [5: W. G. Hoffmann, Wachstum, 528]. Die landwirtschaftliche Arbeitsmarktlücke konnte nicht geschlossen werden. Die reagrarisierende Siedlungspolitik blieb weit unter den hoch gespannten Erwartungen des Regimes zurück. Auch scheiterte die durchgreifende Technisierung der Landwirtschaft an den konkurrierenden Ansprüchen der Rüstungswirtschaft auf Rohstoffe wie Stahl und Gummi.

Modernisierungsprobleme 1936–1939

In jüngerer Zeit drehte sich die wissenschaftliche Diskussion um die Frage, „ob das Regime ganz und gar aus dem antimodernistischen Affekt seiner Ideologie heraus zu begreifen sei oder ob es nicht auch modernisierende Effekte gehabt habe" [290: G. Corni/H. Gies, Brot, 593]. Zu Recht sind neue Aufschlüsse für eine weiterführende Debatte aus der Analyse der beiden zentralen Bereiche Land- und Ernährungswirtschaft zu erwarten. Über weitere Fortschritte in der Debatte um Modernität versus Antimodernität des Nationalsozialismus entscheidet der intensive Rückgriff auf alle verfügbaren Informationsquellen aus den verschiedensten Provenienzen, insbesondere aus den land- und ernährungswissenschaftlichen Disziplinen vor und nach 1945. Ebenso bedeutend ist die Einführung einer neuen Periodisierung, weil die komplexe Entwicklung mit ihren zahlreichen Überschneidungen und Rückschlägen nach dem gebräuchlichen Drei-Phasen-Muster 1933–1936 („Reichsnährstand", „Reichserbhof", Marktordnung), 1936–1939 („Vierjahresplan", Konsumsteuerung) und 1939–1945 („total gelenkte Kriegswirtschaft" [290: G. CORNI/H. GIES, Brot, 595]) insbesondere für die Kriegsjahre nicht zweifelsfrei zu analysieren ist. Unbestritten bleibt hingegen das land- und ernährungspolitische Hauptziel des Regimes: die Vermeidung von konsumeinschränkenden Versorgungsengpässen [302: A. S. MILWARD, Kriegswirtschaft]. Es ging darum, das ernährungswirtschaftliche Desaster des Kaiserreichs von 1914–1918 nicht zu wiederholen und einen „Krieg zu führen, ohne die Zivilbevölkerung zu schwer zu belasten und damit ein Regime zu stören, das seiner Stellung keineswegs ganz sicher war" [Ebd., 15]. Im Mittelpunkt der Strategie stand der Aufbau eines komplexen Rationierungssystems [301: B. MEWES, Organisation; 121: H. SCHMITZ, Bewirtschaftung]. Mit dessen Hilfe entstand eine Pyramide mit anerkennenden und diskriminierenden ausbeuterischen Elementen vom bevorzugten „Schwerstarbeiter" bis zum unterversorgten ausländischen Arbeiter über behördlich definierte Zwischen- und Sonderstufen. Lebensmittelkarten und Bezugscheine schufen eine staatlich kontrollierte Zwangsgemeinschaft der marktabhängigen Konsumenten anstelle der anfänglich propagierten „Volksgemeinschaft".

Neue Forschungseinrichtungen

Einige Jahre vor dem offiziellen Beginn der Kriegswirtschaft bereitete sich mit der Errichtung der „Dienststelle für Ernährungssicherung" (Frühjahr 1936) [290: G. CORNI/H. GIES, Brot, 411] die Forschung auf Aufgaben vor, die eindeutig zur „militärischen Wehrhaftmachung" zählten. Alle Fachrichtungen der Land- und Ernährungswirtschaft akzeptierten ohne erkennbares Zögern den Wandel des staatlichen Interventionismus von einer „mittelbaren Einflussnahme" zur „unmittelbaren Bewirtschaftung" (Wilhelm Meinhold) [297: M. KUTZ, Kriegserfahrung; 28: H. BECKER/G. SCHMITT, Entwicklung].

Zentrale Orientierungspunkte wissenschaftlichen Handels bildeten die unwidersprochen befolgte Parole von der „Nahrungsfreiheit des deutschen Volkes" [261: B. MEHRENS, Marktordnung, 1], die Ansiedlung deutscher Bauern in den okkupierten Gebieten des Ostens

[265: G. PACYNA, Bauer] und die Anpassung an die „Rüstungskonjunktur“ [62: K. BORCHARDT, Wachstum, 121] und „staatliche Kommandowirtschaft“ ab 1936 [19: D. PETZINA, Wirtschaft, 141]. Auch in der Zeit bis Kriegsende verpflichteten sich Wissenschaftler, oder sie ließen sich verpflichten, die Leistungsfähigkeit der Ernährungswirtschaft zugunsten von „Front und Heimat“ keiner Belastungsprobe auszusetzen [300: W. MEINHOLD, Erzeugungsbedingungen, 2; 282: H.-E. VOLKMANN, Agrareliten, 334–388; 227: W. TORNOW, Entwicklungslinien].

Schnelles Ende landwirtschaftlicher Modernisierung 1940–1942

Die staatlichen Entschuldungsmaßnahmen kamen den meist mittelbäuerlichen „Erbhöfen“, den Hauptstätten der Veredlungswirtschaft und den Getreide produzierenden Großbetrieben zugute [290: G. CORNI/H. GIES, Brot, 594]. Die Mehrheit der bäuerlichen Familienbetriebe ging leer aus. Die propagierte „Aufrüstung des Dorfes“ ab 1940 durch Wohnungsbau und Mechanisierung blieb ein Phantomprojekt, das unter den aktuellen Bedingungen nicht durchzuführen war [Ebd., 407]. Die personellen Lücken durch Einberufung zum Militärdienst und Einsatz in der Rüstungsindustrie wuchsen, die auch durch ausländische Saison- und Zwangsarbeiter [252: U. HERBERT, Fremdarbeiter] nicht gefüllt werden konnten. Abenteuerliche Pläne über die Rekrutierung von Jugendlichen in „Erntelagern“ der „Hitler-Jugend“ [255: K.H. JAHNKE/M. BUDDRUS, Jugend, 348–350] scheiterten bereits im Stadium ihrer Vorbereitung. Stattdessen funktionierte die staatliche Kontrolle mittels überwachender „Hofkarte“ als staatliches Instrument zur Unterwerfung der betrieblichen Privatsphäre der Bauern. „Hofkarte“ und spätere „Hofbegehungen“ verwandelten die ursprünglich saisonal konzipierte „Erzeugungsschlacht“ in eine Dauereinrichtung. Seit der Errichtung des „Vierjahresplan“-Apparats (1936) spitzten sich die Kompetenzstreitigkeiten mit dem Reichsernährungsministerium laufend zu und entluden sich in der Ersetzung von Richard Walther Darré durch Herbert Backe (1942), ohne dass damit und mit der Entmachtung des „Reichsnährstands“ ein erfolgreicher Kurswechsel erreicht worden wäre. Der personalisierte Konflikt zwischen der „biologisch-dynamischen Düngerweise“ und der „bisher üblichen Wirtschaftsweise“ [290: G. CORNI/H. GIES, Brot, 416; 281: G. VOGT, Ökologischer Landbau; 238: A. BRAMWELL, Blood] markierte zugleich das Ende einer von der „Bauerntums“-Ideologie bestimmten Agrarpolitik und die Hinwendung zur unternehmerischen Intensivproduktion vor dem Hintergrund der verschärften Ernährungskrise nach dem Scheitern der „Blitzkrieg“-Strategie. Mit dem umorganisierten „Reichsamt für Agrarpolitik“ unter Backe entstanden keine neuen Nahrungsressourcen. Die „Hofbegehungen“ ab 1942/43, insbesondere in kleinbäuerlichen Regionen, wuchsen sich zum massivsten Eingriff in die private Arbeits- und Lebenssphäre der Bauern aus und beschleunigten die Verstaatlichung des landwirtschaftlichen Produktionspotenzials. Die Grenzen zwischen Staatsaufsicht in dieser Form und der Zwangsverpachtung von Betrieben waren fließend. Das Erfassungssystem versagte, auch wenn nach 1945 das Gegenteil behauptet wurde [294: A. HANAU/R. PLATE, Preis- und Marktpolitik, 33; 288: H. BACKE, Kapitalismus].

Raub- und Hungerpolitik

Welches ernährungs- und landwirtschaftliche Ressourcenfundament sich aus der deutschen Okkupationspolitik ergab, bleibt nur annähernd bestimmbar [239: K. BRANDT, Management]. Soviel steht fest, dass etwa 45% des Bedarfs im „Großdeutschen Reich" an Brotgetreide und etwa 42% des Bedarfs an Fetten und Fleisch außerhalb des Reichsgebiets bzw. unter dem Druck des Zwangsarbeitsregimes produziert wurden [289: L. BURCHARDT, Impact, 53; 10: F.-W. HENNING, Landwirtschaft, 227]. Das steht jedoch im Gegensatz zur Behauptung ehemaliger Nationalsozialisten nach 1945, die Wehrmacht hätte die okkupierten Gebiete nicht ausgeplündert [290: G. CORNI/H. GIES, Brot, 571] und die Deutschen hätten im Krieg nicht gehungert. Tatsächlich wendete das nationalsozialistische Regime die Hungerkatastrophe von den in das Rationierungssystem Integrierten ab, indem es die Nichtintegrierten der Hungerkatastrophe preisgab.

„Braune" Modernisierung und bäuerliche Reaktion

Unter Berücksichtigung aller konkreten Veränderungen in den verschiedensten Teilbereichen der Land- und Ernährungswirtschaft lässt sich die krasse Unterscheidung zwischen Modernisierung und Antimodernismus [241: R. DAHRENDORF, Gesellschaft, 431–448; 272: D. SCHOENBAUM, Revolution, 336–348; 266: J. RADKAU, Nationalsozialismus, 192; 278: K. STOCKER, Landwirtschaft] nicht bestätigen. Vielmehr sind beide Tendenzen miteinander verzahnt, wobei der anfängliche Modernsierungsimpuls im Zeichen von „Erzeugungsschlacht" und „Vierjahresplan" mit steigender Beanspruchung der Ressourcen durch das Militär und die agrotechnische Modernisierung der okkupierten Ostgebiete [254: H.-H. HERLEMANN, Landwirtschaft] immer schwächer wurde und schließlich ab 1943/44 völlig versiegte. Keinesfalls traf für die ländliche Bevölkerung zu, dass die deutsche Gesellschaft „voller Möglichkeiten für jung und alt" war [272: D. SCHOENBAUM, Revolution, 348]. Die Nationalsozialisten erfanden nicht die Konzepte und Mittel der sichtbaren technischen Modernität (Maschinen, Geräte, Gebäude, neue Landbauverfahren, verbesserte Tierhaltung, neue Vermarktungsstrategien), sondern okkupierten sie aus dem wissenschaftlichen Arsenal der Weimarer Republik und führten sie infolge des fast bruchlosen Übergangs der Landbauwissenschaften von der Demokratie in die Diktatur unter ihren Vorzeichen weiter. Die „braune" Revolutionierung des Agrar- und Ernährungssektors entwickelte sich nicht aus eigener Kraft, sondern durch den Ressourcentransfer zunächst auf handelsvertraglicher Basis, später auf militärischen und politischen Druck zugunsten einer hybriden Großraumwirtschaft.

Keine Fortschritte

Das Regime stieß dabei im „Großdeutschen Reich" auch auf Widerstand, denn der Wandel zu mehr technischer Modernität, der nicht zum Nulltarif zu haben war, wurde nicht sogleich und von allen Bauern freiwillig angenommen, sondern musste vom Staat durch Lockung (Kredite) und Lenkung (Marktordnung) erzwungen werden. Dabei ergaben sich immer wieder Modernisierungsblockaden vor allem in der regionalen Entwicklungspolitik, in der Flurbereinigung, in der Entlastung der Frauen, Altenteiler und Kinder von schwerer körperlicher Arbeit. Das ursprünglich vielfältige Warenangebot reduzierte sich immer mehr [303: M. WÄHLER, Volksnahrung], so dass schließlich eine individuelle Nahrungswahl nahezu unmöglich wurde [304: W. ZIEGELMAYER, Lebensmittel; 299: B. MARTIN/A. S. MILWARD, Supply; 292: H. VON DER DECKEN, Nahrungsraum]. Bereits seit 1943 war das Regime in land- und ernährungswirtschaftlichem Attentismus erstarrt: Staatliche Hoheitsaufgaben wie Konsumenten-, Tier- und Pflanzenschutz sowie die Vorratshaltung erschöpften sich in einer Fülle von Gesetzen und Verordnungen [279: W. TORNOW, Chronik], ohne in die Praxis umgesetzt zu werden. Die technische Modernisierung hing von der Verfügbarkeit des dazu notwendigen Instrumentariums ab; sie war aber nur zeitweilig gegeben, insofern kam es zu unsystematischen Modernisierungsschüben von unterschiedlicher Qualität und Durchschlagskraft. Die technische Modernisierung rief keine sozialen Wohlfahrtseffekte bei Produzenten und Konsumenten hervor; hinzu kam die Überbeanspruchung der natürlichen Ressourcen durch planmäßige Ausbeutung von Boden und Tier. Die kriegswirtschaftliche Praxis trennte schließlich die „Bauerntums"-Ideologen von den Pragmatikern der Intensivlandwirtschaft und legte den rationalen Kern von „Erbhof" und „Blut-und-Boden" bloß. Da er aber in seiner Realitätsfremdheit den hohen Anforderungen der Kriegswirtschaft nicht genügte, verschwand er mit seinem profiliertesten Verfechter Darré in der Versenkung.

Bäuerliche Selbsthilfe

Unter den deutschen Bauern regte sich offen keine Hand für die Rettung des versprochenen Heils. Das Gros der bäuerlichen Bevölkerung stellte in seiner Kritik an den konkreten Auswirkungen der „Erbhof"-Verfassung und der unzureichenden Versorgung mit Betriebsmitteln zu keiner Zeit, über den engen Arbeitsbereich hinausgehend, das Herrschaftssystem in Frage. Die offene Kritik erschöpfte sich in einer

Prozesskritik; Klagen erhoben sich lediglich in akuten Mangellagen, ohne an die politisch und strukturell bedingten Ursachen der misslichen Lage zu rühren [263: D. MÜNKEL, Agrarpolitik]. Stattdessen griffen die Bauern zur Selbsthilfe und beschafften sich die „kleinen" Produktionsmittel (z.B. Sensen) im Tausch gegen Lebensmittel. Unter den Bäuerinnen in ihrer neuen Aufgabe der alleinigen Betriebsführung seit Kriegsausbruch nahm die Missstimmung deutlich zu; ihre Betriebe litten unter der erhöhten Ablieferungspflicht.

Bauern zwischen Anpassung und Lethargie

In der Endphase des Krieges wuchs der behördliche Druck nochmals beträchtlich mit der Verpflichtung zum „äußersten Einsatz", wodurch die Produktionserfolge in bestimmender Abhängigkeit zu den militärischen Erfolgen gebracht wurden. Mit der Überbeanspruchung der individuellen Arbeitskraft erlahmte die Nachbarschaftshilfe, „dabei tendenziell auf die unmittelbare Wahrnehmung im Dörflichen begrenzt" [237: TH. BAUER, Agrarpolitik, 201], und schuf stumme Anpassung und politische Lethargie [295: U. HEINEMANN, Krieg]. „Es gab also eine ‚Resistenz' dem Regime gegenüber" [290: G. CORNI/H. GIES, Brot, 467; 262: D. MÜNKEL, Bauern], die jedoch nicht zur grundsätzlichen Einsicht führte, gemeinsam mit anderen antidemokratischen Kräften dem Regime 1933 zur Macht verholfen zu haben. Am Ende des „Dritten Reichs" ging die deutsche Agrargesellschaft in der tiefen Überzeugung vom überzeitlichen „Bauerntum" in eine neue Entwicklungsphase. Die große Heilserwartung richtete sich auf neue Kräfte und Konzepte, die tatsächlich gar nicht so neu waren.

5. Entwicklung in unterschiedlichen Herrschaftssystemen (1945–1960)

Rückgriff auf alte Konzepte

Im Mittelpunkt der agrarhistorischen Beiträge zwischen Kriegsende und „doppelter Staatsgründung" [393: CH. KLESSMANN, Staatsgründung] stehen Versorgungsprobleme und die Bodenreform. Beides wird hauptsächlich unter den Aspekten Kontinuität und Neubeginn dargestellt, wobei die Literatur unter dem Eindruck der westdeutschen Produktionserfolge und der ostdeutschen Versorgungsmisere steht. Ganz am Rand wird mit Blick auf die Agrarprobleme in West und Ost späterer Jahre die Frage nach verpassten Chancen beim landwirtschaftlichen Wiederaufbau gestellt, ohne dass sich daraus eine neue Grundsatzdebatte entwickelt hätte. Aufschlussreich im Zusammenhang mit der Frage nach dem Ursprung der industrialisierten Agrarproduktion ist die agrarwissenschaftliche Debatte um die Dauerfrage nach der optimalen Betriebsgröße, wobei die Gegensätze zwischen den Verfechtern der unternehmerischen Großlandwirtschaft und der mittelständisch-bäuerlichen Familienwirtschaft offen bleiben. Aber der Ost-West-Gegensatz prägte die Debatte deutlich [326: Betriebsgrößenproblem]. In den Darstellungen der Landwirtschaft der Jahre 1945–1949 spiegelt sich die deutsche Teilung wider: „Ein durch mittelalterliche Wirtschaftsformen in seiner Entwicklung gehemmtes, wirtschaftlich schwaches und schwer um seine Existenz ringendes Kleinbauerntum" hielt man gegenüber der „östlichen Konzeption der agrarischen Wirtschaftsgestaltung" für anfällig. Es ging primär um die Alternative „Flurbereinigung" zugunsten größerer Wirtschaften oder Kolchose [356: O. SCHILLER, Mittel, 3]. Die Debatte um die Zukunft des bäuerlichen Familienbetriebs blieb praktisch bis zum Ende der DDR Teil der westlichen Auseinandersetzungen mit dem Kommunismus, während die Flurbereinigung die westdeutsche Reaktion auf die von alliierter Seite angemahnte Bodenreform war. Die westdeutsche Landwirtschaftsgeschichte erschien überwiegend als Erfolgsgeschichte, die sich auch mehr oder weniger deutlich gegen die Kritiker der ausgebliebenen Bodenreform richtete [21: M. ROLFES, Landwirtschaft].

Ost-West-Debatte

Die wissenschaftliche Agrarpolitik zog in der von der Eigentumsfrage beherrschten Diskussion in den ersten Nachkriegsjahren die Existenz- und Entwicklungschancen von Kleinbetrieben nicht offen in Zweifel; sie beschwor die Sonderstellung des Agrarsektors in der volkswirtschaftlichen Gesamtheit. Die betriebliche Variationsbreite des zum Wirtschaftsprinzip erhobenen familiären Bauernhofes war kaum Gegenstand kontroverser Diskussion. Verfechter von Kleinsthöfen ließen ihre Sympathien für eine Reagrarisierung Westdeutschlands erkennen und ignorierten den säkularen Strukturwandel von klein zu groß [318: H. JEBENS, Kleinsthofplan]. Entscheidende Kriterien bildeten die bäuerliche Bodenständigkeit und das private Verfügungsrecht über Grund und Boden, kaum hingegen die natürlichen Produktionsbedingungen (Klima, Boden) sowie die Marktchancen von Klein- und Kleinsthöfen, die mit allen Mitteln erhalten bleiben sollten. Dabei war klar, dass Grenzbetriebe aus der untersten Größenkategorie künftig nur über staatliche Subventionen zu erhalten waren. Insofern galten staatliche Fördermittel zur Erhaltung der Individualwirtschaft als wirksamste Waffe in der Auseinandersetzung mit dem Kollektivismus. C. VON DIETZE plädierte im Sinne von M. SERING für die aktualisierte Wiederauflage der Agrarpolitik aus den Jahren der Weimarer Republik [307: C. VON DIETZE, Wege, 24]. Das Wiederanknüpfen an alte Subventions-

Westdeutsches Kleinbauerntum

praktiken [108: U. TEICHMANN, Politik] blieb langfristig ein zentrales Element westdeutscher Wirtschaftspolitik im Kalten Krieg.

Diese Politik wirkte jedoch dem säkularen Strukturwandel vom Klein- zum Großbetrieb entgegen. Seit den frühen 30er Jahren bereits nahm die Zahl der Kleinbetriebe bis 10 ha landwirtschaftlicher Nutzfläche (LF) stetig ab, während der Anteil der großbetrieblichen Vollerwerbsbetriebe bis 100 ha LF in den folgenden dreißig Jahren laufend zunahm [47: G. DREWS, Wandlungen, 231–234]. Die Entwicklung zu größeren Wirtschaftseinheiten drängte immer mehr Menschen aus dem ländlichen Arbeitsmarkt. Die Hoffnung auf eine sich selbst tragende Landwirtschaft auf der Basis von großen Vollerwerbshöfen erwies sich wenig später als trügerisch. Stattdessen nahm die Landwirtschaft den Staat durch die wachsende Beanspruchung von Fördermitteln für alle agrarischen Teilbereiche in die Pflicht. Am üppigen Subventionismus scheiterten die am Wettbewerb orientierten Entwicklungskonzepte. Lehren aus den historischen Irrwegen massiver Staatsintervention seit der Bismarck-Zeit zog die Politik nicht, obwohl die Agrargeschichte wiederholt an die schädlichen Folgen erinnerte.

Agrar- und ernährungspolitische Kontinuität

Die Teilung des Agrar- und Ernährungswirtschaftsraums in Gebiete mit unterschiedlicher Kapazität bildete wiederholt den Ausgangspunkt für die Beurteilung der aktuellen Notlage und der Möglichkeiten, die Krise zu überwinden [333: B. GLEITZE, Ostdeutsche Wirtschaft; 343: R. MATZ, Agraratlas]. Trotz der deutschen Gebietsverluste geboten die verbliebenen Gebiete über eine „überdurchschnittliche Ertragskraft" [10: F.-W. HENNING, Landwirtschaft, 229 u. 231]. Die ostdeutsche Landwirtschaft verfügte mit ihren Überschüsse produzierenden Großbetrieben [49: TH. HÄBICH, Latifundien] im Vergleich zur bäuerlichen Familienwirtschaft in den westdeutschen Realteilungsgebieten über die besten Voraussetzungen zur Überwindung der kriegswirtschaftlich bedingten Mangellage. Zufuhren waren angesichts globaler Lebensmittelknappheit nicht zu erwarten, auch kein Lebensmitteltransfer aus der Sowjetischen Besatzungszone (SBZ) in die Westzonen und umgekehrt. Die Organisation der öffentlichen Versorgung stellte keinen Neubeginn dar, sondern basierte bis 1948 auf der institutionellen und funktionellen Kontinuität der nationalsozialistischen Kriegswirtschaft (Rationierung, Ablieferungszwang, Kontrolle), in den Westzonen greifbarer als in der Sowjetischen Besatzungszone [468: G. STÜBER, Kampf; 466: K.-H. ROTHENBERGER, Hungerjahre; 459: R. GRIES, Rationen-Gesellschaft; 467: H. SCHLANGE-SCHÖNINGEN, Im Schatten]. Aus den ehemaligen „Reichsstellen" der Ernährungswirtschaft wurden die „Einfuhr- und Vorratsstellen" für Grundnahrungsmittel. Die organisatorische und konzeptionelle Kontinuität bedingte auch eine weitgehende personelle Kontinuität. Die zeitgenössische Kritik war ebenso deutlich wie erfolglos: „Der Apparat arbeitete präzise, doch war er auf Prinzipien aufgebaut, die ihn in einem demokratischen Deutschland als Fremdkörper erscheinen lassen mussten" [27: W. ABEL, Agrarpolitik, 76]. Im Gegensatz zur SBZ, wo durch die struktur- und ernährungspolitisch waghalsige Bodenreform [368: A. BAUERKÄMPER, „Junkerland"; 388: M. A. HUMM, Weg; 350: B. SCHIER, Alltagsleben] infolge einer Vielzahl von selbstversorgenden Kleinstbetrieben eine Scheinstabilität der öffentlichen Versorgung hergestellt wurde, blieben in den Westzonen der anfängliche Engpass und die Hungermärsche durch amerikanische und britische Hilfslieferungen [362: W. ABELSHAUSER, Wirtschaft; 456: E. FARQUAHARSON, Western Allies] eine kurzfristige Erscheinung. Die landwirtschaftlichen Interessenverbände, die zwischen 1946 (Vereinigung der gegenseitigen Bauernhilfe – VdgB – in der SBZ) und 1948 (Deutscher Bauernverband in den Westzonen) entstanden [322: C. SEITERICH, Spuren; 446: B. WERNET-TIETZ, Bauernverband] reklamierten ihren entscheidenden Anteil an der Bekämpfung des Hungers, was jedoch nicht den Tatsachen entsprach. Über die Verbände gelang den noch funktionierenden Teilen des „Reichsnährstands" der geräuschlose Eintritt in die Wirtschaftsordnung der unmittelbaren Nachkriegszeit. Während der ostdeutsche Verband zum willfährigen Instrument der SED-Agrarpolitik wurde, entstand mit dem Deutschen Bauernverband (DBV) als landwirtschaftliche Einheitsorganisation eine starke Kraft gegen die staatlichen Agrarbehörden. Mit dem irrealen Ziel, „ein Gleichgewicht zwischen Stadt und Land" mit agrarpolitischen Mitteln herzustellen [315: A. JOHN, Hermes, 29], war von Anfang an ein langfristiger Konflikt angelegt. Die taktischen Winkelzüge beider Seiten sind bisher wegen des Mangels an beweiskräftigen Quellen insbesondere durch den kritikempfindlichen DBV nicht nachvollziehbar. Das Bild von Konfrontation und Kooperation im Verhältnis von DBV und staatlichen Agrarbehörden schwankt seither zwischen unkritischer Selbstdarstellung [316: A. JOHN, Bauernköpfe] und spekulativer Fremdbeschreibung [381: R. G. HEINZE, Verbandspolitik; 429: H.-G. SCHLOTTER, Willensbildung].

Unterschiedlicher Strukturwandel 1945/48

Der Strukturwandel der deutschen Agrarlandschaft verlief in unterschiedlicher Weise zu unterschiedlichen Zeiten mit verschiedenartigen Resultaten. Im Osten fand innerhalb kurzer Zeit (1945/46) aus ideologischen und parteipolitischen, keinesfalls aus wirtschaftlichen Motiven [384: P. HERMES, Christlich-Demokratische Union; 409: J. MURKEN, „Ein Genosse"; 434: B. SPIX, Bodenreform; 404: J. VON

Kruse, Weißbuch] eine massive Veränderung der bis zum 8. Mai 1945 bestehenden Besitz- und Verfügungsrechte über Grund und Boden nach sowjetischem Vorbild statt [369: A. Bauerkämper, Vertreibung; 431: J. Schneider, Wirtschaften]. Die Kritik an den überstürzten und teilweise brutal exekutierten Maßnahmen kam hauptsächlich aus dem Westen. Dort wurde der Strukturwandel durch Enteignung und Bodenverteilung an landlose und landarme Bauern aus wirtschaftlichen Interessen der Großeigentümer sowie aus Mangel an geeigneten Reformprojekten gegen ursprüngliche Absichten der Besatzungsmächte behördlich gebremst. Hierbei spielten Vorbehalte gegenüber waghalsigen Experimenten in einer Zeit akuten Nahrungsmangels eine ebenso große Rolle wie die ostdeutsche Bodenreform. Der westalliierte Plan, Großbetriebe aufzuteilen zugunsten der Aufstockung von Kleinbetrieben und Ansiedlung von vertriebenen und geflüchteten Bauern in einer Größenordnung von insgesamt 380000 ha, ist nie verwirklicht worden. Die Entwicklungschancen für wachsende Betriebseinheiten, die seit längerem gegeben waren, wurden im Osten nur kurzfristig zwischen der Aufteilung von Gutshöfen und der Kollektivierung, im Westen überhaupt nicht unterbrochen [374: U. Enders, Bodenreform; 443: G. J. Trittel, Bodenreform].

Westdeutsche Kritik an der ostdeutschen Bodenreform

Keine strukturelle Modernisierung

Die strukturelle Modernisierung blieb ebenso wie die soziale Modernisierung durch eine großzügige Ansiedlungspolitik in beiden Teilen Deutschlands in den Anfängen stecken. Die Vertriebenen- und Flüchtlingsintegration [447: A. Wiese u.a., Untersuchungen] basierte auf der irrigen Annahme, dass die Klein- und Kleinstbesitzer auf Dauer in der Landwirtschaft zu halten sein würden [426: P. Schilke/F. Riemann, Heimatvertriebene; 375: P. Erker, Vom Heimatvertriebenen]. Mit steigendem Angebot von industriewirtschaftlichen Arbeitsplätzen und dem Wiederaufbau städtischer Wohnquartiere setzte die Landflucht wieder ein [372: C. von Dietze u.a., Lebensverhältnisse]. In der Produktionspolitik und in den Produktionserfolgen unterschieden sich östliche und westliche Landbausysteme von Anfang an. Im Westen gelang die schrittweise Aufhebung der Bewirtschaftung bereits zwischen 1948 und 1951 [463: W. Niklas, Ernährungswirtschaft]; sie zeigte, dass ein „enger Zusammenhang zwischen Konsumfreiheit und politischer Wahlfreiheit" bestand. Die Akzeptanz des politischen Systems hing vom Stand der Lebensmittelversorgung ab. Die Vollversorgung verschaffte dem politischen System des Westens und damit den Anfängen der parlamentarischen Demokratie „materiell wie psychologisch günstige Startbedingungen" [120: P. Erker, Ernährungskrise, 493]. Dagegen beschleunigte die lange Zeit anhaltende Mangelwirtschaft die

Ende der Bewirtschaftung

Abwanderung von Ost nach West und brachte dem sozialistischen System keine breite Akzeptanz [399: U. KLUGE u. a., Bodenreform; 370: A. BAUERKÄMPER, Gesellschaft; 421: S. RAMOTH u. a., Werben].

6. Die Internationalisierung der deutschen Landwirtschaft und Agrarpolitik (1961–2003)

Die Integration der beiden unterschiedlichen nationalen Agrarsysteme im geteilten Deutschland in supranationale Systeme stellte die folgenreichste Zäsur in der Landwirtschaft des 20. Jahrhunderts dar. Während die osteuropäische Variante dieses Prozesses unter dem Einfluss der Sowjetunion und des Rats für gegenseitige Wirtschaftshilfe bisher kaum erforscht ist [311: K. GROSCHOFF u. a., Landwirtschaft; 364: R. AHRENS, Gegenseitige Wirtschaftshilfe?], gibt die Geschichte der westeuropäischen Agrargemeinschaft im Zusammenhang mit der Gründung der Europäischen Wirtschaftsgemeinschaft 1957 inzwischen keine Rätsel mehr auf.

Heterogenes Agrar-Europa

Die Vermutungen über die falsche Weichenstellung der europäischen Agrarpolitik seit den Römischen Verträgen 1957 sind so alt wie das Vertragswerk selbst. Aus diplomatiegeschichtlicher Sicht [439: G. THIEMEYER, „Pool Vert"] wird der mühsame Kompromiss, insbesondere zwischen der Bundesrepublik und Frankreich, um die Zukunft von sechs teilweise krass unterschiedlichen Agrarsystemen Westeuropas deutlich [344: J. NEBEL/A. PLETSCH, Raum; 110: H. VON VERSCHUER, Lage]. Agrar-Europa entstand primär als wirtschaftliche Gemeinschaft mit dem vorrangigen Ziel, die westeuropäische Landwirtschaft gegen den massiven Außendruck der auf landwirtschaftlichem Erfolgskurs befindlichen USA [58: J. BENGELSDORF, Landwirtschaft] möglichst umfassend abzuschotten. Die „grüne Festung" tendierte bereits in der Anfangsphase zur problematischen Überschussproduktion [111: A. WEBER, Struktur], die die Mitgliedsstaaten mit jedem Erweiterungsschritt an die Grenzen der Finanzierbarkeit rückten. Die anfänglich starke Integrationskraft des gemeinsamen Strukturziels, die landwirtschaftliche Entwicklung auf der mittelständischen Basis bäuerlicher Familienbetriebe [341: G. MÜLLER/H. KÖTTER, Bestimmungsgründe], ließ unter dem Druck nationalwirtschaftlicher Besonderheiten nach. Die Gründungsdefizite der 50er Jahre belasteten die Agrargemeinschaft in den 60er Jahren immer stärker. In der kritischen Literatur spiegeln sich die

Probleme deutlich wider: unterschiedliche historische Identitäten der Bauern, die Dominanz nationaler Agrarinteressen, strukturelle Unterschiede [56: Agrarstrukturpolitik; 73: H. GAMPERL, Flurbereinigung], unklare Entwicklungsziele, wuchernde Bürokratie in einem unübersichtlichen Verordnungsgewirr, kostspielige Agrarmarktordnungen [61: E. BÖCKENHOFF, Agrarmarktordnungen] und steigende Finanzlasten [418: H. PRIEBE, Unvernunft; 102: G. SCHMITT, Möglichkeiten; 66: TH. DAMS u. a., Agrarpolitik; 440: D. THIESEN, Agrarpolitik].

Fehlentwicklungen und Reformansätze

Mit der Erweiterung der Europäischen Gemeinschaft (EG) 1973 um die starken Agrarexportstaaten Großbritannien, Dänemark und Irland entstanden weitere Überkapazitäten, deren Abbau die Weltagrarmärkte unter zusätzlichen Druck setzte [115: H. H. R. WRAGE, Agrarpolitik]. Die Politik folgte nicht den zahlreichen wissenschaftlichen Vorschlägen, spätestens seit der Energiekrise von 1973 die expansive EG-Außenwirtschaftspolitik auf die kontinentalen Bedürfnisse zu beschränken, nachdem sich durch den Ölpreisschock die meisten Industriestaaten der Welt auf den Ausbau ihrer eigenen Agrarkapazitäten besonnen hatten. Stattdessen setzte die EG ihren Exportkurs fort, so dass die Ausgaben für die landwirtschaftlichen Marktordnungen den größten Teil des europäischen Gesamtetats beanspruchten. Rund zwei Drittel der landwirtschaftlichen Wertschöpfung bestanden aus staatlichen Subventionen, nicht aus eigener Produktionsleistung. Die Neuausrichtungen der gemeinsamen Agrarstrukturpolitik orientierten sich am entwicklungsfähigen Betrieb der oberen Größenordnung auf bevorzugten Standorten mit allen Möglichkeiten zur Flächenvergrößerung, Hochtechnisierung [335: H.-H. HERLEMANN, Technisierungsstufen; 361: H. WILLER, Technischer Fortschritt] und Großproduktion. Diese Politik schloss das Gros der auf Familienarbeitsbasis beruhenden Neben- und Zuerwerbs-Landwirtschaft ebenso aus wie die Vollerwerbsbetriebe in benachteiligten Regionen. Die Folge dieser Flurbereinigung nach dem Vorbild des radikal sanierenden Mansholt-Plans (1968/69) [397: U. KLUGE, Vierzig Jahre; 101: G. SCHMITT, Mansholt-Plan] war ein umfassendes Höfesterben in allen Mitgliedsstaaten. Wissenschaftliche Appelle für einen Kurswechsel blieben erfolglos, so dass der europäische Agrarhaushalt in den 80er Jahren, nicht zuletzt durch die Erweiterung der Agrargemeinschaft um Griechenland (1981), Spanien und Portugal (1986), an den Rand des Ruins gelangte [360: G. THIEDE, Landwirt]. Versuche zur Umsteuerung, u. a. durch Flächenstilllegung, Extensivierung der Produktion, Vorruhestandsregelung und Einkommensbeihilfen blieben weitgehend erfolglos. Aus der mit allen erlaubten und unerlaubten Mitteln hochgeschraubten Überproduktion entstand 1988 der „Hormonskandal" und damit erstmals sichtbar die gesundheitliche Gefährdung breiter Konsumentenschichten.

Agrar-Europa am Ende einer Entwicklung

Das land- und ernährungswirtschaftliche Gefahrenpotenzial, das aus dem Automatismus von Hochtechnisierung, Flächen- und Bestandswachstum sowie Außenhandelsexpansion entstanden war, leitete das Ende der sozialstaatlichen Agrar- und Ernährungspolitik ein, die in der Mangellage nach dem Zweiten Weltkrieg entstanden war und deren Ziel in der ausreichenden Versorgung der Bevölkerung auf hohem Qualitätsniveau zur dauerhaften Abwendung von Hunger und Gesundheitsschäden bestand. Die gemeinschaftliche Agrarpolitik schuf mehr neue Probleme, als dass sie alte beseitigt hätte. Die EU-Agrarreformen im Zeichen eines langfristigen Programms (Agenda 2000) als Fortschreibung der seit 1992 laufenden Reformdebatte über die Osterweiterung und ein neues Finanzierungssystem stehen auf lange Sicht im Spannungsfeld von Globalisierung und hohem Wettbewerbsdruck auf den internationalen Märkten. Das Verhältnis zwischen der EU, der Welthandelsorganisation (WTO – World Trade Organization) und den größten Agrarexportstaaten um die Frage einer umfassenden Liberalisierung der Außenwirtschaft schmälerte bis zum Jahr 2000 und darüber hinaus die Entwicklungschancen der von zahlreichen Krisen (Maul- und Klauenseuche, Schweinepest, BSE, Nitrofen, MPA) fast periodisch erschütterten Agrargemeinschaft zugunsten einer Kosten sparenden, umweltverantwortlichen und sozial verträglich funktionierenden Institution [401: U. KLUGE, Qatar].

Tendenzielle Parallelen

Die Anfänge der Intensivlandwirtschaft in beiden deutschen Staaten lagen in den 60er Jahren. Der ländliche Raum [346: E. OTREMBA, Agrarwirtschaftsraum], die Mittel und Erfolge waren verschieden [330: K. ECKART, Veränderungen], die Konsequenzen der industrialisierten Produktion jedoch gleichartig: Hochtechnisierung, großflächige und immer stärker spezialisierte Produktion im pflanzlichen wie im tierischen Bereich, wachsende Betriebsgrößen [354: P. QUANTE, Veränderungen], überbetriebliche Kooperation und Betriebsfusionen in der großbäuerlichen Familienwirtschaft und in der unternehmerischen Großlandwirtschaft [347: U. OTZEN, Problematik], Chemisierung und steigende Umweltbelastung bei anhaltender Landflucht familienfremder Arbeitskräfte [410: L. NEUNDÖRFER u. a., Bauern] und familieneigener Jugendlicher [415: U. PLANCK, Situation] sowie steigender Arbeitsbelastung von Frauen (in West und Ost) [391: H. INHETVEEN/M. BLASCHE, Frauen; 365: H. ALBERS, Zwischen Hof], Altenteilern und Heranwachsenden (im Westen). Vor dem Hintergrund der industriewirtschaftlichen Vollbeschäftigung begann um die Mitte der 60erJahre im

Intensivierter Landbau

Westen – mit Hilfe hoher staatlicher Subventionen auf der Basis des Landwirtschaftsgesetzes von 1955 [420: C. PUVOGEL, Weg; 380: K.-H. HANSMEYER, Staatshilfen] – die betriebliche Aussiedlungs- und Aufstockungsphase [358: G. SCHÖCK, Aussiedlung] sich noch stärker zu entfalten, die im Osten mit dem offiziellen Abschluss der Kollektivierung (1960) inzwischen beendet war. Die Wirtschaftsweise wurde allgemein bodenintensiv und arbeitseffektiver, die Verflechtung der Landwirtschaft mit Industrie, Handel und Gewerbe über das Genossenschaftssystem im vor- und nachgelagerten Bereich des gesamten Produktionsprozesses gewann an Tempo und Umfang [376: H. FAUST, Geschichte]. Aus dem „fleißigen" Bauern wurde der „produktive" Bauer [13: K. HERRMANN/H. WINKEL, Bauern; 349: R. PLATE/E. WOERMANN, Landwirtschaft]. Der westdeutsche Familienbetrieb geriet unter ökonomischen und sozialen Druck [413: G. PACYNA, Agrarfabriken; 350: G. PREUSCHEN, Familienbetrieb].

Der Weg zur Überproduktion

Die betriebliche Modernisierung setzte im Westen weitere Teile der bäuerlichen Bevölkerung frei und beschleunigte den Wandel von der Vollerwerbs- zur Neben- und Zuerwerbslandwirtschaft [345: Nebenerwerbssiedlung; 336: H.-H. HERLEMANN/H. STAMER, Produktionsgestaltung; 352: H. PRIEBE, Familienbetriebe] bis hin zur „Sozialbrache" [337: PH. HÜMMER, Neue Aspekte; 327: H.-G. BOHTE, Landeskultur], während im Osten die personelle Überbesetzung der landwirtschaftlichen Produktionsgenossenschaften voranschritt [329: K. DREESEN, Bedeutung; 340: H. LAMBRECHT, Landwirtschaft]. Mit der Spezialisierung der hoch technisierten Betriebe wurden die alten organischen Wirtschaftsabläufe durch neue Anbau-, Pflege- und Erntezyklen abgelöst: Landwirtschaft im Schichtsystem wurde die Regel. Es entstanden mit Hilfe hoher staatlicher Investitions- und Exportförderung [428: H.-G. SCHLOTTER, Landwirtschaftsförderung] spezialisierte Getreidebau- und große Tiermastbetriebe in vertikaler und horizontaler Kooperation mit anderen Branchen [334: W. GROSSKOPF/M. KÖHNE, Konzentration] und viel Technik bei abnehmendem Arbeitskräftebedarf, der nur im Osten künstlich verhindert wurde, im Westen aber voll durchschlug [40: U. PLANCK, Landwirtschaft]. Aus der alten Agrarfrage der 50er Jahre: „Wer wird die Scheunen füllen?" [417: H. PRIEBE, Scheunen], entstand die neue Agrarfrage: „Wer wird die Scheunen leeren?". Alle Zeichen standen auf Expansion, insbesondere in der Veredlungswirtschaft (z. B. in der Rinderhaltung) [342: G. MÜLLER, Entwicklungstendenzen].

Kosequenzen der Intensivlandwirtschaft

Die Mittel und Erfolge der Intensivlandwirtschaft in beiden Teilen Deutschlands waren verschieden [357: O. SCHILLER, Kooperation], die

Konsequenzen indessen gleich: neue Formen der Großproduktion, neue Fütterungs- und Aufzuchtmethoden, ertragreichere Tierrassen und Pflanzensorten, riskante Monokultur, Chemisierung und steigende Umweltbelastung (Waldsterben) bei wachsenden Sozialproblemen in den ländlichen Gemeinden. Ungeachtet der politischen und gesellschaftlichen Unterschiede zwischen beiden deutschen Staaten stellte die massive Industrialisierung der Pflanzen- und Tierproduktion die Landbevölkerung seit den 70er Jahren gleichsam vor die Wahl zwischen betrieblichem Gewinnstreben und der Sorgfaltspflicht gegenüber belebter und unbelebter Natur. In den Reaktionen auf diese Herausforderung durch die ungebremste Industrialisierung des Produktionsprozesses unterschieden sich West und Ost nicht grundsätzlich [438: U. THIEDE, Saat; 389: H. IMMLER, Agrarpolitik].

Agrarsozialpolitische Unterschiede

In der kapitalistischen und der sozialistischen Landwirtschaft blieben die sozialen und kulturellen Unterschiede landwirtschaftlicher Berufstätiger trotz einiger sozialpolitischer Neuerungen (im Westen: Alterssicherung, Kranken- und Unfallversicherung, Landabgabenrente [313: K. HAGEDORN, Reformversuche]; im Osten: soziale Einrichtungen wie Kindergärten und Landambulatorien, Prämiensystem) im Vergleich mit städtisch-industriellen Erwerbstätigen bestehen. Im Westen diente „der überwiegende Anteil der für die soziale Sicherung bereitgestellten Mittel der Einkommensübertragung" [424: M. SCHEELE, Politische Ökonomie, 249]. Landwirtschaftlich tätige Frauen hier wie dort standen im Windschatten staatlicher Sozialleistungen. Die Landwirtschaft in ganz Europa zeigte starke Überalterungserscheinungen, nicht nur in der gesamten EG, sondern auch im RGW-Bereich. Weder die Generation davor noch die städtische Bevölkerung sahen sich einem so starken Wandel in ihrer unmittelbaren Umgebung seit den 60er Jahren ausgesetzt wie die Dorfbewohner in beiden deutschen Staaten. Die „Entbäuerlichung" des Dorfes und die Entstehung von Flächengemeinden [430: H. SCHNEIDER, Kommunalpolitik] sind gesamtdeutsche Phänomene. Nach dem brachialen Umbau der traditionellen Gesellschaftsformation in den ostdeutschen Dörfern durch die SED-Partei- und Staatsführung zwischen Kriegsende und Mauerbau (1961) verschwanden mit einiger Verzögerung seit den 60er/70er Jahren im Westen die lange Zeit gültigen besitz- und familienorientierten Normen. Förderprogramme für die Sanierung alter Bausubstanzen flossen hier wie dort ebenso spärlich wie verspätet. Die deutschen Dörfer gerieten mit dem Wandel der bäuerlichen Arbeitswelt und den Veränderungen in den traditionellen Stadt-Land-Beziehungen an den Rand infrastruktureller Entwicklung, wenngleich die Bilanz bis zum Zeitpunkt der deutschen

Dörflicher Wandel

Einheit (1990) eher westdeutsche als ostdeutsche Erfolge aufwies [371: H. BECKER, Dörfer; 379: M. HAINZ, Sozialleben].

Neubeginn gesamtdeutscher Landwirtschaft

Pläne für die agrarwirtschaftliche und -gesellschaftliche Gemeinschaft von Bundesrepublik Deutschland und DDR bestanden 1989/90 nicht. Mit der Ausweitung des DM-Währungsgebiets begann zugleich eine problematische Wirtschaftsentwicklung, vor allem durch die totale Unterschätzung der planwirtschaftlichen Hinterlassenschaft [408: ST. MERL/E. SCHINKE, Agrarwirtschaft]. Von wirtschaftlichen Zusammenbrüchen geprägt, begann eine langfristige, konflikt- und kostenreiche Übergangsphase von der Planwirtschaft zur sozialen Marktwirtschaft [442: C. THOROE u.a., Agrarwirtschaft]. Die Umstrukturierung oder Auflösung verschuldeter Genossenschaftsbetriebe warf zahlreiche Probleme auf, u.a. die Überforderung von Entscheidungsträgern im staatlichen und wissenschaftlichen Bereich, die sozialen Probleme durch den Abbau von Arbeitskräften, schließlich die Planungsunsicherheit durch die von der Europäischen Union (EU) gesetzten politischen Rahmenbedingungen. Am Ende des 20. Jahrhunderts bot sich die großbetrieblich strukturierte und kapitalorientierte Landwirtschaft Ostdeutschlands, nun in verschiedenen Unternehmensformen, gegenüber den Resten personenorientierter bäuerlicher Landwirtschaft als Zukunftsmodell an.

Agrarsektorale Staatstätigkeit und Agrarlobbyismus

Die vermutete Schrumpfung des Agrarsektors unter den Bedingungen der Industrialisierung und Verstädterung von Lebensweisen leitet seit langem das Erkenntnisinteresse vor allem der politik- und wirtschaftswissenschaftlichen Forschung. Tatsächlich läßt sich die These von der „Marginalität des Agrarsektors“ [359: K. STREHLOW, Agrarstrukturwandel, 13] unter quantitativem Aspekt nicht bilanzieren, allenfalls die Behauptung von der Marginalisierung bestimmter Betriebstypen. Trotz einer massiven technischen Modernisierung und wachsenden Anteils am Agraraußenhandel wurde die Landwirtschaft zum Problemfall staatlicher Interventionspolitik. Zu Lasten der öffentlichen Hand wurde Agrarpolitik in Deutschland über ein Jahrhundert lang immer mehr mit finanzpolitischen Mitteln praktiziert und das Preisproblem mit untauglichen, weil veralteten Mitteln [108: U. TEICHMANN, Politik] zu lösen versucht. Das Resultat war zwiespältig: Einerseits gelang die Anpassung des Agrarsektors an die Erfordernisse der Industriewirtschaft und -gesellschaft, andererseits misslang der Abbau der Agrarmarktüberschüsse und -kosten.

Die öffentliche Debatte um die agrarsektorale Staatstätigkeit und den Agrarlobbyismus wird dadurch behindert, dass es den Behörden und Verbänden an sachlich-wissenschaftlichen Beobachtungs- und

Kontrollmöglichkeiten mangelt. Der Deutsche Bauernverband operiert doppelgleisig: Er versteht sich „als die maßgebliche und wirkungsvollste Interessengemeinschaft einer Bevölkerungsminderheit und eines in seiner volkswirtschaftlichen Bedeutung marginalisierten Wirtschaftssektors" [359: K. STREHLOW, Agrarstrukturwandel, 160], er sieht sich außerdem allen Betriebstypen verpflichtet und erhebt den mittelständischen Familienbetrieb zum „Leitbildmythos". Aber er begünstigt die Polarisierung des Agrarsektors in kapitalorientierte Intensivbetriebe und personenorientierte Extensivwirtschaften. Zur Doppelstrategie des DBV gehört auch die künstliche Erhaltung eines vorzeigbaren Restbestands an bäuerlichen Familienbetrieben zur Mobilisierung agrarprotektionistischer Maßnahmen. Seine Stärke resultiert aus der verbreiteten öffentlichen Sorge um die Verödung der Höfe und Dörfer, aus der Schwäche der zersplitterten Agraropposition [385: G. A. HERRMANN/H. HESS, Rückblick 2000; 422: H. VON ROHR, Opposition], aus der bäuerlichen Lethargie und der bäuerlichen Überzeugung, Opfer einer überfordernden, weil kostspieligen Ökologisierung konventioneller Landbaumethoden zu sein.

Doppelstrategie des Deutschen Bauernverbandes

Der DBV und seine Mitgliedsverbände verloren durch das Höfesterben zwar einen erheblichen Teil ihrer Anhängerschaft, mit der wie bis in die 60er Jahre Druck „über die Straße" hatte ausgeübt werden können [320: E. REHWINKEL, Strom; 314: C. HEEREMAN VON ZUYDTWYCK, Brille]; aber sie gewannen an Kraft aus der engen institutionellen und personellen Verflechtung mit dem Staat auf nationaler und supranationaler Ebene [63: G. BRAUN, Rolle; 363: P. ACKERMANN, Bauernverband], über die landwirtschaftlichen Selbstverwaltungsorgane [423: E. SAUER, Selbstverwaltung] sowie mit der Agrarindustrie und dem genossenschaftlich organisierten Agrarhandel [64: H. BUJARD, Interessenteneinfluß; 406: R. MAYNTZ, Verbände; 78: E. HEINER, Grüne Front]. Die Verbandspolitik verwandelte bis zum Jahrhundertende erfolgreich ihre einstige Massenmacht in aktuelle Marktmacht.

Kommerzielle Vernetzung des DBV

Die wissenschaftliche Agrarökonomie entwarf aus historischer Erfahrung wiederholt das Idealmuster einer staatlichen Agrarpolitik und steckte die Grenzen zwischen Staats- und Verbandsinteressen unmissverständlich ab [411: H. NIEHAUS/H. PRIEBE, Agrarpolitik; 321: G. SCHMITT, Bemerkungen]. Die wissenschaftliche Kritik am Agrarprotektionismus blieb im Allgemeinen ebenso unbeachtet wie die wissenschaftlichen Konzepte zur Anpassung der Produktion an den gemeinschaftlichen Markt [428: H.-G. SCHLOTTER, Landwirtschaftsförderung]. Staats- und Verbandspolitik grenzten die Wissenschaft aus dem Prozess der agrarpolitischen Willensbildung in konkreten Entschei-

Wissenschaftliche Kritik

dungssituationen aus [429: H.-G. SCHLOTTER, Willensbildung], während die auf oft rivalisierende „Schulen" verteilte wissenschaftliche Agrarökonomie der Politik tatsächliche Angriffspunkte bot, u. a. durch unrealistische Konzepte, widersprechende Theorien und unklare Begrifflichkeit, vor allem im Zusammenhang mit der betriebsstrukturellen Zukunft der deutschen Landwirtschaft auf der Basis bäuerlicher Familienwirtschaften [407: F. MEHLER, Ziel-Mittel-Konflikte]. Staats- und Verbandspolitik ignorierten in ihrer Wissenschaftsfeindlichkeit, dass die Zweiteilung der agrarpolitischen Zuständigkeiten die Wissenschaft daran hinderte, konzeptionell die Grenzen zwischen der supranationalen und nationalen Verantwortung exakt zu definieren [113: G. WEINSCHENCK, Entwicklung]. Es gelang ihr nicht einmal, einen Konsens zwischen den beiden einflussreichen Mitgliedsstaaten der Agrargemeinschaft wie Deutschland und Frankreich herzustellen [79: R. HERRMANN u. a., Landwirtschaft].

Schwerpunkte einer Agrargeschichte des 21. Jahrhunderts

Am Ende des 20. Jahrhunderts produzierten immer weniger Betriebe mit immer weniger Menschen auf immer größeren Flächen mit immer größeren Viehherden immer höhere Erträge bei permanent sinkender inländischer Nachfrage [458: H. GOLLNICK, Ausgaben]. Agrartechnische Impulse erhöhten laufend den betrieblichen Innovationsdruck [331: TH. FRIEDER, Analyse; 348: P. PASCHER, Entwicklungschancen]. Seit den 90er Jahren zeichnen sich einige Problembereiche ab, die die Agrarentwicklung der ersten Jahrzehnte des 21. Jahrhunderts bestimmen. Dabei wird deutlich, dass die wissenschaftliche Aufarbeitung nicht mehr ausschließlich unter dem Modernisierungs- und Fortschrittsaspekt zu schreiben ist. Nicht die wachsende Produktivität steht im Mittelpunkt, sondern die Überproduktion und ihre Folgen. Die Erfahrungen der jüngsten Vergangenheit mit dem störanfälligen und manipulierbaren Ernährungssystem fordern von einer wissenschaftlichen Analyse vor allem kritische Distanz gegenüber dem agrarischen Produktions-, Verarbeitungs- und Verwertungsprozess. Die ersten Beiträge zu Teilen eines breiten Themenangebots lassen bereits diesen Ansatz erkennen. Im Vordergrund des wissenschaftlichen Interesses stehen die Nahrungssicherheit, die Spannungen zwischen nationaler und gemeinschaftlicher Agrarpolitik [427: F. SCHINZINGER/I. ZAPP, Agrarpolitik], die Grenzen der globalisierten Agrarwirtschaft sowie der unterschiedliche Strukturwandel in den alten und neuen Bundesländern. Darüber darf nicht die Gefahr eines plötzlich aufbrechenden Agrarpopulismus und einer neuen „Bauerntums"-Ideologie [403: J. KRAMMER: „Landleben"] vergessen werden.

Nahrungsunsicherheit

Das Image der zeitgenössischen Landwirtschaft ist negativ. Ein intensiv produzierender Wirtschaftszweig wird durch unseriöse Angebote immer mehr zur öffentlichen Gefahr [452: M. BRIAN, Essen] und schadet sich selbst. Es dürfte zur Zeit schwer fallen, dem ein positives Bild der Land- und Ernährungswirtschaft entgegenzusetzen. Die als „Agrarwende“ politisch verordnete Alternative eines staatlich privilegierten Ökolandbaus stellt nicht den Königsweg aus dem aktuellen Dilemma dar. Mit der Ökologisierung ist die Anfälligkeit der modernen Produktionsmethoden (u.a. durch Tierseuchen, -krankheiten und kontaminierte Produktionsmittel) nicht behoben [455: E. P. CUNNINGHAM, After BSE]. Welche Probleme verdienen in diesem Zusammenhang weitere Beachtung? Ausgangspunkt ist der Gegensatz zwischen Agrarproduktion und Verbraucherschutz, der gegen Ende des 20. Jahrhunderts seinen Höhepunkt erreichte. Die allgemeine Ernährungslage ist widersprüchlich durch die Kluft zwischen dem breiten Lebensmittelangebot aus allen Vegetationszonen der Erde und der gesundheitlichen Gefährdung. Industriell hergestellte Lebensmittel [454: H. E. BUCHHOLZ, Ernährungsindustrie] gerieten seit der BSE-Krise und allen folgenden Affären um gesundheitsschädliche Nahrungsgüter und Massentiervernichtung [400: U. KLUGE, Ökowende] unter Verdacht. Skandale zogen auch den Handel in Mitleidenschaft [449: A. BÖCKER/S. ALBRECHT, Risikowahrnehmung] und warfen schließlich die Frage auf nach Funktion und Nutzen des dichten und kostspieligen Netzes staatlicher Forschungseinrichtungen. Gesetze und Untersuchungsämter boten der Nahrungskette nicht hinreichend Schutz. Die Kette der Lebensmittelskandale reißt immer noch nicht ab. Hinzu kommt die Unsicherheit gegenüber genmanipulierten Nahrungsmitteln.

Agrarproduktion kontra Verbraucherschutz

Gentechnologie

Die Grüne Gentechnik [338: A. IDEL, Gentechnik] steht im Verdacht, ihre Produkte durch die Hintertür in das europäische Nahrungsmittelangebot zu lancieren. Es fehlen immer noch sachlich fundierte Analysen unabhängiger Wissenschaftler verschiedener Fachrichtungen mit aufklärender Zielsetzung, um den Vorwurf der „Risikotechnologie“ zu entkräften oder zu bestätigen [436: H. THEISEN, Bio- und Gentechnologie; 453: T. A. BROWN, Gentechnologie; 457: R. FUCHS, Gen-Food; 460: H. W. HAMACHER, Gentechnologie; 461: TH. HIEPE, Nahrungsketten; 465: TH. RETZMANN u.a., Streitobjekt Genfood; 469: B. WAGNER-PFEIFFER, Umweltrecht]. Historiker, Politik- und Wirtschaftswissenschaftler sind aufgefordert, die politische Bedeutung der Genmanipulation zu untersuchen, zumal gentechnisch veränderte Lebens- und Produktionsmittel (Saatgut, Tierfutter) seit geraumer Zeit die Schärfe des Handelskonfliktes zwischen der EU und den USA bestimmen sowie das Verhältnis zwischen den Industrie- und Entwicklungsländern belasten [450: H. BONFADELLI/U. DAHINDEN, Gentechnologie; 451: CH.

BONTE-FRIEDHEIM, Welternährung]. Dieser Themenkomplex umfasst auch die Formen des neuen „Bio-Lobbyismus" im politischen Raum sowie die Entstehung und Entwicklung eines von Interessenorganisationen vermittelten „grünen" Korporatismus von Staat und Wirtschaft.

EU-Agrarreform und landwirtschaftliche Globalisierung

Eine wissenschaftliche Gesamtschau der gemeinschaftlichen Agrarpolitik im Zusammenhang mit der internationalen Verflechtung der Produktions-, Verarbeitungs- und Verwertungszentren wäre eine Aufgabe, die nur mit erheblichem Aufwand an Personal und Zeit in arbeitsteiliger Form zu leisten ist. Die Ursachen und Folgen der agrarischen Überproduktion bilden den Ausgangspunkt der Betrachtung. Daran schließt sich die Frage nach den Hindernissen einer durchgreifenden Strukturreform des EU-Agrarmarkts. Warum blieb der kontinuierliche Produktionszuwachs als Leitmotiv Brüsseler Agrarpolitik auf der Basis des EWG-Vertrages von 1957 (Artikel 39) bis heute bestehen? Droht die europäische Agrargemeinschaft am Übergewicht nationaler Interessen zu scheitern? Damit rückt auch die in den 90er Jahren politisch verordnete „Agrarwende" ins Blickfeld. Dass sie bisher erfolglos blieb, ist einerseits als Politikversagen herausgestellt worden, andererseits fehlt hierfür noch die wirtschaftliche und soziale Begründung.

Über die politische Stimmung in der bäuerlichen Landbevölkerung herrscht im Allgemeinen Unsicherheit. Tatsache ist, dass nach einem krisenfreien Wandel in der alten Bundesrepublik [396: U. KLUGE, Wandel] ein Interessenausgleich entstand, dessen Ende sich immer deutlicher abzeichnet. Die Mehrzahl der Bauern verhält sich politikverdrossen; ihre Resignation drücken sie durch immer wieder aufflammende Protestaktionen sowie durch wachsende Abstinenz in Kommunal- und Europa-Wahlen aus. Der nationalen Agrarpolitik begegnen die Bauern mit Skepsis, weil sie davon überzeugt sind, dass über ihre Zukunft weniger in Brüssel als auf dem Weltmarkt entschieden wird. Diese Eindrücke bedürfen jedoch der wissenschaftlichen Bestätigung, ebenso wie die Wirkung der selbstlähmenden Politik der WTO auf die EU-Bevölkerung nach den gescheiterten Verhandlungsrunden der vergangenen Jahre [401: U. KLUGE, Qatar]. Wie die USA ihr Handelssystem auf bilateraler Basis und die Schaffung eines transkontinentalen Freihandelssystems („von Alaska bis Feuerland") ausbauen, darüber ist bisher überwiegend in der englischsprachigen Literatur zu lesen [378: A. GULATI/A. HODA, WTO; 390: M. D. INGCO, Agriculture; 392: M. KHOR, WTO; 419: H.-J. PRIESS, WTO-Handbuch; 432: S. SHIN, Kyoto-Protokoll; 441: CH. TIETJE, Welthandelsorganisation]. Es stellt sich neben der Aufarbeitung des Themas aus deutscher Sicht auch die Aufgabe, den europäischen und amerikanischen Agrarsubventionismus als

Politikverdrossenheit der bäuerlichen Bevölkerung

permanente Quelle von Handelskonflikten gegeneinander aufzurechnen, um den wachsenden Antiamerikanismus in Deutschland und der EU von seinen irrationalen Komponenten zu trennen [387: H. HOHMANN, Außenhandelsfreiheit; 433: D.I. SIEBOLD, Welthandelsorganisation; 435: B. STARITZ, Spielregeln].

Strukturwandel

Der Weg zu einer Landwirtschaft, die in ihren äußeren Dimensionen und Produktionsqualitäten mit dem berechtigten Anspruch breiter Konsumentenschichten auf sichere Nahrungsgüter, erhaltenswerte Natur, humanen Umgang mit Tieren, höhere Lebensqualität in den ländlichen Gemeinden sowie Kosten sparende und handelsdefensive Agrarpolitik in Einklang steht, muss noch gefunden werden. Spekulationen über die Landwirtschaft der Zukunft sind verfehlt, zumal hierin die Wunschvorstellungen unterschiedlicher Interessengruppen zum Ausdruck kommen. Um die traditionelle und die alternative Produktionsweise entstanden zwei gegensätzliche politische und gesellschaftliche Gravitationszentren [351: G. PREUSCHEN, Weltgeschichte; 444: G. VOGT, Entstehung; 416: U. PLANCK, Landbau]. Auf die Frage nach dem Bauernhof der Zukunft gibt es unterschiedliche Antworten. Alle weiteren wissenschaftlichen Überlegungen werden aber davon ausgehen müssen, wie die neue deutsche Agrarfrage, der Konflikt zwischen Agrargenossenschaften und bäuerlichen Familienbetrieben in den neuen Bundesländern, gelöst wird [405: H. C. LÖHR, Kampf; 442: C. THOROE, Agrarwirtschaft]. Dieser Konflikt entstand durch den außenpolitisch begründeten „Restitutionsausschluss" der Bundesregierung (*hierzu jüngst: C. PAFFRATH, Macht und Eigentum. Die Enteignungen 1945–1949 im Prozeß der deutschen Wiedervereinigung. Köln 2004) sowie durch die massive Bevorzugung der LPG-Nachfolgebetriebe. Zahlreiche Details liegen durch den versperrten Zugang zu den Quellen noch im Dunkeln. Solange die geschichtswissenschaftliche Aufhellung der komplizierten Zusammenhänge auf sich warten lässt, wird die neue deutsche Agrarfrage die Gerichte beschäftigen und den sozialen Frieden in den ländlichen Gemeinden der neuen Bundesländer auf die lange Bank schieben.

Künftige Vielfalt der Betriebsformen

Solange es die Quellenlage nicht erlaubt, endgültig über die bundesdeutsche Agrarpolitik im Prozess der Wiedervereinigung 1990 zu urteilen, sollte das Schwergewicht der Forschung, insbesondere der Unternehmensgeschichte auf die Untersuchung des bäuerlichen Familienbetriebs gelegt werden. Trotz des oftmals prophezeiten Untergangs erweist sich diese Betriebsform als stabiler und anpassungsfähiger als Großbetriebe auf Lohnarbeitsbasis. Dabei wird die verstärkte Tendenz zum landwirtschaftlichen Nebenerwerb zu berücksichtigen sein. Ökonomische, soziale, topographisch-klimatische und kulturelle Voraussetzungen begünstigen die Existenz unterschiedlicher Betriebsformen. Auch im Rahmen der erweiterten EU-Agrargemeinschaft wird sich die deutsche Landwirtschaft aus verschiedenen Landbausystemen zusammensetzen: aus der hoch technisierten Großlandwirtschaft in Form von Kapital- und Personengesellschaften, den mittelständischen Betrieben in Familienbesitz und klein strukturierten Ökobetrieben [52: J. NIGGEMANN, Strukturwandel]. Es wird auf unterschiedliche Weise produziert werden, aber hauptsächlich in einer Mischung der beiden Grundanbauarten: konventionell und ökologisch [425: W. SCHEPER, Perspektiven].

Paradigmawechsel der Agrargeschichtsforschung

Der Entwicklungsstand der Landwirtschaft im Übergang vom 20. zum 21. Jahrhundert stellt die Agrargeschichtsschreibung vor neue Aufgaben. Sie wird ihren bisherigen Ansatz verändern, wie sich die Landwirtschaft verändert hat. Sie wird zu berücksichtigen haben, dass die alten konstitutiven Elemente der Landwirtschaft (Produktionszuwachs und Technisierung) durch neue Elemente (u. a. Sozial- und Naturverträglichkeit) abgelöst werden. Sie wird den innergesellschaftlichen Konflikt zwischen traditioneller und alternativer Produktionsweise [350: G. PREUSCHEN, Weltgeschichte; 416: U. PLANCK, Landbau; 444: G. VOGT, Entstehung] ebenso zu berücksichtigen haben wie die Gefahren der fortschreitenden Technisierung, vor allem die Überproduktion [458: H. GOLLNICK, Ausgaben], die beschleunigte Landflucht und das Höfesterben, die Entagrarisierung der Dörfer bzw. ihre immer engere Verklammerung mit dem städtischen Wirtschafts- und Sozialmilieu, die Förderung der großbetrieblichen Produktion und den wachsenden Verwertungsdruck auf die Nutztiere. Wenn es der Agrargeschichtsschreibung gelingt, wieder breiteren Raum in der Lehre an Schulen, Hochschulen und Universitäten einzunehmen, wächst auch die Hoffnung, dass sie wieder Einfluss auf die Politik gewinnt. Allein unter diesem Gesichtspunkt erhielte der komplexe Wandel seit Beginn des 20. Jahrhunderts einen Sinn.

III. Quellen und Literatur

Abkürzungen nach Historische Zeitschrift sowie
BüL   Berichte über Landwirtschaft

1. Bibliographien. Hilfswissenschaftliche Beiträge

1. W. Böhm, Biographisches Handbuch zur Geschichte des Pflanzenbaus. München 1997.
2. Ders., Göttinger Pflanzenbauwissenschaftler. Eine Bibliographie. Regensburg 1988.
3. Chr. Borcherdt u. a., Führer durch die Agrarstatistiken der südwestdeutschen Länder 1850–1939. Ostfildern 1989.
4. H. Haushofer/S. Riedmüller, Bayerische Agrarbibliographie. München 1954.
5. W. G. Hoffmann, Das Wachstum der deutschen Wirtschaft seit der Mitte des 19. Jahrhunderts. Berlin 1965.

2. Zeitübergreifende Einführungen und Sammelwerke

6. R. Berthold (Bearb.), Produktivkräfte in Deutschland 1917/18 bis 1945. Berlin (Ost) 1988.
7. C. von Dietze, Deutsche Agrarpolitik seit Bismarck, in: ZAA 12 (1964) 200–215.
8. H. W. Graf Finck von Finckenstein, Die Entwicklung der Landwirtschaft in Preußen und Deutschland 1800–1930. Würzburg 1960.
9. H. Haushofer, Die deutsche Landwirtschaft im technischen Zeitalter. Stuttgart 1963.
10. F.-W. Henning, Landwirtschaft und ländliche Gesellschaft in Deutschland. Bd. 2, Paderborn 1978.
11. Ders., Handbuch der Wirtschafts- und Sozialgeschichte Deutsch-

lands, Bd. 2: Deutsche Wirtschafts- und Sozialgeschichte im 19. Jahrhundert. Paderborn 1996.

12. DERS., Handbuch der Wirtschafts- und Sozialgeschichte Deutschlands, Bd. 3: Deutsche Wirtschafts- und Sozialgeschichte in der ersten Hälfte des 20. Jahrhunderts, Teil I: Deutsche Wirtschafts- und Sozialgeschichte im Ersten Weltkrieg und in der Weimarer Republik 1914 bis 1932. Paderborn 2003.
13. K. HERRMANN/H. WINKEL (Hrsg.), Vom „fleißigen" zum „produktiven" Bauern. Aspekte zum Wandel der europäischen Landwirtschaft des 19./20. Jahrhunderts. St. Katharinen 1992.
14. A. HESSE, Die langfristige Entwicklung der deutschen Landwirtschaft. Diss. (Ms) Münster 1956.
15. E. KLEIN, Geschichte der deutschen Landwirtschaft. Ein Überblick. Stuttgart 1969.
16. R. KRZYMOWSKI, Geschichte der deutschen Landwirtschaft bis zum Ausbruch des zweiten Weltkrieges 1939 unter besonderer Berücksichtigung der technischen Entwicklung der Landwirtschaft. 3. Auflage, Berlin 1961.
17. Landwirtschaft und ländliche Gesellschaft in Geschichte und Gegenwart. Festschrift Wilhelm Abel. Hannover 1964.
18. J. VON LEERS, Der Weg des deutschen Bauern von der Frühzeit bis zur Gegenwart. 3. Auflage, Leipzig 1940.
19. D. PETZINA, Die deutsche Wirtschaft in der Zwischenkriegszeit. Wiesbaden 1977.
20. W. ROESENER, Einführung in die Agrargeschichte. Darmstadt 1997.
21. M. ROLFES, Landwirtschaft 1914–1970, in: H. Aubin/W.Zorn (Hrsg.), Handbuch der Deutschen Wirtschafts- und Sozialgeschichte, Bd. 2. Stuttgart 1976, 776–788.
22. A. SCHLÖGL, Bayerische Agrargeschichte. Die Entwicklung der Land- und Forstwirtschaft seit Beginn des 19. Jahrhunderts. München 1954.
23. G. SCHULZ (Hrsg.), Von der Landwirtschaft zur Industrie. Wirtschaftlicher und gesellschaftlicher Wandel im 19. und 20. Jahrhundert. Festschrift Friedrich-Wilhelm Henning. Paderborn 1996.
24. E. SCHULZE, 7500 Jahre Landwirtschaft in Deutschland. Von den Bandkeramikern bis zur Wiedervereinigung. Bitterfeld 1994.
25. K. TEPPE (Hrsg.), Zur Agrargeschichte Westfalens im 19. und 20. Jahrhundert. Münster 1990.
26. R. WIESE (Hrsg.), Im Märzen der Bauer. Landwirtschaft im Wandel. Hamburg 1993.

3. Agrarwissenschaft und -theorie im Überblick. Zeitübergreifende biographische Beiträge

27. W. Abel, Agrarpolitik. 3. Auflage, Göttingen 1967.
28. H. Becker/G. Schmitt, Die Entwicklung der Agrarwissenschaften an der Georg-August-Universität zu Göttingen, in: ZAA 38 (1990) 42–61.
29. S. von Ciriacy-Wantrup, Agrarkrisen und Stockungsspannungen. Zur Frage der langen „Wellen" in der wirtschaftlichen Entwicklung. Berlin 1936.
30. C. von Dietze, Agrarkrisen, in: Wörterbuch der Volkswirtschaft, Bd. 1. Jena 1931, 35–40.
31. G. Franz/H. Haushofer (Hrsg.), Große Landwirte. Frankfurt am Main 1970.
32. S. von Frauendorfer, Ideengeschichte der Agrarwirtschaft und Agrarpolitik im deutschen Sprachgebiet, Bd. 1: Von den Anfängen bis zum ersten Weltkrieg. München 1957.
33. Ch. Giordano, Die vergessenen Bauern. Agrargesellschaften als Objekt sozialwissenschaftlicher Amnesie, in: Ders./R. Hettlage (Hrsg.), Bauerngesellschaften im Industriezeitalter. Berlin 1989, 9–27.
34. A. Hanau, Landwirtschaftliche Marktforschung in Deutschland. München 1967.
35. Arthur Hanau zum Gedächtnis, hrsg. v.d. Forschungsgesellschaft für Agrarpolitik und Agrarsoziologie e.V. Bonn. Bonn 2003.
36. H. Haushofer, Ideengeschichte der Agrarwirtschaft und Agrarpolitik im deutschen Sprachgebiet, Bd. 2: Vom ersten Weltkrieg bis zur Gegenwart. München 1958.
37. V. Klemm, Agrarwissenschaften in Deutschland. Geschichte – Tradition. Von den Anfängen bis 1945. St. Katharinen 1992.
38. A. Münzinger, Aus meinem Leben. Hohenheim 1963.
39. B. Mütter, Agrarmodernisierung als Lebenserfahrung. Friedrich Oetken (1850–1922), ein vergessener Pionier der oldenburgischen Landwirtschaft. Oldenburg 1992.
40. U. Planck, Die Landwirtschaft in der Industriegesellschaft und die Industrialisierung der Landwirtschaft, in: ZAA 33 (1985) 56–77.
41. K. Ritter, Agrarwirtschaft und Agrarpolitik im Kapitalismus. 1. Halbband Berlin (Ost) 1955. 2. Halbband, Teil 1 u. 2, Berlin (Ost) 1959.

42. H.-J. RUPIEPER (Hrsg.), Beiträge zur Geschichte der Martin-Luther-Universität 1502–2002. Halle/Saale 2002.
43. G. SCHMITT, Zur frühen Geschichte der landwirtschaftlichen Marktforschung in Deutschland, in: Landwirtschaftliche Marktforschung in Deutschland. München 1967, 17–40.
44. K. VAHLBRUCH, Die Wertung des deutschen Bauern in der modernen Industriegesellschaft, besonders im Lichte der kriminologischen Forschung, Diss. agr. Bonn 1967.
45. A. WIMSCHNEIDER, Herbstmilch. Lebenserinnerungen einer Bäuerin. München 1984.

4. Agrarstruktur und -technik im Überblick

46. G. DAHMS u. a. (Hrsg.), Stein auf Stein. Ländliches Bauen zwischen 1870 und 1930. Rosengarten-Ehestorf 1999.
47. G. DREWS, Wandlungen und Umschichtungen in der Betriebsgrößenstruktur der Landwirtschaft in der Bundesrepublik Deutschland von 1882 bis 1963, in: BüL 43 (1965) 229–293.
48. G. FRANZ (Hrsg.), Die Geschichte der Landtechnik im XX. Jahrhundert. Frankfurt am Main 1969.
49. TH. HÄBICH, Deutsche Latifundien. 3. Auflage, Stuttgart 1947.
50. CHR. HAVERKAMP, Die Erschließung des Emslandes im 20. Jahrhundert als Beispiel staatlicher regionaler Wirtschaftsförderung. Sögel 1991.
51. K. HERRMANN, Acker-Giganten. Braunschweig 1985.
52. J. NIGGEMANN, Strukturwandel der Landwirtschaft im technischen Zeitalter, in: Westfälische Forschungen 40 (1990) 483–500.
53. F. RICHTER, Industriepolitik im agrarischen Osten. Ein Beitrag zur Geschichte Ostpreußens zwischen den Weltkriegen. Wiesbaden 1984.
54. H. WINKEL/K. HERRMANN (Hrsg.), The Development of Agricultural Technology in the 19th and 20th Centuries. Ostfildern 1984.

5. Agrarpolitik im Überblick

55. W. ABEL, Agrarkrisen und Agrarkonjunktur. Eine Geschichte der Land- und Ernährungswirtschaft Mitteleuropas seit dem hohen Mittelalter. 2., neubearb u. erw. Auflage, Hamburg 1966.

56. Agrarstrukturpolitik im Rahmen regionaler Wirtschaftspolitik in westeuropäischen Ländern. Referate, Länderberichte und Diskussionsbeiträge der Arbeitstagung der Forschungsgesellschaft für Agrarpolitik und Agrarsoziologie e.V. Bonn. Hamburg 1961.
57. B. Andreae, Betriebsformen in der Landwirtschaft. Entstehung und Wandlung von Bodennutzungs-, Viehhaltungs- und Betriebssystemen in Europa und Übersee sowie neue Methoden ihrer Abgrenzung. Stuttgart 1964.
58. J. Bengelsdorf, Die Landwirtschaft der Vereinigten Staaten von Amerika im 2. Weltkrieg. St. Katharinen 1997.
59. E. Bittermann, Die landwirtschaftliche Produktion in Deutschland 1800–1950. Sonderdruck aus: Kühn-Archiv 70 (1956) 1–149.
60. M. Blümcke (Hrsg.), Abschied von der Dorfidylle? Ein Lesebuch vom Leben und Arbeiten im deutschen Südwesten in den letzten 200 Jahren. Stuttgart 1982.
61. E. Böckenhoff, Die Agrarmarktordnungen nach 1945, in: H. Pohl (Hrsg.), Die Auswirkungen von Zöllen und anderen Handelshemmnissen auf Wirtschaft und Gesellschaft vom Mittelalter bis zur Gegenwart. Stuttgart 1987, 370–379.
62. K. Borchardt, Wachstum, Krisen, Handlungsspielräume der Wirtschaftspolitik. Göttingen 1982.
63. G. Braun, Die Rolle der Wirtschaftsverbände im agrarpolitischen Entscheidungsprozeß der Europäischen Wirtschaftsgemeinschaft. Berlin 1972.
64. H. Bujard, Der Interessenteneinfluß auf die europäische Zuckerpolitik. Entstehung, Gestaltung und Auswirkungen der EWG-Zuckermarktordnung. Baden-Baden 1974.
65. C. Clarke, The Conditions of Economic Progress. London 1940.
66. Th. Dams u.a. (Hrsg.), Agrarpolitik in der EWG. Festschrift für Heinrich Niehaus. München 1968.
67. 100 Jahre bäuerliche Interessenvertretung in Baden, hrsg. vom Badischen Landwirtschaftlichen Hauptverband Freiburg. Freiburg i.Br. 1989.
68. A. Eiynck u.a. (Red.), Wanderarbeiter jenseits der Grenze. 350 Jahre auf der Suche nach Arbeit in der Fremde. Assen u.a. 1993.
69. G. Erdmann, Diesseits der Theorie. Partizipation, Demokratie und ländliche Genossenschaftsbewegung in Deutschland. Freiburg i.Br. 1997.
70. R. J. Evans/W. R. Lee (Hrsg.), The German Peasantry. Conflict and Community in Rural Society from the Eighteenth to the Twentieth Centuries. London 1986.

71. J. Flemming, Landwirtschaftliche Interessen und Demokratie. Ländliche Gesellschaft, Agrarverbände und Staat 1890–1925. Bonn 1978.
72. E. Frie, Wohlfahrtsstaat und Provinz. Fürsorgepolitik des Provinzialverbandes Westfalen und des Landes Sachsen 1880–1930. Paderborn 1993.
73. H. Gamperl, Die Flurbereinigung im westlichen Europa. München 1955.
74. S. Gargas, Die grüne Internationale. Halberstadt 1927.
75. W. Görlitz, Die Junker. Adel und Bauern im deutschen Osten. Geschichtliche Bilanz von 7 Jahrhunderten. Glücksburg/Ostsee 1956.
76. H.-G. Haupt, Konsum und Handel. Europa im 19. und 20. Jahrhundert. Göttingen 2002.
77. H. Heidrich (Hrsg.), Mägde, Knechte, Landarbeiter. Arbeitskräfte in Süddeutschland. Bad Windsheim 1997.
78. E. Heiner, Die Grüne Front. Probleme der Agrarpolitik in der EWG. Wien 1965.
79. R. Herrmann u. a., Landwirtschaft und Agrarpolitik in Deutschland und Frankreich: Auf der Suche nach neuen Wegen, in: Agrarwirtschaft 50 (2001) 133–135.
80. St. H. Holbrock, Machines of Plenty. Pioneering in American Agriculture. New York 1955.
81. F. Jacobs, Von Schorlemer zur Grünen Front. Düsseldorf 1957.
82. B. Junker/R. Maurer, Kampf und Verantwortung. Bernische Bauern-, Gewerbe- und Bürgerpartei 1918–1968. Bern 1968.
83. B. Krieg, „Landfrau so geht's leichter!" Modernisierung durch hauswirtschaftliche Gemeinschaftsanlagen mit Elektrogeräten im deutschen Südwesten von 1930 bis 1970. München 1996.
84. E. Lagler, Theorie der Landwirtschaftskrisen. Berlin 1935.
85. E. Laur, Die Krise der Weltlandwirtschaft. Wien 1930.
86. P. Maurer, Anbauschlacht, Landwirtschaft, Plan Wahlen, Anbauwerk 1937–1945. Zürich 1985.
87. H. Meier-Kaienburg, Frauenarbeit auf dem Land. Zur Situation abhängig beschäftigter Frauen im Raum Hannover 1919–1939. Bielefeld 1992.
88. J. L. Meij, Mechanization in Agriculture. Amsterdam 1960.
89. H. Mendras, Les Paysans et la Modernisation de l'Agriculture. Paris 1958.
90. Ch. M. Merki, Zucker gegen Saccharin. Zur Geschichte der künstlichen Süßstoffe. Frankfurt am Main 1993.

91. T. MEYER/R. REITH (Hrsg.), Luxus und Konsum. Münster 2003.
92. R. G. MOELLER (Hrsg.), Peasants and Lords in Modern Germany. Boston 1986.
93. E. M. OJALA, Agriculture and Economic Progress. London 1952.
94. A. PANZER, Industrie und Landwirtschaft in Deutschland im Spiegel der Außenwirtschafts- und Zollpolitik von 1870 bis heute, in: ZAA 23 (1975) 71–85.
95. H. PRIEBE, Die agrarwirtschaftliche Integration Europas. Baden-Baden 1979.
96. H.-J. PUHLE, Politische Agrarbewegungen in kapitalistischen Industriegesellschaften. Deutschland, USA und Frankreich im 20. Jahrhundert. Göttingen 1975.
97. W. PYTA, Besteuerung und steuerpolitische Forderungen des ostelbischen Großgrundbesitzes 1890–1933, in: 98: 361–378.
98. H. REIF (Hrsg.), Ostelbische Agrargesellschaft im Kaiserreich und in der Weimarer Republik. Berlin 1994.
99. R. RIESEN, Die Schweizerische Bauernheimatbewegung (Jungbauern). Die Entwicklung von den Anfängen bis 1947 unter der Führung von Dr. Hans Müller. Berlin 1972.
100. W. ROESENER, Die Bauern in der europäischen Geschichte. München 1993.
101. G. SCHMITT, Der Mansholt-Plan aus der Sicht der Agrarwissenschaften. Kiel 1969.
102. DERS. (Hrsg.), Möglichkeiten und Grenzen der Agrarpolitik in der EWG. München 1969.
103. TH. W. SCHULTZ, Agriculture in an Unstable Economy. New York 1945.
104. CHR. SCHWARZ, Zur Geschichte der Landfrauenbewegung in Deutschland, in: ZAA 40 (1992) 28–42.
105. M. SERING, Internationale Preisbewegung und Lage der Landwirtschaft in den außertropischen Ländern. Berlin 1929.
106. DERS., Die agrarischen Umwälzungen im außerrussischen Osteuropa. Berlin 1930.
107. M. STEINER, Die Agrarpolitik in der Schweiz und in Deutschland von 1933–1939. Diss. phil.-hist. Basel 1953.
108. U. TEICHMANN, Die Politik der Agrarpreisstützung. Marktbeeinflussung als Teil des Agrarinterventionismus in Deutschland. Köln 1955.
109. H.-P. ULLMANN, Interessenverbände in Deutschland. Frankfurt am Main 1988.

110. H. FRHR. VON VERSCHUER, Die soziale Lage der bäuerlichen Familienbetriebe in Frankreich, in: BüL 34 (1956) 152–175.
111. A. WEBER, Struktur und Dynamik des Fleischverbrauchs in den Ländern der Europäischen Wirtschaftsgemeinschaft. Hannover 1961.
112. N. WEBER (Hrsg.), Facetten der Forstpolitikwissenschaft. Remagen-Oberwinter 2003.
113. G. WEINSCHENCK (Hrsg.), Die künftige Entwicklung der europäischen Landwirtschaft. Prognosen und Denkmodelle. München 1973.
114. J. WERCKMEISTER (Hrsg.), Land-Frauen-Alltag. Hundert Jahre Lebens- und Arbeitsbedingungen im ländlichen Raum. Marburg 1989.
115. H. H. R. WRAGE, Englands Agrarpolitik zwischen Commonwealth und Europa. Entstehung des englischen Agrarschutzsystems und das Verhältnis zur EWG. Hamburg 1969.
116. E. WYLER, Grünes Europa – wohin? Der Weg der Jäger und der Bauern durch die Jahrtausende. München 1958.
117. P. ZIMMERMANN, Der Bauernroman. Antifeudalismus, Konservativismus, Faschismus. Stuttgart 1975.

6. Ernährung, Versorgung und Umwelt im Überblick

118. J. BAUMGARTNER, Ernährungsreform – Antwort auf Industrialisierung und Ernährungswandel. Frankfurt am Main 1992.
119. W. CONRADT, Existenzminimum. Ein rechnerischer Richtweg durch das haushaltende Deutschland der letzten 85 Jahre. Königsberg 1933.
120. P. ERKER, Ernährungskrise und Nachkriegsgesellschaft. Bauern und Arbeiterschaft in Bayern 1943–1953. Stuttgart 1990.
121. H. SCHMITZ, Die Bewirtschaftung der Nahrungsmittel und Verbrauchsgüter 1939–1950. Dargestellt am Beispiel der Stadt Essen. Essen 1956.
122. G. SCHRÖDER-LEMBKE, Waldzerstörung und Walderneuerung in Deutschland in vorindustrieller Zeit, in: ZAA 35 (1987) 120–137.
123. H. J. TEUTEBERG (Hrsg.), Durchbruch zum modernen Massenkonsum. Lebensmittelmärkte und Lebensmittelqualität im Städtewachstum des Industriezeitalters. Münster 1987.
124. W. ZIEGELMAYER, Die Ernährung des deutschen Volkes. Berlin 1947.

7. Deutsche Landwirtschaft im Übergang zum 20. Jahrhundert

7.1 Agrarwissenschaft und -theorie. Biographische Beiträge

125. F. AEREBOE, Der Einfluß des Krieges auf die landwirtschaftliche Produktion in Deutschland. Stuttgart 1927.
126. R. ALDENHOFF-HÜBINGER, Agrarpolitik und Protektion. Deutschland und Frankreich im Vergleich 1879–1914. Göttingen 2002.
127. C. VON DIETZE, Gedenkrede auf Max Sering anläßlich der 100. Wiederkehr seines Geburtstages, in: ZAA 6 (1958) 1–19.
128. D. GERHOLD, Clemens Freiherr von Schorlemer (1856–1922). Berlin 2002.
129. A. REITZ, Max Eyth. Ein Ingenieur reist um die Welt. Heidelberg 1956.
130. G. SOSSINKA, Diederich Hahn. Direktor des Bundes der Landwirte. Göttingen 1974.

7.2 Agrarstruktur, -technik und -siedlung

131. W. A. BOELCKE, Wandlungen der deutschen Agrarwirtschaft in der Folge des Ersten Weltkriegs, in: Francia 3 (1975) 498–532.
132. F. OPPENHEIMER, Die Siedlungsgenossenschaft. 3., unveränd. Auflage, Jena 1922 (Erstauflage Leipzig 1896).
133. L.W. RIES, Als der Bauer noch keine Maschinen hatte. Bauernleben und Landarbeit um die Jahrhundertwende. Wolfratshausen 1969.

7.3 Agrarpolitik. Ländliche Gesellschaft

134. I. BUCHSTEINER, Großgrundbesitz in Pommern 1871–1914. Ökonomische, soziale und politische Transformation der Großgrundbesitzer. Berlin 1993.
135. K.W. HARDACH, Die Haltung der deutschen Landwirtschaft in der Getreidezoll-Diskussion 1878/79, in: ZAA 15 (1967) 33–48.
136. H.-H. HERLEMANN, Vom Ursprung des deutschen Agrarprotektionismus, in: E. Gerhardt/P. Kuhlmann (Hrsg.), Agrarwirtschaft und Agrarpolitik. Köln 1969, 183–208.
137. W. KASCHUBA/C. LIPP, Dörfliches Überleben. Zur Geschichte materieller und sozialer Reproduktion ländlicher Gesellschaft im 19. und frühen 20. Jahrhundert. Tübingen 1982.

138. H.-J. PUHLE, Von der Agrarkrise zum Präfaschismus. Thesen zum Stellenwert der agrarischen Interessenverbände in der deutschen Politik am Ende des 19. Jahrhunderts. Wiesbaden 1972.

139. DERS., Agrarische Interessenpolitik und preußischer Konservativismus im wilhelminischen Reich (1893–1914). Ein Beitrag zur Analyse des Nationalismus in Deutschland am Beispiel des Bundes der Landwirte und der Deutsch-Konservativen Partei. 2. Auflage, Bonn 1975.

140. H. ROSENBERG, Zur sozialen Funktion der Agrarpolitik im Zweiten Reich, in: Ders., Probleme der deutschen Sozialgeschichte. Frankfurt am Main 1969, 51–80.

141. E. SCHREMMER, Der südhessische Odenwald. Ein Beispiel für ein wirtschaftliches Randgebiet während der Industrialisierung 1871–1913, in: ZAA 27 (1979) 1–18.

8. Weimarer Republik

8.1 Agrarwissenschaft und -theorie. Biographische Beiträge

142. F. AEREBOE, Allgemeine landwirtschaftliche Betriebslehre. 6. Auflage, Berlin 1923.

143. DERS., Agrarpolitik. Ein Lehrbuch. Berlin 1928.

144. H. BARMEYER, Andreas Hermes und die Organisationen der deutschen Landwirtschaft. Christliche Bauernvereine, Reichslandbund, Grüne Front, Reichsnährstand 1928–1933. Stuttgart 1971.

145. K. BAUER-MENGELBERG, Agrarpolitik in Theorie, Geschichte und aktueller Problematik. Leipzig 1931.

146. L. BRENTANO, Agrarpolitik. Ein Lehrbuch. 2., verb. Auflage, Stuttgart 1925.

147. M. HAINISCH, Reden und Abhandlungen über Agrarpolitik und Landwirtschaft. Graz 1932.

148. H. HÖMIG, Brüning. Kanzler in der Krise der Republik. Paderborn 2000.

149. E. LAUR, Einführung in die Wirtschaftslehre des Landbaus. o.O. 1919.

150. DERS., Volkswirtschaftliche Grundlagen der Wirtschaftslehre des Landbaus und der Bauernpolitik. Brugg 1932.

151. F. REICHARDT, Andreas Hermes. Neuwied 1953.

152. H. RENNER, Georg Heim, der Bauerndoktor. Lebensbild eines „ungekrönten Königs“. München 1960.

153. A. VON SALDERN, Hermann Dietrich. Ein Staatsmann der Weimarer Republik. Boppard 1966.
154. H. SCHACK, Agrarpolitik als Wissenschaft, in: Jahrbücher für Nationalökonomie und Statistik 66 (1923) 547–554.
155. H. SCHULLERN-SCHRATTENHOFEN, Agrarpolitik. Jena 1924.
156. A. SKALWEIT, Agrarpolitik. 2. Auflage, Berlin 1924.
157. W. WYGODZINSKI, Agrarpolitik, in: Handwörterbuch der Staatswissenschaft. 4. Auflage, 1. Bd. Jena 1923, 76–81.

8.2 Agrarstruktur, -technik und -siedlung

158. F. AEREBOE, Agrarkrisis und landwirtschaftliche Betriebsorganisation. Berlin 1926.
159. B. HARMS (Hrsg.), Strukturwandlungen der Deutschen Volkswirtschaft. 2., vervollständigte Ausgabe, 1. Bd., Berlin 1929.
160. W. JACOBEIT, Das „Reichskuratorium für Technik in der Landwirtschaft“ (RKTL) und die Bauern, in: 98: 221–231.
161. H. NIEHAUS, Die landwirtschaftlichen Betriebsgrößen und ihre Mischung in ihrer betriebs- und volkswirtschaftlichen Bedeutung, dargelegt an den Verhältnissen im Fürstentum Osnabrück. Berlin 1929.
162. H. SAUER, Kartellierungsbestrebungen in der deutschen Landwirtschaft. Berlin 1927.
163. O. SWART, Innere Kolonisation, in: Grundriß der Sozialökonomik, IX. Abt., 2. Teil. Tübingen 1927, 33–78.
164. H. USCHNER, Die Mechanisierung der Landwirtschaft in Übersee und ihre Auswirkungen auf die deutsche Volkswirtschaft. Berlin 1934.
165. W. WYGODZINSKI, Zur Geschichte der inneren Kolonisation, in: Archiv für die Geschichte des Sozialismus und der Arbeiterbewegung 8 (1918) 125–140.

8.3 Agrarpolitik. Ländliche Gesellschaft

166. F. BAADE, Agrarsozialismus, in: Handwörterbuch der Sozialwissenschaften, Bd. 1. Stuttgart 1956, 100–105.
167. O. BAUER, Der Kampf um Wald und Weide. Berlin 1925.
168. H. BECKER, Handlungsspielräume der Agrarpolitik in der Weimarer Republik zwischen 1923 und 1929. Stuttgart 1990.
169. F. BECKMANN, Kapitalbildung der deutschen Landwirtschaft während der Inflation, in: Schmollers Jahrbuch 48 (1924) 113–133.

170. G. von Below, Die Fürsorge des Staates für die Landwirtschaft. Tübingen 1926.

171. J. Bergmann/K. Megerle, Protest und Aufruhr der Landwirtschaft in der Weimarer Republik (1924–1933). Formen und Typen der politischen Agrarbewegung im regionalen Vergleich, in: J. Bergmann u. a., Regionen im historischen Vergleich. Opladen 1989, 200–287.

172. H. Beyer, Die Landvolkbewegung Schleswig-Holsteins und Niedersachsens 1928–1932. Eckernförde 1957.

173. Ders., Die Agrarkrise und das Ende der Weimarer Republik, in: ZAA 13 (1965) 62–92.

174. F. Blaich, Der „Winzersturm von Bernkastel". Ursachen und Auswirkungen eines Steuerstreiks in der Weimarer Republik, in: ZAA 33 (1985) 2–26.

175. B. Buchta, Die Junker und die Weimarer Republik. Berlin (Ost) 1959.

176. F. L. Carsten, Geschichte der preußischen Junker. Frankfurt am Main 1988.

177. A. Damaschke, Die Bodenreform. Grundsätzliches und Geschichtliches zur Erkenntnis und Überwindung der sozialen Not. 20. Auflage, Jena 1923.

178. E. David, Sozialismus und Landwirtschaft. 2. Auflage, Leipzig 1922.

179. K. Diehl, Bodenbesitzreform, in: Handwörterbuch der Staatswissenschaften. 4. Auflage, Bd. 2, Jena 1924, 935–954.

180. J. Frost, Die aktuellen Fragen der Agrarpolitik. Berlin 1932.

181. D. Gessner, Agrardepression und Präsidialregierungen in Deutschland 1930–1933. Probleme des Agrarprotektionismus am Ende der Weimarer Republik. Düsseldorf 1977.

182. D. Gessner, Agrarprotektionismus und Welthandelskrise 1929/32, in: ZAA 26 (1978) 161–187.

183. G. Grober-Glück, Die Anrede des Bauern und seiner Frau durch das Gesinde in Deutschland um 1930 unter volkskundlichen und soziolinguistischen Aspekten nach Materialien des Atlas der deutschen Volkskunde. Berlin 1994.

184. K. Hanau, Landwirtschaft und allgemeine Wirtschaftskrise 1929/1932. Freiburg 1959.

185. R. Heberle, Landbevölkerung und Nationalsozialismus. Eine soziologische Untersuchung zur politischen Willensbildung in Schleswig-Holstein 1918–1932. Stuttgart 1963.

186. O. Heilbronner, Die Leute auf dem Wald. Wirtschaft und Gesell-

schaft im Schwarzwald in der Zeit der Weimarer Republik, in: ZAA 42 (1995) 42–72.

187. K. Heller, Der Bund der Landwirte bzw. Landbund und seine Politik mit besonderer Berücksichtigung der fränkischen Verhältnisse, Diss. phil Würzburg 1936. Kulmbach 1936.
188. D. Hertz-Eichenrode, Politik und Landwirtschaft in Ostpreußen 1919–1930. Köln 1969.
189. Ders., Wirtschaftskrise und Arbeitsbeschaffung. Konjunkturpolitik 1925/26 und die Grundlagen der Krisenpolitik Brünings. Frankfurt am Main 1982.
190. K. Hess, Junker und bürgerlicher Großgrundbetrieb, Großgrundbesitz und Familienfideikommiß in Preußen (1867/71–1914). Stuttgart 1990.
191. A. Hundhammer, Geschichte des Bayerischen Bauernbundes. München 1924.
192. H. James, Deutschland in der Weltwirtschaftskrise 1924–1936. Stuttgart 1988.
193. K. Kautsky, Die Sozialisierung der Landwirtschaft. Berlin 1919.
194. W. G. Kersten, Die freien wirtschaftspolitischen Organisationen der deutschen Landwirtschaft. Unter besonderer Berücksichtigung des Reichsland-Bundes, Diss. phil. Berlin 1925.
195. T. Kitani, Brünings Siedlungspolitik und sein Sturz, in: ZAA 14 (1966) 54–82.
196. V. Klemm, Ursachen und Verlauf der Krise der deutschen Landwirtschaft von 1927/28 bis 1933. Landw. Habil.-Schrift, Humboldt-Universität Berlin 1965.
197. U. Kluge, Die deutsche Revolution 1918/19. 6. Auflage, Frankfurt am Main 1997.
198. B. Kölling, „Regieren von oben“. Militär und Gewerkschaften in der pommerschen Landwirtschaft 1919/20, in: ZAA 44 (1996) 194–209.
199. T. P. Koops, Zielkonflikte der Agrar- und Wirtschaftspolitik in der Ära Brüning, in: H. Mommsen u. a. (Hrsg.), Industrielles System und politische Entwicklung in der Weimarer Republik. Düsseldorf 1974, 852–868.
200. H. Kretschmar, Deutsche Agrarprogramme der Nachkriegszeit. Berlin 1933.
201. A. L. Mannes, Die Agrarpolitik der Regierung Brüning. Aachen 1997.
202. S. Merkenich, Grüne Front gegen Weimar. Reichs-Landbund und agrarischer Lobbyismus (1918–1933). Düsseldorf 1998.

203. L. MEYER, Die deutsche Landwirtschaft während der Inflation und zu Beginn der Deflation. Berlin 1924.
204. J. OSMOND, Rural Protest in the Weimar Republic. The Free Peasantry in the Rheinland and Bavaria. London 1993.
205. A. PANZER, Das Ringen um die deutsche Agrarpolitik von der Währungsstabilisierung bis zur Agrardebatte im Reichstag im Dezember 1928. Kiel 1970.
206. D. PETZINA, Staatliche Ausgaben und deren Umverteilungswirkung – Das Beispiel der Industrie- und Agrarsubventionen in der Weimarer Republik, in: F. Blaich (Hrsg.), Staatliche Umverteilungspolitik in historischer Perspektive. Berlin 1980, 59–105.
207. W. PYTA, Landwirtschaftliche Interessenpolitik im Deutschen Kaiserreich. Der Einfluß agrarischer Interessen auf die Neuordnung der Finanz- und Wirtschaftspolitik am Ende der 1870er Jahre am Beispiel Rheinland und Westfalen. Stuttgart 1991.
208. H. RAU, Die Bauernpolitik unter Führung Ernst Thälmanns, in: Beiträge zur Geschichte der Arbeiterbewegung 2 (1960) 459–467.
209. K. RITTER, Zum Problem der Agrarzölle in Deutschland. Tübingen 1924.
210. DERS., Die Überwindung der Kapitalsnot in der Landwirtschaft. Berlin 1926.
211. M. SCHUMACHER, Land und Politik. Eine Untersuchung über politische Parteien und agrarische Interessen 1914–1923. Düsseldorf 1978.
212. M. SERING, Agrarkrisen und Agrarzölle. Berlin 1925.
213. DERS., Die Deutsche Wirtschaftskrise. Berlin 1926.
214. DERS., Agrarpolitik. Leipzig 1934.
215. G. STOLTENBERG, Politische Strömungen im schleswig-holsteinischen Landvolk 1918–1933. Ein Beitrag zur politischen Meinungsbildung in der Weimarer Republik. Düsseldorf 1962.
216. B. THEINE, Westfälische Landwirtschaft in der Weimarer Republik. Ökonomische Lage, Produktionsformen und Interessenpolitik. Paderborn 1991.
217. E. TOPF, Die Grüne Front. Berlin 1933.
218. E. WAGEMANN, Die deutsche Landwirtschaft im Rahmen der Volks- und Weltwirtschaft, in: Verhandlungen der Konferenz von Oeynhausen 11.–14. Februar 1933. Erster Teil: Grundfragen der deutschen Wirtschaftsgestaltung, hrsg. von der Friedrich-List-Gesellschaft e.V. Oeynhausen 1933, 7–16.
219. W. WEBER, Chronik der deutschen Agrarpolitik 1914–1933, in:

Veröffentlichungen der Friedrich-List-Gesellschaft e.V. 6. Bd., Teil II, Berlin 1932, 93–135.
220. B. ZIEMANN, Front und Heimat. Ländliche Kriegserfahrungen im südlichen Bayern 1914–1923. Essen 1997.
221. J. ZINKE, Die Entwicklung der landwirtschaftlichen Genossenschaften in der Weimarer Republik unter besonderer Berücksichtigung der Änderungen des Genossenschaftsgesetzes. Heusenstamm 1999.

9. Nationalsozialistische Diktatur

9.1 Agrarwissenschaft und -theorie

222. S. HEIM (Hrsg.), Autarkie und Ostexpansion. Pflanzenzucht und Agrarforschung im Nationalsozialismus. Göttingen 2002.
223. K. MEYER (Hrsg.), Gefüge und Ordnung der deutschen Landwirtschaft. Berlin 1939.
224. H. NIEHAUS, Grundlinien agrarpolitischer Entwicklungen und Anschauungen. Rückblick auf die Internationale Konferenz für Agrarwissenschaft in Bad Eilsen vom 26. 8. bis 2. 9. 1934, in: Jahrbücher für Nationalökonomie u. Statistik 141 (1935) 75–87.
225. H. PIEGLER, Deutsche Forschungsstätten im Dienste der Nahrungsfreiheit. Neudamm 1940.
226. A. SCHÜRMANN, Nutzungslehre. 5., erw. Auflage, Berlin 1940.
227. W. TORNOW, Die Entwicklungslinien der landwirtschaftlichen Forschung in Deutschland unter besonderer Berücksichtigung ihrer institutionellen Formen. Hiltrup 1955.

9.2 Agrarstruktur, -technik und -siedlung

228. F. ANGELINI, Die Beiträge der modernen italienischen Landwirtschaftschemie zur Förderung der Landwirtschaft, in: Bodenkunde und Pflanzenernährung 9/10 (1938) 88–94.
229. W. HAMACHER, Aus der Praxis der landwirtschaftlichen Wirtschaftsberatung. Landw. Diss. Bonn, Bonn 1940.
230. D. MÜNKEL, Bäuerliche Interessen versus NS-Ideologie. Das Reichserbhofgesetz in der Praxis, in: VfZ 44 (1996) 549–580.
231. H. PRIEBE, Neuzeitliche Kleinbauernhöfe, ihre volkswirtschaftliche Bedeutung und ihre betriebswirtschaftlichen Voraussetzungen. Berlin 1941.

232. DERS., Zur Frage der Gestaltung und Größe des zukünftigen bäuerlichen Familienbetriebes in Deutschland, in: BüL 27 (1942) 488–496.
233. A. RUPP, Das Problem der landwirtschaftlichen Kümmerbetriebe und die Möglichkeiten ihrer Sanierung unter besonderer Berücksichtigung der Verhältnisse im Oberwesterwald. Diss. phil. Gießen, Gießen 1940.
234. E. SCHUBERT, Die Erbhöfe und Güter zu Falkenbach im Erzgebirge und ihre Besitzer von 1550 bis jetzt. Wolfen 1940.

9.3 Agrarpolitik. Ländliche Gesellschaft

235. S. BARANOWSKI, The Sanctity of Rural Life. Nobility, Protestantism and Nazism in Weimar Prussia. New York 1995.
236. A. BARKAI, Das Wirtschaftssystem des Nationalsozialismus. Frankfurt am Main 1988.
237. TH. BAUER, Nationalsozialistische Agrarpolitik und bäuerliches Verhalten im Zweiten Weltkrieg. Eine Regionalstudie zur ländlichen Gesellschaft in Bayern. Frankfurt am Main 1996.
238. A. BRAMWELL, Blood and Spoil. Richard Walther Darré and Hitler's „Green Party". Buckinghamshire 1985.
239. K. BRANDT, Management of Agriculture and Food in the German-occupied and Other Areas of Fortress Europe. Stanford 1953.
240. G. CORNI/H. GIES, „Blut und Boden". Rassenideologie und Agrarpolitik im Staat Hitlers. Idstein 1994.
241. R. DAHRENDORF, Gesellschaft und Demokratie in Deutschland. München 1965.
242. W. DARRÉ, Neuadel aus Blut und Boden. München 1930.
243. DERS., Das Bauerntum als Lebensquell der Nordischen Rasse. 2., verb. Auflage, München 1933.
244. U. DREWS, Das Land den Bauern! Zur Kontinuität der Agrarfrage in Italien unter besonderer Berücksichtigung des Widerstandskampfes 1943–1945. Kassel 1988.
245. E. EICHWEBER, Zur Frage einer Reagrarisierung Deutschlands. Wirtschafts- und sozialwiss. Diss Köln, Köln 1937.
246. H. GIES, Der Reichsnährstand – Organ berufsständischer Selbstverwaltung oder Instrument staatlicher Wirtschaftslenkung?, in: ZAA 21 (1973) 216–233.
247. DERS., Reagrarisierung oder Industrialisierung? Programmatik und Realität in der nationalsozialistischen Agrar- und Wirtschaftspolitik, in: ZAA 48 (2000) 145–160.

248. F. GRUNDMANN, Agrarpolitik im „Dritten Reich“. Anspruch und Wirklichkeit des Reichserbhofgesetzes. Hamburg 1979.

249. A. GÜNTHER, Die alpenländische Gesellschaft als sozialer und politischer, wirtschaftlicher und kultureller Lebenskreis. Jena 1930.

250. H. F. K. GÜNTHER, Das Bauerntum als Lebens- und Gemeinschaftsform. Leipzig 1939.

251. K. HARMENING, Das Erlöschen der Familienfideikommisse, in: Nationalsozialistische Landpost, Jg. 1938, Heft 28, 1–2.

252. U. HERBERT, Fremdarbeiter. Politik und Praxis des „Ausländereinsatzes“ in der Kriegswirtschaft des Dritten Reiches. Bonn 1986.

253. C. HERLEMANN, „Der Bauer klebt am Hergebrachten“. Bäuerliche Verhaltensweisen unterm Nationalsozialismus auf dem Gebiet des heutigen Niedersachsen. Hannover 1993.

254. H.-H. HERLEMANN, Die Landwirtschaft Westpreußens nach 20 Jahren polnischer Herrschaft. Folgen und Folgerungen. Habil.-Schrift Technische Hochschule Danzig 1939.

255. K. H. JAHNKE/M. BUDDRUS, Deutsche Jugend 1933–1945. Eine Dokumentation. Hamburg 1989.

256. H. JEBENS, Der Weg zur Allmacht durch Fortschritt und Nationalsozialismus. Hamburg 1933.

257. W. KINKELIN, Das Bauerntum als Unterbau des völkischen Staates, in: W. Hansen (Hrsg.), Das deutsche Bauerntum, Bd. 1. Berlin 1938, 85–114.

258. A. L'HOUET, Zur Psychologie des Bauerntums. 3., neubearb. Auflage, Tübingen 1935.

259. C. LOVIN, Agricultural Reorganization in the Third Reich. The Reich Food Organization 1933–1936, in: Agricultural History 43 (1969), 447–461.

260. S. MALINOWSKI, Vom König zum Führer. Sozialer Niedergang und politische Radikalisierung im deutschen Adel zwischen Kaiserreich und NS-Staat. Berlin 2003.

261. B. MEHRENS, Die Marktordnung des Reichsnährstands. Berlin 1938.

262. D. MÜNKEL, Bauern, Hakenkreuz und „Blut und Boden“. Bäuerliches Leben im Landkreis Celle 1933–1939, in: ZAA 40 (1992), 206–247.

263. DIES., Nationalsozialistische Agrarpolitik und Bauernalltag. Frankfurt am Main 1996.

264. M. NIEMANN, Mecklenburgischer Großgrundbesitz im Dritten Reich. Soziale Struktur, wirtschaftliche Stellung und politische Bedeutung. Köln 2000.

265. G. PACYNA, Der deutsche Bauer im Osten. Berlin 1943.

266. J. RADKAU, Nationalsozialismus und Modernisierung, in: H.-U. Wehler (Hrsg.), Scheidewege der deutschen Geschichte. München 1995, 183–197.

267. M. A. RAICHLE, Die Gefährdung der Frau bei landwirtschaftlicher Berufsarbeit. Diss. med. Berlin 1941, Würzburg 1940.

268. G. REMPEL, Hitler's children. The Hitler Youth and the SS. London 1989.

269. K. RIEKER, Das Wirtschaftsprogramm des Nationalsozialismus. Berlin 1933.

270. A. VON SALDERN, Mittelstand im „Dritten Reich". Handwerker, Einzelhändler, Bauern. Frankfurt am Main 1979.

271. K. SCHILLER, Marktregulierung und Marktordnung in der Weltagrarwirtschaft. Jena 1940.

272. D. SCHOENBAUM, Die braune Revolution. Eine Sozialgeschichte des Dritten Reiches. Köln 1968.

273. A. SCHOLL, Die Entjudung des deutschen Grundbesitzes. 2., verm. Auflage, Berlin 1940.

274. A. SCHÜRMANN, Deutsche Agrarpolitik. Neudamm 1941.

275. K. SEILER/W. HILDEBRANDT, Die Landflucht in Franken. Leipzig 1940.

276. M. SERING, Erbhofrecht und Entschuldung unter rechtsgeschichtlichen, volkswirtschaftlichen und biologischen Gesichtspunkten. o.O. 1934.

277. F. STEINER, Die Entwicklung der ländlichen Kreditgenossenschaften seit der Machtergreifung. Rechts- u. wirtschaftswiss. Diss. Jena, Jena 1940.

278. K. STOCKER, Landwirtschaft zwischen „Rückständigkeit" und „Fortschritt". Notizen zur Industrialisierung des Agrarbereichs in der NS-Zeit am Beispiel der Oststeiermark, in: ZAA 38 (1990) 62–86.

279. W. TORNOW, Chronik der Agrarpolitik und Agrarwirtschaft des Deutschen Reiches von 1933–1945. Hamburg 1972.

280. A. VERSE-HERRMANN, Die „Arisierungen" in der Land- und Forstwirtschaft 1938–1942. Stuttgart 1997.

281. G. VOGT, Ökologischer Landbau im Dritten Reich, in: ZAA 48 (2000) 161–180.

282. H.-E. VOLKMANN, Deutsche Agrareliten auf Revisions- und Expansionskurs, in: M. Broszat/K. Schwabe (Hrsg.), Die deutschen Eliten und der Weg in den Zweiten Weltkrieg. München 1989, 334–388.

283. C. WAGNER, Die NSDAP auf dem Dorf. Eine Sozialgeschichte der NS-Machtergreifung in Lippe. Münster 1998.
284. H. WÜLKER, Bevölkerungsbiologie niedersächsischer Dörfer (Hainholz, List und Vahrenwald bei Hannover). Leipzig 1940.
285. F. WUNDERLICH, Farm and Labor in Nazi Germany. Princeton 1955.
286. Z. ZOFKA, Die Ausbreitung des Nationalsozialismus. Eine regionale Fallstudie zur politischen Einstellung der Landbevölkerung in der Zeit des Aufstiegs und der Machtergreifung der NSDAP 1928–1936. München 1979.
287. DERS., Dorfeliten und NSDAP. Fallbeispiele der Gleichschaltung aus dem Bezirk Günzburg, in: M. Broszat u. a. (Hrsg.), Bayern in der NS-Zeit, Bd. 4. München 1981, 383–433.

9.4 Ernährung und Versorgung

288. H. BACKE, Kapitalismus und Nahrungsfreiheit. Bad Godesberg 1957.
289. L. BURCHARDT, The Impact of the War Economy on the Civilian Population of Germany during the First and Second World War, in: W. Deist (Hrsg.), The German Military in the Age of Total War. Leamington Spa 1985, 40–70.
290. G. CORNI/H. GIES, Brot, Butter, Kanonen. Die Ernährungswirtschaft in Deutschland unter der Diktatur Hitlers. Berlin 1997.
291. H. VON DER DECKEN, Deutschlands Versorgung mit landwirtschaftlichen Erzeugnissen unter besonderer Berücksichtigung der Auslandsabhängigkeit. Berlin 1935.
292. DERS., Der Nahrungsraum Großdeutschlands. Die neue Ernährungslage nach Eingliederung der deutschen Gebiete in der Tschechoslowakei, in: Die Ernährung 3 (1938) 309–316.
293. H. L. FENSCH/K. PADBERG, Eigenverbrauch und Marktleistung der deutschen Landwirtschaft. Berlin 1938.
294. A. HANAU/R. PLATE, Die deutsche landwirtschaftliche Preis- und Marktpolitik im Zweiten Weltkrieg. Stuttgart 1975.
295. U. HEINEMANN, Krieg und Frieden an der „inneren Front“, in: C. Kleßmann (Hrsg.), Nicht nur Hitlers Krieg. Der Zweite Weltkrieg und die Deutschen. Düsseldorf 1989, 25–49.
296. H. KÖRNER/G. KLAUS, Wege zur Leistung in der Erzeugungsschlacht. Berlin 1938.
297. M. KUTZ, Kriegserfahrung und Kriegsvorbereitung. Die agrarwirtschaftliche Vorbereitung des Zweiten Weltkrieges in Deutsch-

land vor dem Hintergrund der Weltkrieg I-Erfahrung, in: ZAA 32 (1984) 59–82 u. 135–164.

298. C. R. LOVIN, Die Erzeugungsschlacht 1934–1936, in: ZAA 22 (1974) 209–220.

299. B. MARTIN/A.S. MILWARD (Hrsg.), Agriculture and Food Supply in the Second World War. Ostfildern 1985.

300. W. MEINHOLD, Die landwirtschaftlichen Erzeugungsbedingungen im Krieg. Jena 1941.

301. B. MEWES, Organisation der Wirtschafts- und Ernährungsämter. Berlin 1940.

302. A. S. MILWARD, Die deutsche Kriegswirtschaft 1939–1945. Stuttgart 1966.

303. M. WÄHLER, Die deutsche Volksnahrung, in: W. Peßler (Hrsg.), Handbuch der deutschen Volkskunde, Bd. 3. Potsdam 1938, 140–155.

304. W. ZIEGELMAYER, Unsere Lebensmittel und ihre Veränderungen, 2., verb. u. verm. Auflage, Dresden 1940.

10. Landwirtschaft im geteilten Deutschland und danach (1945–2003)

10.1 Agrarwissenschaft und -theorie. Biographische Beiträge

305. G. BLOHM, Angewandte landwirtschaftliche Betriebslehre. Stuttgart 1948.

306. W. CONZE, Agrarverfassung, in: Handwörterbuch der Sozialwissenschaften, Bd. 1. Stuttgart 1956, 105–113.

307. C. VON DIETZE, Wege und Aufgaben wissenschaftlicher Agrarpolitik. Rektoratsrede vom 23. Mai 1947. Freiburg i. Br. 1948.

308. DERS., Grundzüge der Agrarpolitik. Hamburg 1967.

309. W. EINHORN, Zur Situation der sächsischen Landwirtschaft und ihre Darstellung in den Agrarmuseen des Freistaates Sachsen, in: ZAA 43 (1995) 224–238.

310. E. GERHARD/P. KUHLMANN (Hrsg.), Agrarwirtschaft und Agrarpolitik. Köln 1969.

311. K. GROSCHOFF u.a., Die Landwirtschaft der DDR. Berlin (Ost) 1980.

312. M. W. GRÜNER, Zur Kritik der traditionellen Agrarsoziologie in der Bundesrepublik Deutschland. Saarbrücken 1977.

313. K. HAGEDORN, Reformversuche in der Geschichte der Agrarsozialpolitik, in: ZAA 34 (1986) 176–215.

314. C. FRHR. HEEREMAN VON ZUYDTWYCK, Nicht nur durch die grüne Brille. Stuttgart 1981.
315. A. JOHN, Andreas Hermes und der Deutsche Bauernverband. Bonn-Bad Godesberg 1978.
316. DERS., Bauernköpfe 1946–1986. Berlin 1986.
317. R. JÄHNICHEN, Eröffnung des Deutschen Landwirtschaftsmuseums Markkleeberg am 17.07.1998, in: ZAA 46 (1998) 90–93.
318. H. JEBENS, Der Kleinsthofplan. Hamburg 1946.
319. H. NIEHAUS, Leitbilder der Wirtschafts- und Agrarpolitik in der modernen Gesellschaft. Stuttgart 1957.
320. E. REHWINKEL, Gegen den Strom. Erinnerungen eines niedersächsischen, deutschen und europäischen Bauernführers. Dorheim/H. 1973.
321. G. SCHMITT, Weitere Bemerkungen zum Verhältnis der Agrarökonomie zur Agrarpolitik, in: Dreißig Jahre Agrarpolitik in der Bundesrepublik Deutschland. Hamburg 1979, 112–119.
322. C. SEITERICH, Spuren meines Lebens. Bewegte Zeiten für Badens Bauern. Freiburg 2001.
323. W. TROSSBACH/C. ZIMMERMANN (Hrsg.), Agrargeschichte. Positionen und Perspektiven. Stuttgart 1998.
324. G. TURNER, Agrarrecht. Stuttgart 1995.
325. R. ULMER, Was wird heute an Agrarliteratur gedruckt, was nicht?, in: ZAA 33 (1985) 158–163.

10.2 Agrarstruktur, -technik und -siedlung

326. Das landwirtschaftliche Betriebsgrößenproblem im Westen und Osten. Hannover 1960.
327. H.-G. BOHTE, Landeskultur in Deutschland. Hamburg 1976.
328. A. DIX, „Freies Land“. Siedlungsplanung im ländlichen Raum der SBZ und frühen DDR 1945–1955. Köln 2002.
329. K. DREESEN, Die Bedeutung der landwirtschaftlichen Produktionsgenossenschaften für die DDR. Tübingen 1973.
330. K. ECKART, Veränderungen der agraren Nutzungsstruktur in den beiden Staaten in Deutschland. Trier 1985.
331. TH. FRIEDER, Analyse der Situation der Landwirtschaft. Freiburg i.Br. 1990.
332. L. GEKLE, Landwirtschaft – wohin? Im Widerstreit zwischen einem Sonderweg und der Teilnahme an der allgemeinen wirtschaftlichen Entwicklung. Stuttgart 1997.
333. B. GLEITZE, Ostdeutsche Wirtschaft. Industrielle Standorte und

volkswirtschaftliche Kapazitäten des ungeteilten Deutschland. Berlin 1956.

334. W. GROSSKOPF/M. KÖHNE, Die Konzentration in der tierischen Produktion. Hiltrup 1982.

335. H.-H. HERLEMANN, Technisierungsstufen der Landwirtschaft, in: BüL 32 (1954) 335–342.

336. DERS./H. STAMER, Produktionsgestaltung und Betriebsgröße in der Landwirtschaft unter dem Einfluß der wirtschaftlich-technischen Entwicklung. Kiel 1958.

337. PH. HÜMMER, Neue Aspekte zur Sozialbrache, in: ZAA 25 (1977) 87–90.

338. A. IDEL, Gentechnik, Biotechnik und Tierschutz. Göttingen 1991.

339. M. KRAMER, Die Landwirtschaft in der Sowjetischen Besatzungszone. Die Entwicklung in den Jahren 1945–1955. Berlin 1957.

340. H. LAMBRECHT, Die Landwirtschaft der DDR vor und nach ihrer Umgestaltung im Jahre 1960. Berlin 1977.

341. G. MÜLLER/H. KÖTTER, Wirtschaftliche und soziale Bestimmungsgründe der Lage der westdeutschen Landwirtschaft, in: BüL 34 (1956) 393–414.

342. G. MÜLLER, Entwicklungstendenzen der Rinderhaltung in der Bundesrepublik Deutschland seit 1950 mit einer Projektion bis 1975. Hannover 1968.

343. R. MATZ, Agraratlas über das Gebiet der Deutschen Demokratischen Republik, Bd. I. Gotha 1956.

344. J. NEBEL/A. PLETSCH (Hrsg.), Der ländliche Raum in Frankreich und in der Bundesrepublik Deutschland. Braunschweig 1985.

345. Nebenerwerbssiedlung heute. Hannover 1959.

346. E. OTREMBA, Der Agrarwirtschaftsraum der Bundesrepublik Deutschland. Wiesbaden 1970.

347. U. OTZEN, Zur Problematik von Betriebsfusionen in der Landwirtschaft. Hannover 1973.

348. P. PASCHER, Entwicklungschancen landwirtschaftlicher Haupterwerbsbetriebe. Bonn 1981.

349. R. PLATE/E. WOERMANN, Landwirtschaft im Strukturwandel der Volkswirtschaft. Hannover 1962.

350. G. PREUSCHEN, Der bäuerliche Familienbetrieb, seine Arbeitswirtschaft und seine Zukunftsmöglichkeiten. Stuttgart 1959.

351. DERS., Kleine ökologische Weltgeschichte. Holm 1995.

352. H. PRIEBE, Bäuerliche Familienbetriebe in Nordrhein-Westfalen. Bonn 1956.

353. H. PRIEW, Die satzungsmäßigen Grundlagen der kollektiven

Landwirtschaft in der Sowjetischen Besatzungszone Deutschlands im Vergleich mit anderen kommunistischen Ländern. Diss. Hohenheim (Landwirtschaftliche Hochschule) 1959.
354. P. Quante, Veränderungen in der westdeutschen Landwirtschaft zwischen 1949 und 1960, in: ZAA 10 (1962), 71–92.
355. B. Schier, Alltagsleben im „Sozialistischen Dorf". Merxleben und seine LPG im Spannungsfeld der SED-Agrarpolitik 1945–1990. Münster 2001.
356. O. Schiller, Mittel und Wege einer beschleunigten Flurverfassung und Reform der Flurverfassung. Ludwigsburg 1949.
357. Ders., Kooperation und Integration im landwirtschaftlichen Produktionsbereich. 2., erw. Auflage, Frankfurt am Main 1970.
358. G. Schöck, Die Aussiedlung landwirtschaftlicher Betriebe. Tübingen 1972.
359. K. Strehlow, Agrarstrukturwandel und agrarpolitische Krisenbewältigung in Deutschland. Baden-Baden 1992.
360. G. Thiede, Landwirt im Jahr 2000. Frankfurt am Main 1988.
361. H. Willer, Technischer Fortschritt und Landwirtschaft. Hamburg 1967.

10.3 Agrarpolitik. Weltagrarmarkt. Ländliche Gesellschaft

362. W. Abelshauser, Wirtschaft in Westdeutschland 1945–1948. Rekonstruktion und Wachstumsbedingungen in der amerikanischen und britischen Zone. Stuttgart 1975.
363. P. Ackermann, Der Deutsche Bauernverband im politischen Kräftespiel der Bundesrepublik. Die Einflußnahme des DBV auf die Entscheidung über den europäischen Getreidepreis. Tübingen 1970.
364. R. Ahrens, Gegenseitige Wirtschaftshilfe? Die DDR im RGW. Strukturen und handelspolitische Strategien 1963–1976. Köln 2000.
365. H. Albers, Zwischen Hof, Haushalt und Familie. Bäuerinnen in Westfalen-Lippe (1920–1960). Paderborn 2001.
366. R. Anderegg, Grundzüge der Agrarpolitik. München 1999.
367. Th. Bauer, Blockpartei und Agrarrevolution von oben. Die Demokratische Bauernpartei Deutschlands 1948–1963. München 2003.
368. A. Bauerkämper (Hrsg.), „Junkerland in Bauernhand"? Durchführung, Auswirkung und Stellenwert der Bodenreform in der Sowjetischen Besatzungszone. Stuttgart 1996.

369. DERS., Vertreibung als Exklusion gesellschaftlicher Führungsgruppen. Die Verdrängung der „Großbauern" in der SBZ/DDR und die Vernichtung der „Kulaken" in der UdSSR im Vergleich, in: G. Schulz (Hrsg.), Vertriebene Eliten. Vertreibung und Verfolgung von Führungsschichten im 20. Jahrhundert. München 2001, 125–163.

370. DERS., Ländliche Gesellschaft in der kommunistischen Diktatur. Zwangsmodernisierung und Tradition in Brandenburg nach 1945. Köln 2002.

371. H. BECKER, Dörfer heute. Ländliche Lebensverhältnisse im Wandel 1952, 1972 und 1993/95. Bonn 1997.

372. C. VON DIETZE/M. ROLFES/G. WEIPPERT, Lebensverhältnisse in kleinbäuerlichen Dörfern. Hamburg 1953.

373. A. EICHMÜLLER, Landwirtschaft und bäuerliche Bevölkerung in Bayern. Ökonomischer und sozialer Wandel (1945–1970). München 1997.

374. U. ENDERS, Die Bodenreform in der amerikanischen Besatzungszone 1945–1949 unter besonderer Berücksichtigung Bayerns. Ostfildern 1982.

375. P. ERKER, Vom Heimatvertriebenen zum Neubürger. Sozialgeschichte der Flüchtlinge in einer agrarischen Region Mittelfrankens 1945–1955. Wiesbaden 1988.

376. H. FAUST, Geschichte der Genossenschaftsbewegung. Frankfurt am Main 1977 (Erstauflage 1958).

377. P. FELDBAUER/H.-J. PUHLE, Bauern im Widerstand. Agrarrebellion und Revolutionen in Ländern der Dritten Welt und im vorindustriellen Europa. Wien 1992.

378. A. GULATI/A. HODA, WTO, Agriculture, and Developing Countries. Washington, DC 2003.

379. M. HAINZ, Dörfliches Sozialleben im Spannungsfeld der Individualisierung. Bonn 1999.

380. K.-H. HANSMEYER, Finanzielle Staatshilfen für die Landwirtschaft. Tübingen 1963.

381. R. G. HEINZE, Verbandspolitik zwischen Partikularinteressen und Gemeinwohl. Der Deutsche Bauernverband. Gütersloh 1992.

382. W. HENRICHSMAYER/H. P. WITZKE, Agrarpolitik, Bd. 2. Stuttgart 1994.

383. H.-H. HERLEMANN, Grundlagen der Agrarpolitik. Berlin 1960.

384. P. HERMES, Die Christlich-Demokratische Union und die Bodenreform in der Sowjetischen Besatzungszone Deutschlands im Jahre 1945. Saarbrücken 1963.

385. G. A. Herrmann/H. Hess, Rückblick 2000: Ökologischer Landbau, in: Der Kritische Agrarbericht 2002, 257–262.
386. M. Hirschfeld, Katholisches Milieu und Vertriebene. Eine Fallstudie am Beispiel des Oldenburger Landes 1945–1956. Köln 2002.
387. H. Hohmann, Angemessene Außenhandelsfreiheit im Vergleich. Die Rechtspraxis der USA, Deutschlands (inklusive der EG) und Japans zum Außenhandel und ihre Konstitutionalisierung. Tübingen 2002.
388. M. A. Humm, Auf dem Weg zum sozialistischen Dorf? Zum Wandel der dörflichen Lebenswelt in der DDR und in der Bundesrepublik Deutschland 1952–1969. Göttingen 1999.
389. H. Immler, Agrarpolitik der DDR. Köln 1971.
390. M. D. Ingco (Hrsg.), Agriculture, Trade and WTO. Washington, DC 2003.
391. H. Inhetveen/M. Blasche, Frauen in der kleinbäuerlichen Landwirtschaft. Opladen 1983.
392. M. Khor, WTO and the Global Trading System. London 2003.
393. Ch. Klessmann, Die doppelte Staatsgründung. Deutsche Geschichte 1945 bis 1955. 4. Auflage, Bonn 1986.
394. W. Klohn/H.-W. Windhorst, Die Landwirtschaft in Europa. 2., aktualisierte Auflage, Vechta 2001.
395. Dies., Weltwirtschaft und Weltagrarhandel. Vechta 2001.
396. U. Kluge, Wandel ohne Erschütterung. Staatliche Agrarpolitik in der Bundesrepublik Deutschland 1949 bis 1986, in: ZAA 35 (1987) 160–193.
397. Ders., Vierzig Jahre Agrarpolitik in der Bundesrepublik Deutschland, Bd. 2. Hamburg 1989.
398. Ders., „Grüne Grenze“ und „Rote Junker“. Agrarpolitik am Ende der deutschen Teilung 1989/90, in: H. Schäfer (Hrsg.), Geschichte in Verantwortung. Festschrift für H. Ott. Frankfurt am Main 1996, 335–360.
399. Ders./W. Halder/K. Schlenker (Hrsg.), Zwischen Bodenreform und Kollektivierung. Vor- und Frühgeschichte der „sozialistischen Landwirtschaft“ in der SBZ/DDR vom Kriegsende bis in die fünfziger Jahre. Stuttgart 2001.
400. Ders., Ökowende. Berlin 2001.
401. Ders., Zittern vor Qatar. Die Entwicklung einer multilateralen Handelsordnung für Agrarprodukte zwischen den GATT/WTO-Runden 1986 und 2001, in: R. Gömmel/M. A. Denzel (Hrsg.), Weltwirtschaft und Wirtschaftsordnung. Festschrift J. Schneider. Stuttgart 2002, 369–384.

402. E. U. Köpf, Forstpolitik. Stuttgart 2002.
403. J. Krammer, „Landleben als Ideologie". Entwicklung und Funktion der Bauerntumsideologie, in: ZAA 37 (1989) 56–63.
404. J. von Kruse (Hrsg.), Weißbuch über die „Demokratische Bodenreform" in der Sowjetischen Besatzungszone Deutschlands. Dokumente und Berichte. Erw. Neuauflage, München 1988.
405. H. C. Löhr, Der Kampf um das Volkseigentum. Eine Studie zur Privatisierung der Landwirtschaft in den neuen Bundesländern durch die Treuhandanstalt (1990–1994), Berlin 2002.
406. R. Mayntz (Hrsg.), Verbände zwischen Mitgliederinteressen und Gemeinwohl. Gütersloh 1992.
407. F. Mehler, Ziel-Mittel-Konflikte als Problem der Wirtschaftspolitik. Berlin 1970.
408. St. Merl/E. Schinke (Hrsg.), Agrarwirtschaft und Agrarpolitik in der ehemaligen DDR im Umbruch. Berlin 1991.
409. J. Murken, „Ein Genosse muß sauber – blitzsauber dastehen!". Zum Legitimationspotential des kommunistischen Regimes innerhalb der ländlichen Gesellschaft Mecklenburg-Vorpommerns 1945, in: D. van Melis (Hrsg.), Tradition und Transformation. Gesellschaft und Politik in Mecklenburg-Vorpommern 1945 bis 1952. Schwerin 1999, 261–279.
410. L. Neundörfer/S. Holström u. a., Bauern und Landarbeiter. Hannover 1960.
411. H. Niehaus/H. Priebe, Agrarpolitik in der sozialen Marktwirtschaft. Ludwigsburg 1956.
412. Ders./G. Blohm, Agrarpolitik, in: Sowjetsystem und demokratische Gesellschaft, Bd. 1. Freiburg i.Br. 1966, 106–194.
413. G. Pacyna, Agrarfabriken oder Bauernhöfe? Hamburg 1958.
414. U. Planck, Dorfforschung im Deutschen Reich und in der Bundesrepublik Deutschland, in: ZAA 22 (1974) 146–178.
415. Ders., Situation der Landjugend. Die ländliche Jugend unter besonderer Berücksichtigung des landwirtschaftlichen Nachwuchses. Hiltrup 1982.
416. Ders., Der alternative Landbau im Fremd- und Selbstverständnis, in: ZAA 31 (1983) 194–204.
417. H. Priebe, Wer wird die Scheunen füllen? Sozialprobleme der deutschen Landwirtschaft. Düsseldorf 1954.
418. Ders., Die subventionierte Unvernunft. Landwirtschaft und Naturhaushalt. Berlin 1985.
419. H.-J. Priess (Hrsg.), WTO-Handbuch. München 2003.
420. C. Puvogel, Der Weg zum Landwirtschaftsgesetz. München 1957.

421. S. RAMOTH u. a., Das Gemüsedorf Werben. Cottbus 2001.
422. H. VON ROHR, Die agrarpolitische Opposition 1947–1971 im Spiegel der „Stimmen zur Agrarwirtschaft", dargestellt von Artur Schürmann. Bussau 1978.
423. E. SAUER, Landwirtschaftliche Selbstverwaltung. Kommentar zur Landwirtschaftskammergesetzgebung der deutschen Bundesrepublik. Stollhamm (Oldb.) 1957.
424. M. SCHEELE, Die Politische Ökonomie landwirtschaftlicher Einkommenspolitik im Rahmen der Agrarsozialpolitik in der Bundesrepublik Deutschland. Kiel 1990.
425. W. SCHEPER, Agrarpolitische Perspektiven bis zum Jahr 2010, in: Vorträge zur Hochschultagung 1999 der Agrar- und Ernährungswissenschaftlichen Fakultät der Christian-Albrechts-Universität zu Kiel. Kiel 1999, 17–26.
426. P. SCHILKE/F. RIEMANN, Heimatvertriebene als Bauern in Westdeutschland. Hannover 1961.
427. F. SCHINZINGER/I. ZAPP (Hrsg.), Agrarpolitik in Europa. Rechtliche und außenwirtschaftliche Probleme des europäischen Agrarmarktes. 2 Bde. Aachen 1985.
428. H.-G. SCHLOTTER, Die finanz- und handelspolitische Landwirtschaftsförderung in der Bundesrepublik Deutschland. Hannover 1964.
429. DERS. (Hrsg.), Die Willensbildung in der Agrarpolitik. München 1971.
430. H. SCHNEIDER, Kommunalpolitik auf dem Lande. München 1991.
431. J. SCHNEIDER (Hrsg.), Öffentliches und privates Wirtschaften in sich wandelnden Wirtschaftsordnungen. Stuttgart 2001.
432. S. SHIN, Kyoto-Protokoll, Wettbewerb und WTO-Handelssystem. Hamburg 2003.
433. D.I. SIEBOLD, Die Welthandelsorganisation und die Europäische Gemeinschaft. Berlin 2003.
434. B. SPIX, Die Bodenreform in Brandenburg 1945–47. Konstruktion einer Gesellschaft am Beispiel der Kreise West- und Ostpriegnitz. Münster 1997.
435. B. STARITZ (Bearb.), Die geheimen Spielregeln des Welthandels, hrsg. v. ATTAC Österreich. Wien 2003.
436. H. THEISEN, Bio- und Gentechnologie. Eine politische Herausforderung. Stuttgart 1991.
437. G. THIEDE, Landwirt in Europa. Kontraste in den EG-Regionen. Frankfurt am Main 1990.
438. U. THIEDE, Unsere Saat trägt reiche Früchte. Von der Bodenre-

form zur industriemäßig organisierten sozialistischen Landwirtschaft in der DDR. Berlin (Ost) 1980.

439. G. THIEMEYER, Vom „Pool Vert" zur Europäischen Wirtschaftsgemeinschaft. München 1999.
440. D. THIESEN, Agrarpolitik zwischen Rendsburg und Brüssel. Neumünster 1997.
441. CH. TIETJE, Welthandelsorganisation. München 2003.
442. C. THOROE u. a. (Hrsg.), Agrarwirtschaft und ländlicher Raum in den neuen Bundesländern im Übergang zur Marktwirtschaft. Frankfurt am Main 1993.
443. G. J. TRITTEL, Die Bodenreform in der Britischen Zone 1945–1949. Stuttgart 1975.
444. G. VOGT, Entstehung und Entwicklung des ökologischen Landbaues. Bad Dürkheim 1999.
445. F. WERKENTIN (Hrsg.), Der Aufbau der „Grundlagen des Sozialismus" in der DDR 1952/53. Berlin 2002, hierin: J. SCHÖNE, „Wir sind dafür, daß über diese Frage keine Berichterstattung erfolgt". Die Kollektivierung der Landwirtschaft in der DDR 1952/53, 69–91.
446. B. WERNET-TIETZ, Bauernverband und Bauernpartei in der DDR. Die VdgB und die DBD 1945–1952. Köln 1984.
447. A. WIESE u. a., Untersuchungen über die Eingliederung in die westdeutsche Landwirtschaft in den Jahren 1961 bis 1963. Göttingen 1965.

10.4 Ernährung. Versorgung. Umwelt

448. M. BERGMEIER, Umweltgeschichte der Boomjahre 1949–1973. Das Beispiel Bayern. Münster 2002.
449. A. BÖCKER/S. ALBRECHT, Risikowahrnehmung und Verbrauchervertrauen nach einem Lebensmittelskandal, in: Agrarwirtschaft 50 (2001) 374–383.
450. H. BONFADELLI/U. DAHINDEN (Hrsg.), Gentechnologie in der öffentlichen Kontroverse, Zürich 2002.
451. CH. BONTE-FRIEDHEIM, Welternährung und Gentechnologie. Berlin 1998.
452. M. BRIAN, Essen auf Rezept. Stuttgart 2000.
453. T. A. BROWN, Gentechnologie für Einsteiger. 3. Auflage, Berlin 2002.
454. H. E. BUCHHOLZ, Ernährungsindustrie in diesem Jahrzehnt, in: BüL 60 (1982), Heft 4, 256–279.

455. E. P. CUNNINGHAM (Hrsg.), After BSE. A Future for the European Livestock Sector. Wageningen 2003.
456. E. FARQUAHARSON, The Western Allies and the Politics of Food Agrarian Management in Postwar Germany. Leamington 1985.
457. R. FUCHS, Gen-Food. Ernährung der Zukunft? Berlin 1997.
458. H. GOLLNICK, Ausgaben und Verbrauch in Abhängigkeit von Einkommen und Haushaltsstruktur. Vergleich von Querschnittsanalysen 1927/28 und 1950/51. Hannover 1959.
459. R. GRIES, Die Rationen-Gesellschaft. Versorgungskampf und Vergleichsmentalität: Leipzig, München und Köln nach dem Kriege. Münster 1991.
460. H. W. HAMACHER, Gentechnologie – Fluch oder Segen? Herzogenrath 2002.
461. TH. HIEPE (Red.), Nahrungsketten – Risiken durch Krankheitserreger, Produkte der Gentechnologie und Zusatzstoffe? Leipzig 1998.
462. TH. KUTSCH (Hrsg.), Ernährungsforschung – Interdisziplinär. Darmstadt 1993.
463. W. NIKLAS, Ernährungswirtschaft und Agrarpolitik. Bonn 1949.
464. D. REINHARDT u. a. (Hrsg.), Neue Wege der Ernährungsgeschichte. Frankfurt am Main 1993.
465. TH. RETZMANN/W. WEINBRENNER/O. SCHMUCK, Steitobjekt Genfood. Rollenspiele zum Entscheidungsverfahren in der Europäischen Union am Beispiel der Novel-Food-Verordnung. Berlin 1998.
466. K.-H. ROTHENBERGER, Die Hungerjahre nach dem Zweiten Weltkrieg. Ernährungs- und Landwirtschaft in Rheinland-Pfalz 1945–1950. Boppard 1980.
467. H. SCHLANGE-SCHÖNINGEN, Im Schatten des Hungers. Hamburg 1955.
468. G. STÜBER, Der Kampf gegen den Hunger 1945–1950. Die Ernährungslage in der britischen Zone Deutschlands, insbesondere in Schleswig-Holstein und Hamburg. Neumünster 1984.
469. B. WAGNER-PFEIFER, Das Umweltrecht vor der Herausforderung der Gentechnologie, Zürich 1997.

Register

Personenregister

Ortsregister

Sachregister

Enzyklopädie deutscher Geschichte
Themen und Autoren

Mittelalter

Agrarwirtschaft, Agrarverfassung und ländliche Gesellschaft im Mittelalter (Werner Rösener) 1992. EdG 13 **Adel, Rittertum und Ministerialität im Mittelalter (Werner Hechberger) 2004. EdG 72** Die Stadt im Mittelalter (Frank Hirschmann) Die Armen im Mittelalter (Otto Gerhard Oexle) Geschlechtergeschichte des Mittelalters (Hedwig Röckelein) **Die Juden im mittelalterlichen Reich (Michael Toch) 2. Aufl. 2003. EdG 44**	Gesellschaft
Wirtschaftlicher Wandel und Wirtschaftspolitik im Mittelalter (Michael Rothmann)	Wirtschaft
Wissen als soziales System im Frühen und Hochmittelalter (Johannes Fried) Die geistige Kultur im späteren Mittelalter (Johannes Helmrath) **Die ritterlich-höfische Kultur des Mittelalters (Werner Paravicini) 2. Aufl. 1999. EdG 32**	Kultur, Alltag, Mentalitäten
Die mittelalterliche Kirche (Michael Borgolte) 2. Aufl. 2004. EdG 17 Mönchtum und religiöse Bewegungen im Mittelalter (Gert Melville) **Grundformen der Frömmigkeit im Mittelalter (Arnold Angenendt) 2. Aufl. 2004. EdG 68**	Religion und Kirche
Die Germanen (Walter Pohl) 2. Aufl. 2004. EDG 57 Die Slawen in der deutschen Geschichte des Mittelalters (Thomas Wünsch) **Das römische Erbe und das Merowingerreich (Reinhold Kaiser) 3., überarb. u. erw. Aufl. 2004. EdG 26** Das Karolingerreich (Klaus Zechiel-Eckes) **Die Entstehung des Deutschen Reiches (Joachim Ehlers) 2. Aufl. 1998. EdG 31** **Königtum und Königsherrschaft im 10. und 11. Jahrhundert (Egon Boshof) 2. Aufl. 1997. EdG 27** **Der Investiturstreit (Wilfried Hartmann) 2. Aufl. 1996. EdG 21** **König und Fürsten, Kaiser und Papst nach dem Wormser Konkordat (Bernhard Schimmelpfennig) 1996. EdG 37** **Deutschland und seine Nachbarn 1200–1500 (Dieter Berg) 1996. EdG 40** Die kirchliche Krise des Spätmittelalters (Heribert Müller) **König, Reich und Reichsreform im Spätmittelalter (Karl-Friedrich Krieger) 1992. EdG 14** **Fürstliche Herrschaft und Territorien im späten Mittelalter (Ernst Schubert) 1996. EdG 35**	Politik, Staat, Verfassung

Frühe Neuzeit

Bevölkerungsgeschichte und historische Demographie 1500–1800 (Christian Pfister) 1994. EdG 28 Umweltgeschichte der Frühen Neuzeit (Reinhold Reith)	Gesellschaft

Bauern zwischen Bauernkrieg und Dreißigjährigem Krieg (André Holenstein) 1996. EdG 38
Bauern 1648–1806 (Werner Troßbach) 1992. EdG 19
Adel in der Frühen Neuzeit (Rudolf Endres) 1993. EdG 18
Der Fürstenhof in der Frühen Neuzeit (Rainer A. Müller) 2. Aufl. 2004. EdG 33
Die Stadt in der Frühen Neuzeit (Heinz Schilling) 2. Aufl. 2004. EdG 24
Armut, Unterschichten, Randgruppen in der Frühen Neuzeit (Wolfgang von Hippel) 1995. EdG 34
Unruhen in der ständischen Gesellschaft 1300–1800 (Peter Blickle) 1988. EdG 1
Frauen- und Geschlechtergeschichte 1500–1800 (Heide Wunder)
Die Juden in Deutschland vom 16. bis zum Ende des 18. Jahrhunderts (J. Friedrich Battenberg) 2001. EdG 60

Wirtschaft

Die deutsche Wirtschaft im 16. Jahrhundert (Franz Mathis) 1992. EdG 11
Die Entwicklung der Wirtschaft im Zeitalter des Merkantilismus 1620–1800 (Rainer Gömmel) 1998. EdG 46
Landwirtschaft in der Frühen Neuzeit (Walter Achilles) 1991. EdG 10
Gewerbe in der Frühen Neuzeit (Wilfried Reininghaus) 1990. EdG 3
Kommunikation, Handel, Geld und Banken in der Frühen Neuzeit (Michael North) 2000. EdG 59

Kultur, Alltag, Mentalitäten

Medien in der Frühen Neuzeit (Stephan Füssel)
Bildung und Wissenschaft vom 15. bis zum 17. Jahrhundert (Notker Hammerstein) 2003. EdG 64
Bildung und Wissenschaft in der Frühen Neuzeit 1650–1800 (Anton Schindling) 2. Aufl. 1999. EdG 30
Die Aufklärung (Winfried Müller) 2002. EdG 61
Lebenswelt und Kultur des Bürgertums in der Frühen Neuzeit (Bernd Roeck) 1991. EdG 9
Lebenswelt und Kultur der unterständischen Schichten in der Frühen Neuzeit (Robert von Friedeburg) 2002. EdG 62

Religion und Kirche

Die Reformation. Voraussetzungen und Durchsetzung (Olaf Mörke)
Konfessionalisierung im 16. Jahrhundert (Heinrich Richard Schmidt) 1992. EdG 12
Kirche, Staat und Gesellschaft im 17. und 18. Jahrhundert (Michael Maurer) 1999. EdG 51
Religiöse Bewegungen in der Frühen Neuzeit (Hans-Jürgen Goertz) 1993. EdG 20

Politik, Staat und Verfassung

Das Reich in der Frühen Neuzeit (Helmut Neuhaus) 2. Aufl. 2003. EdG 42
Landesherrschaft, Territorien und Staat in der Frühen Neuzeit (Joachim Bahlcke)
Die Landständische Verfassung (Kersten Krüger) 2003. EdG 67
Vom aufgeklärten Reformstaat zum bürokratischen Staatsabsolutismus (Walter Demel) 1993. EdG 23
Militärgeschichte des späten Mittelalters und der Frühen Neuzeit (Bernhard Kroener)

Staatensystem, internationale Beziehungen

Das Reich im Kampf um die Hegemonie in Europa 1521–1648 (Alfred Kohler) 1990. EdG 6
Altes Reich und europäische Staatenwelt 1648–1806 (Heinz Duchhardt) 1990. EdG 4

19. und 20. Jahrhundert

Gesellschaft

Bevölkerungsgeschichte und Historische Demographie 1800–2000 (Josef Ehmer) 2004. EdG 71
Umweltgeschichte des 19. und 20. Jahrhunderts (Frank Uekötter)
Adel im 19. und 20. Jahrhundert (Heinz Reif) 1999. EdG 55
Geschichte der Familie im 19. und 20. Jahrhundert (Andreas Gestrich) 1998. EdG 50
Urbanisierung im 19. und 20. Jahrhundert (Klaus Tenfelde)
Von der ständischen zur bürgerlichen Gesellschaft (Lothar Gall) 1993. EdG 25
Die Angestellten seit dem 19. Jahrhundert (Günter Schulz) 2000. EdG 54
Die Arbeiterschaft im 19. und 20. Jahrhundert (Gerhard Schildt) 1996. EdG 36
Frauen- und Geschlechtergeschichte im 19. und 20. Jahrhundert (Karen Hagemann)
Die Juden in Deutschland 1780–1918 (Shulamit Volkov) 2. Aufl. 2000. EdG 16
Die Juden in Deutschland 1914–1945 (Moshe Zimmermann) 1997. EdG 43

Wirtschaft

Die Industrielle Revolution in Deutschland (Hans-Werner Hahn) 1998. EdG 49
Die deutsche Wirtschaft im 20. Jahrhundert (Wilfried Feldenkirchen) 1998. EdG 47
Agrarwirtschaft und ländliche Gesellschaft im 19. Jahrhundert (Stefan Brakensiek)
Agrarwirtschaft und ländliche Gesellschaft im 20. Jahrhundert (Ulrich Kluge) 2005. EdG 73
Gewerbe und Industrie im 19. und 20. Jahrhundert (Toni Pierenkemper) 1994. EdG 29
Handel und Verkehr im 19. Jahrhundert (Karl Heinrich Kaufhold)
Handel und Verkehr im 20. Jahrhundert (Christopher Kopper) 2002. EdG 63
Banken und Versicherungen im 19. und 20. Jahrhundert (Eckhard Wandel) 1998. EdG 45
Unternehmensgeschichte im 19. und 20. Jahrhundert (Werner Plumpe)
Staat und Wirtschaft im 19. Jahrhundert (Rudolf Boch) 2004. EdG 70
Staat und Wirtschaft im 20. Jahrhundert (Gerold Ambrosius) 1990. EdG 7

Kultur, Alltag und Mentalitäten

Kultur, Bildung und Wissenschaft im 19. Jahrhundert (Hans-Christof Kraus)
Kultur, Bildung und Wissenschaft im 20. Jahrhundert (Frank-Lothar Kroll) 2003. EdG 65
Lebenswelt und Kultur des Bürgertums im 19. und 20. Jahrhundert (Andreas Schulz)
Lebenswelt und Kultur der unterbürgerlichen Schichten im 19. und 20. Jahrhundert (Wolfgang Kaschuba) 1990. EdG 5

Religion und Kirche

Formen der Frömmigkeit in einer sich säkularisierenden Gesellschaft (Karl Egon Lönne)
Kirche, Politik und Gesellschaft im 19. Jahrhundert (Gerhard Besier) 1998. EdG 48
Kirche, Politik und Gesellschaft im 20. Jahrhundert (Gerhard Besier) 2000. EdG 56

Politik, Staat, Verfassung

Der Deutsche Bund und das politische System der Restauration 1815–1866 (Jürgen Müller)
Verfassungsstaat und Nationsbildung 1815–1871 (Elisabeth Fehrenbach) 1992. EdG 22
Politik im deutschen Kaiserreich (Hans-Peter Ullmann) 1999. EdG 52
Die Weimarer Republik. Politik und Gesellschaft (Andreas Wirsching) 2000. EdG 58
Nationalsozialistische Herrschaft (Ulrich von Hehl) 2. Auflage 2001. EdG 39
Die Bundesrepublik Deutschland. Verfassung, Parlament und Parteien (Adolf M. Birke) 1996. EdG 41
Militärgeschichte des 19. Jahrhunderts (Ralf Pröve)
Militärgeschichte des 20. Jahrhunderts (Bernhard R. Kroener)
Die Sozialgeschichte der Bundesrepublik Deutschland (Axel Schildt)
Die Sozialgeschichte der DDR (Arnd Bauerkämper)
Die Innenpolitik der DDR (Günther Heydemann) 2003. EdG 66

Staatensystem, internationale Beziehungen

Die deutsche Frage und das europäische Staatensystem 1815–1871 (Anselm Doering-Manteuffel) 2. Aufl. 2001. EdG 15
Deutsche Außenpolitik 1871–1918 (Klaus Hildebrand) 2. Aufl. 1994. EdG 2
Die Außenpolitik der Weimarer Republik (Gottfried Niedhart) 1999. EdG 53
Die Außenpolitik des Dritten Reiches (Marie-Luise Recker) 1990. EdG 8
Die Außenpolitik der BRD (Ulrich Lappenküper)
Die Außenpolitik der DDR (Joachim Scholtyseck) 2003. EDG 69

Hervorgehobene Titel sind bereits erschienen.

Stand: (August 2004)